GEORG WILHELM FRIEDRICH HEGEL

Wissenschaft der Logik

Erster Band
Die objektive Logik

Zweites Buch

Nach dem Text
G. W. F. Hegel · Gesammelte Werke
Band 11

FELIX MEINER VERLAG
HAMBURG

GEORG WILHELM FRIEDRICH HEGEL

Die Lehre vom Wesen
(1813)

Neu herausgegeben von
HANS-JÜRGEN GAWOLL

Mit einer Einleitung von
WALTER JAESCHKE

FELIX MEINER VERLAG
HAMBURG

PHILOSOPHISCHE BIBLIOTHEK BAND 376

Bibliographische Information der Deutschen Nationalbibliothek
Die Deutsche Nationalbibliothek verzeichnet diese Publikation in der Deutschen Nationalbibliographie; detaillierte bibliographische Daten sind im Internet abrufbar über ‹https://portal.dnb.de›.
ISBN 978-3-7873-1438-6

Kontaktadresse nach EU-Produktsicherheitsverordnung:
Felix Meiner Verlag GmbH, Richardstraße 47, 22081 Hamburg
info@meiner.de

Nachdruck 2025

 Druck: Beltz Grafische Betriebe, Bad Langensalza. Gedruckt auf alterungsbeständigem Werkdruckpapier. Printed in Germany

INHALT

Georg Wilhelm Friedrich Hegel
Wissenschaft der Logik
Erster Band. Die objektive Logik
Zweites Buch. Die Lehre vom Wesen

EINLEITUNG

I.

In der hier vorgelegten Neuausgabe erscheint das zweite Buch der *Wissenschaft der Logik*, die Lehre vom Wesen, seit der Erstveröffentlichung vor fast zwei Jahrhunderten, im Jahre 1813, erstmals wieder als selbständiger Band. Dies scheint zwar nur die äußere Gestalt und nicht den philosophischen Gehalt zu betreffen, somit der Beliebigkeit anheim zu fallen. Auch Hegel hat ja zunächst die Logik als ganze, dann aber zumindest die Seins- und Wesenslogik in einem Band veröffentlichen wollen – ein Plan, den er im Februar oder März 1812 wohl nur aus dem äußerlichen Grund des zu großen Umfangs, wenn nicht aus dem ebenso äußerlichen der Zeitnot aufgegeben hat.[1] Insofern wird man in der Tat keinen besonderen Akzent darauf legen können, daß die Wesenslogik hier erstmals wieder als separater Band erscheint. Doch wird es ihrem Verständnis dienen, daß sie nicht mehr – wie in allen späteren Ausgaben mit Ausnahme der neuen historisch-kritischen Edition, auf der die vorliegende Ausgabe basiert – mit der Begriffslogik zusammengebunden als zweiter Band der Logik auf die Seinslogik folgt. Denn diese bisher gängige Buchbindersynthese verdeckt und zerstört den Aufbau, den Hegel seiner *Wissenschaft der Logik* gegeben hat: Er stellt die Seins- und Wesenslogik – als die objektive Logik – der Begriffslehre als der subjektiven Logik gegenüber. In der »Allgemeinen Einteilung« der *Logik* kann Hegel die Wesenslogik sogar zu einem Bestandteil der »Logik des Seins« (in einem erweiterten, mit »objektiver Logik« gleichbedeutenden Sinne verstanden) erklären.[2] Sie muß deshalb primär aus dem

[1] Siehe die Einleitung von Friedrich Hogemann und Walter Jaeschke zu Hegel: *Wissenschaft der Logik.* Erster Band. Die objektive Logik. Erstes Buch. *Das Sein (1812).* Neu herausgegeben von Hans-Jürgen Gawoll. Hamburg 1986. XI (PhB 375).

[2] A.a.O. 29.

Kontext der Seinslogik verstanden werden und nicht der Begriffslogik, wie es durch die bisherige unglückliche Publikationsform, aber wohl auch durch ein Mißverständnis der Hegelschen Rede von »Reflexion«, vielleicht auch durch den vom Methodenproblem am Anfang der Wesenslogik zur »absoluten Idee« am Ende der Begriffslogik geschlagenen Bogen begünstigt wurde.

Hegel selber hat später die Wesenslogik als den schwersten Teil der Logik bezeichnet.[3] Wie berechtigt diese Einschätzung ist, zeigen die in den beiden letzten Jahrzehnten unternommenen, inzwischen anscheinend ins Stocken geratenen Bemühungen, die »Methode« der Logik – sofern man überhaupt von einer solchen, als abgelöst vom Inhalt, sprechen will und kann – an Hand einer Interpretation der Eingangspassagen der Wesenslogik zu erhellen, ja ihr Geheimnis zu entschlüsseln. Nicht minder berechtigt ist Hegels Einschätzung aber hinsichtlich des »Inhalts« der Wesenslogik, hinsichtlich ihrer Konzeption. Ohnehin hat Hegel primär letzteres im Blick, denn er fährt an der zitierten Stelle fort, daß die Wesenslogik »vornehmlich die Kategorien der Metaphysik und der Wissenschaften überhaupt« enthalte. Die Konzeption der Wesenslogik bedarf deshalb nicht weniger der Erhellung als die in ihr sich vollziehende und ihr eigentümliche Form der »Selbstbewegung des Begriffs«. Die folgenden einführenden Bemerkungen wollen hierzu – mittels eines Vor- und Rückblicks – einige vorbereitende Hinweise geben.

II.

Anders als man dem zitierten Satz Hegels eigentlich entnehmen muß, bilden die Kategorien der Metaphysik den Inhalt nicht allein der Wesens-, sondern ebensosehr der Seinslogik, also der gesamten objektiven Logik. Von ihr sagt Hegel an anderer Stelle, sie trete »somit überhaupt an die Stelle der vormaligen *Metaphysik*«, und zwar »unmittelbar an die Stelle

[3] Hegel: *Enzyklopädie der philosophischen Wissenschaften im Grundrisse* ([3]1830) § 114 (PhB 33).

der *Ontologie*«, die »die Natur des *Ens* überhaupt darstellen sollte«. Sie begreife aber »auch die übrige Metaphysik in sich, insofern als diese die reinen Denkformen auf besondere, zunächst aus der Vorstellung genommene Substrate, die Seele, die Welt, Gott, angewendet enthielt«. Die objektive Logik insgesamt sei die Kritik dieser Denkformen, und zwar nicht in deren Beziehung auf die genannten Substrate, sondern ihrer selbst »in ihrem besonderen Inhalt betrachtet«.[4] Als eine derartige Kritik ist sie nicht allein auf das Kritisierte – die vormalige Metaphysik – zurückbezogen, sondern auch auf eine ihr vorangehende Form solcher Kritik: auf die »Transzendentale Logik« in Kants *Kritik der reinen Vernunft*.[5]

Die Eindeutigkeit dieses Rückbezugs – ob auf die vormalige Metaphysik oder auf die transzendentale Logik – steht im Kontrast zu der Erfahrung des Interpreten, daß er dadurch kein hinreichendes Instrumentarium an die Hand bekommt, auch nur die Konzeption der objektiven Logik zu erschließen. Man kann zwar dafür argumentieren, daß – im Gesamtaufriß der Hegelschen Logik als einer die traditionelle Logik und Metaphysik übergreifenden Wissenschaft – die Kategorien der vormaligen Metaphysik im wesentlichen der objektiven Logik zugeordnet seien, ähnlich wie die traditionelle Urteils- und Schlußlehre den Kristallisationspunkt der subjektiven Logik bildet. Der Rückbezug der objektiven oder ontologischen Logik auf ihre Vorgängerdisziplinen vermag jedoch nicht, in einem zweiten Schritt auch die Binnengliederung der Logik in die Lehre vom Sein und vom Wesen verständlich zu machen. Diese Zweiheit läßt sich ja nicht auf die Unterscheidung zwischen metaphysica generalis und specialis oder auf die Zweigliederung der transzendentalen Logik Kants in Analytik und Dialektik zurückführen. Den einzigen äußeren Anknüpfungspunkt findet Hegel in der Sprache: Er bemerkt,[6] daß das »Ens«, der Gegenstand der traditionellen Ontologie, im Deutschen sowohl mit »Sein« als auch mit »Wesen« wiedergegeben werden könne. Und schließlich muß man die zitierte Aussage der *En-*

[4] Hegel: *Das Sein (1812)* (s. Anm. 1) 31.
[5] A.a.O. 29f.
[6] A.a.O. 31.

zyklopädie, daß die Wesenslogik »vornehmlich die Kategorien der Metaphysik und der Wissenschaften überhaupt« enthalte, nicht nur dahingehend erweitern, daß solche Kategorien auch schon in der Seinslogik thematisch seien, sondern vor allem als einen Hinweis darauf verstehen, daß die Wesenslogik nicht auf den Rahmen der traditionellen metaphysica generalis oder specialis beschränkt bleibe, sondern eben zusätzlich zu den metaphysischen Begriffen auch Kategorien »der Wissenschaften überhaupt« entwickle. Die Konzeption der Wesenslogik, ihre Verwandtschaft mit der Seinslogik und zugleich ihre Mittelstellung zwischen Seins- und Begriffslogik wie auch ihre spezielle Thematik werden jedoch durch solche eher kryptischen Hinweise kaum erhellt. Sie sind allenfalls als Anstoß für weitergehende Fragen anzusehen.

Ein möglicher und aussichtsreicher Weg zu einer solchen Erhellung der Konzeption der Wesenslogik ist es, das »Werden des Wesens« zu verfolgen: seine Entwicklung aus der Seinslogik bis hin zu seinem Übergang in die Begriffslogik. Dieser Weg besteht somit in der Rekonstruktion der begrifflichen Verhältnisse im Übergang zu und von der Wesenslogik wie auch innerhalb ihrer selbst. Es kann nicht die Aufgabe einer Einleitung sein, ihn zu beschreiten. Sie kann sich jedoch ebenfalls das Ziel setzen, zur Erhellung des »Werdens des Wesens« beizutragen: jedoch nicht mittels einer umfassenden Interpretation des Textes der Logik, sondern durch – wenn auch notgedrungen weithin formell bleibende, an der Architektonik der Lehre vom Wesen orientierte – Hinweise auf die Genese dieses Teils der *Wissenschaft der Logik*. Sie läßt sich beschreiben als Prozeß der Einschmelzung, Differenzierung und Umgruppierung von Themenbereichen nicht allein der traditionellen Metaphysik, sondern auch der allgemeinen und der transzendentalen Logik in den Einen Prozeß der Konstitution des sich als alle Wahrheit begreifenden objektiven Denkens.

III.

Die Grundlinien der Entwicklung von Hegels Logikkonzeption sind in der Einleitung zur Neuausgabe der Seinslogik (1812) nachgezeichnet worden; diese Ausführungen werden hier im Blick auf die Genese der Konzeption der Wesenslogik konkretisiert. Dafür ist es nicht erforderlich, bis zum frühesten Entwurf der Logik von 1801/02 zurückzugehen. Die erhaltenen Texte erlauben keinen Aufschluß über die hier gestellten Fragen – ob auf Grund der stark fragmentarischen Überlieferung[7] oder des damals erst rudimentären Entwicklungsstandes der Logikkonzeption, mag hier dahingestellt bleiben, obgleich vieles für die letztere Annahme spricht.

Wie in diesem frühesten Entwurf der spekulativen Philosophie, so trennt Hegel auch im *Systementwurf II (1804/05)* noch zwischen Logik und Metaphysik. Es kann deshalb nicht verwundern, daß die Umrisse der späteren Wesenslogik auch hier noch nicht zu erkennen sind. Zu erkennen sind jedoch mehrere Themenbereiche, die – fast stets erst nach mehrmaliger Umdisposition – in die *Wissenschaft der Logik* und speziell in die Wesenslogik eingegangen sind. Zum Teil weisen sie bereits Spezifika auf, die sich bis in die späten Fassungen der Logik durchhalten.

Einen solchen Kristallisationspunkt der späteren Wesenslogik bildet Hegels Abhandlung der Relationskategorien Substanz, Kausalität und Wechselwirkung. Ihren systematischen Ort haben diese Kategorien nicht in der Metaphysik, sondern im zweiten Teil der ihr vorausgehenden Logik. Sie stehen dort unter dem Titel »Verhältnis des Seins«, gefolgt vom »Verhältnis des Denkens«, in dem die Thematik des ersten Teils der späteren Begriffslogik abgehandelt wird, also die Lehre von Begriff, Urteil und Schluß. Die spätere Trennlinie zwischen »Sein« und »Wesen« fällt also nicht mit der zwischen Logik und

[7] Siehe Hegel: *Gesammelte Werke* (=GW) 5. 267–275: Logica et Metaphysica, sowie *Schellings und Hegels erste absolute Metaphysik (1801/02).* Zusammenfassende Vorlesungsnachschriften von I. P. V. Troxler, herausgegeben, eingeleitet und mit Interpretationen versehen von Klaus Düsing. Köln 1988, insbesondere 63–77.

Metaphysik dieses Jenaer Entwurfs zusammen. Sie ist vielmehr in der Differenz des ersten Teils der Logik (»Einfache Beziehung«) gegenüber dem zweiten Teil (»Verhältnis«) vorgebildet. Allerdings enthält dessen zweite Untergliederung (»Verhältnis des Denkens«), wie bemerkt, mit der Lehre von Begriff, Urteil und Schluß einen Nukleus der späteren Begriffslogik. Und auch die Thematik des dritten Teils der *Logik 1804/05* (»Proportion«) – nämlich Definition, Einteilung und Erkennen – findet sich später in der Ideenlehre am Schluß der Begriffslogik. Somit weist die *Logik 1804/05* – trotz aller Konzeptionsdifferenzen und trotz des geringeren Entwicklungsstandes der Methode – bereits den gedanklichen Duktus der *Wissenschaft der Logik* auf. Auf Kategorien, die man im späteren Sinne als seinslogische bezeichnen muß (Abschnitt I), folgen wesenslogische (Abschnitt II A) und begriffslogische (Abschnitt II B und III). Verdeckt wird diese prinzipielle Analogie allein dadurch, daß die spätere Trennlinie zwischen Wesens- und Begriffslogik nicht zwischen dem zweiten und dritten Abschnitt verläuft, sondern bereits innerhalb des zweiten, zwischen dem »Verhältnis des Seins« und dem »Verhältnis des Denkens«.

Diese prinzipielle Gleichförmigkeit im Aufbau bereits der *Logik 1804/05* und der *Wissenschaft der Logik* kontrastiert mit der Methodenbeschreibung, die Hegel an wenigen Stellen in seinen frühen Entwurf einfließen läßt. Bekanntlich faßt er die Methode dieser Logik (im Unterschied zur Metaphysik) als ein dialektisches «Fortgehen und Aufheben», dessen Bewegungsprinzip in unsere, dem logischen Gang äußerliche Reflexion falle; an ihnen selbst seien die logischen Bestimmungen ein «todtes». In der Metaphysik hingegen werde diese Äußerlichkeit – und mit ihr die logische Bewegung des Aufhebens – in der Sichselbstgleichheit des Erkennens selbst aufgehoben; aus den logischen Momenten würden nun absolute Grundsätze.[8] Wäre diese frühe Methode tatsächlich eine solche Dialektik, deren Bewegung allein in das Bewußtsein fiele, das dem logischen Gang äußerlich bliebe, so wäre sich über die Gleichförmigkeit dieser frühen und der späten Logik nicht genug zu wundern. Die spätere »Selbstbewegung des Begriffs« substantiierte und

[8] Vgl. insbes. GW 7. 111f., 127f.

ratifizierte dann nur noch ein Konzept, das – sei es kraft einer äußerlichen Dialektik, sei es kraft des Eigengewichts der Materie der Logik – schon vor der Formulierung dieser Methode in den Grundzügen abgeschlossen und feststehend vorläge. Man kann jedoch zeigen, daß die ohnehin nur spärlichen Hinweise, in denen Hegel die Entwicklung der logisch-metaphysischen Bestimmungen methodologisch reflektiert und zu begründen sucht, seinem jeweiligen faktischen Verfahren nur mit Einschränkungen entsprechen: In den frühen Jenaer Jahren hinkt Hegels Methodenbeschreibung seinen rasch auf einander folgenden Konzeptionen gleichsam mit zeitlicher Verzögerung hinterher.[9]

Nicht allein die erste Jenaer Logik, auch noch die *Logik 1804/05* hat – neben ihrer Stellung als Teil des Systems der Wissenschaften – zugleich die Funktion einer Einleitung in eben dieses System, dessen erste Disziplin sie bildet. Von daher stünde zu erwarten, daß das spätere Zusammenwachsen der beiden getrennten Disziplinen Logik und Metaphysik zur spekulativen *Wissenschaft der Logik* sich unter der Dominanz der Metaphysik vollziehe. Statt dessen zeigt es sich, daß die Grundgestalt der *Wissenschaft der Logik* in den Jenaer Jahren in der Logik und nicht in der Metaphysik antizipiert sei. Die Vereinigung von Logik und Metaphysik vollzieht sich deshalb – zumindest was die Seite des Inhalts betrifft – als Inkorporation einzelner Lehrstücke der Metaphysik in den umfassenderen Rahmen der Logik. Die Konzeption der Metaphysik, wie sie etwa 1804/05 unter partiellem Rückgriff auf die Gestalt der traditionellen metaphysica specialis (»Metaphysik der Objektivität«) sowie in Analogie zu ihr (»Metaphysik der Subjektivität«) verwirklicht ist, fällt durch diese Ausgliederung in sich zusammen. Deshalb gibt Hegel der einheitlichen, die getrennten Disziplinen Logik und Metaphysik umfassenden Wissenschaft den Titel »Logik« – und nicht den Titel »Metaphysik«, wie insbesondere dann zu erwarten gewesen wäre, wenn man

[9] Siehe Walter Jaeschke: »Äußerliche Reflexion und immanente Reflexion. Eine Skizze der systematischen Geschichte des Reflexionsbegriffs in Hegels Logik-Entwürfen.« In: *Hegel-Studien* 13, Bonn 1978, 85–117, insbes. 105ff.

die Funktion der frühen, von der Metaphysik noch geschiedenen Logik primär als eine Einleitung in die eigentliche Philosophie versteht.

IV.

1. Diese Entwicklungen lassen sich an dem nächsten uns noch erkennbaren Stadium des »Werden des Wesens« ablesen: an den Texten, die Hegel während seiner Lehrtätigkeit am Nürnberger Aegidien-Gymnasium vorgetragen hat. Die in die Zwischenzeit fallenden Skizzen und Entwürfe zur Logik – d. h. die Skizze im Rahmen der *Geistesphilosophie 1805/06*[10] sowie die beiden Bamberger Fragmente zur späteren Logik der Objektivität und der Ideen,[11] aber auch das Nürnberger Fragment *Zur Lehre von den Schlüssen*[12] erlauben ihrer anderen thematischen Ausrichtung wegen keine Einblicke in die Entstehungsgeschichte der Wesenslogik. Bedauerlicher Weise ist die Editionslage der Nürnberger Propädeutiken[13] äußerst unbefriedigend. Die früher üblichen, gegenüber entwicklungsgeschichtlichen Differenzierungen weitgehend gleichgültigen Prinzipien der Textkonstitution führen den Interpreten mehrfach in die Irre.[14] Es bedarf dringend einer neuen Ausgabe, die es erlaubt,

[10] GW 8. 286.

[11] GW 12. 257–298.

[12] GW 12. 299–309.

[13] Die folgenden Beobachtungen stützen sich auf die letzte Ausgabe, Hegel: *Werke*. Bd 4: *Nürnberger und Heidelberger Schriften (1807–1817)*. Frankfurt am Main 1970. Die in den Text gesetzten Paragraphenangaben beziehen sich auf den jeweils thematischen Entwurf. Vgl. die Übersicht über die unterschiedlichen Gliederungen in dem Bericht von Eva Ziesche: Unbekannte Manuskripte aus der Jenaer und Nürnberger Zeit im Berliner Hegel-Nachlaß. In: ZphF 29 (1975) 430–444.

[14] Vgl. den für einen Fall geführten Nachweis im Editorischen Bericht zu GW 12. 330 sowie – auf anderem Gebiet – die ungerechtfertigte Einbeziehung eines Blattes aus der Berliner Zeit in die *Philosophische Enzyklopädie für die Oberklasse 1808ff.* § 207; siehe dazu GW 17. 361 f.

diese Texte endlich auf dem heute verbindlichen Niveau philosophischer Auslegung und Aneignung zu bearbeiten und sie für die Entwicklungsgeschichte der Logik, aber auch anderer Teile des Hegelschen Systems fruchtbar zu machen. Vorerst aber stehen alle auf Grund der vorliegenden Editionen möglichen Aussagen über die Nürnberger Propädeutiken unvermeidlich auf schwankendem Boden.

Den frühesten für das »Werden des Wesens« einschlägigen Text dürfte die *Logik für die Mittelklasse 1808/09* bilden.[15] Verglichen mit ihrer Konzeption und mit der *Wissenschaft der Logik* handelt es sich bei den entsprechenden Partien der *Philosophischen Enzyklopädie für die Oberklasse 1808ff.* um eine deutlich spätere Entwicklungsstufe. – Logik und Metaphysik sind hier, im frühesten der einschlägigen Nürnberger Manuskripte, wie auch wohl schon zu Ende der Jenaer Zeit,[16] keine getrennten Disziplinen mehr. Die Struktur der neuen, die frühere Metaphysik einschließenden Logik liegt jedoch noch nicht fest. Bei der Niederschrift des Manuskripts schwankt Hegel, ob er sie nur »in die objektive und subjektive Logik« oder in »Logik des Objektiven, des Subjektiven und der Idee« untergliedern solle[17] – ein Problem, von dem im hier thematischen Zusammenhang abgesehen werden kann. Der Aufbau dieser ersten eigentlichen »objektiven Logik« weist zwar durch die Hauptgliederung in Verstand, Urteilskraft und Vernunft eine zusätzliche, noch zu kommentierende Komplexität auf. Er läßt aber doch eine zweite, quer zur Hauptgliederung verlaufende Unterteilung in Sein, Wesen und selbständiges bzw. unbedingtes Verhältnis erkennen. (§§ 6,50) Damit tritt hier erstmals der Begriff des Wesens in die Logik ein. »Wesen« wird eingeführt als »das der Veränderlichkeit und Vergänglichkeit des Endlichen entnommene in sich seiende Ganze des mannigfaltigen Daseins« (§ 43), also in Abgrenzung gegen die Thematik des Seins, ähnlich wie später in der *Wissenschaft der Logik*. Eine Beziehung auf diese läßt sich auch vom Inhalt der Sphäre des Wesens

[15] Hegel: *Werke* Bd 4 (s. Anm. 13), 86–110.

[16] Vgl. die Logik-Skizze der *Geistesphilosophie 1805/06*, GW 8. 286.

[17] § 3 mit Fußnote 3.

herstellen. Hegel nennt Materie, Form und Grund als »Kategorien des Wesens« (§ 11). In der Ausarbeitung allerdings tritt der Begriff des Grundes stark zurück; den Schwerpunkt bildet eine am »zweiten Widerstreit der Antinomie der reinen Vernunft« orientierte Darstellung, die Hegel jedoch von dem Kantischen Thema eines Widerstreits zwischen unendlicher Teilbarkeit und Einfachheit der Materie (B 462f.) auf einen Widerstreit zwischen Ganzem und Teilen hinüberspielt, bevor er vom Begriff der Form zu dem der Kraft überleitet (§§ 48f.) und dadurch den Fortgang zur »Dialektik der unbedingten Verhältnisse« (§§ 50–56) gewinnt. Noch hier, nur wenige Jahre vor dem Erscheinen der *Wissenschaft der Logik*, bildet also die – wenngleich umgeformte und uminterpretierte – Antinomienlehre Kants den Kern »des Dialektischen«. (§§ 28–30)

Die »Wesenslogik« dieses Entwurfs – wenn man sie vorausgreifend einmal so bezeichnen will – umfaßt also nur einen sehr kleinen Ausschnitt des späteren zweiten Buchs der *Wissenschaft der Logik*. Sie umfaßt noch nicht einmal dasjenige Thema der *Logik 1804/05*, das oben als eines der Elemente der künftigen Wesenslogik bezeichnet worden war: die Relationskategorien. Zwar fehlt es hier keineswegs, doch bildet es noch nicht einen Bestandteil der »Wesenslogik«. Es steht dieser vielmehr gegenüber, als das – im Rahmen der objektiven Logik auf Sein und Wesen folgende – »selbständige« bzw. »unbedingte Verhältnis«, während es 1804/05 unter dem Titel »Verhältnis des Seins« steht. In der Konstanz der Bezeichnung »Verhältnis« – die ja auch in der Logik-Skizze der *Geistesphilosophie 1805/06* auftritt[18] – wird man einen Nachhall von »Relation« hören dürfen, unter welchem Titel Substanz, Kausalität und Wechselwirkung in Kants *Kritik der reinen Vernunft* zusammengestellt sind (B 106). Wenige Lehrstücke der Logik haben im Durchlaufen der zahlreichen Entwürfe Hegels bei aller Neuformulierung des Details ihre Gestalt so wenig verändert wie dieses. Die Übereinstimmung reicht sogar bis hinein in die Merkwürdigkeit, daß Hegel – und dies entgegen Kant – fast stets die Modalbestimmungen Möglichkeit, Wirklichkeit und Notwendigkeit in die Abhandlung der Relationskategorien einbezieht. Der Unter-

[18] GW 8. 286.

schied liegt im wesentlichen darin, daß im *Systementwurf 1804/05* die Abhandlung der Modalbestimmungen ihren Schwerpunkt zwar im Zusammenhang mit dem Substanzbegriff hat, jedoch auch mit den Begriffen Kausalität und Wechselwirkung verwoben ist, während er in der *Logik für die Mittelklasse 1808/09* die Modalbestimmungen in einem gesonderten Absatz vor den Relationskategorien behandelt.

Die – hier nicht thematische – »Dialektik der Kategorien des Seins«, also der ersten Kategorien der objektiven Logik, stellt Hegel dar im Rückgriff auf Kants Abhandlung des ersten Widerstreits der Antinomie der reinen Vernunft, d. h. des Widerstreits der Annahmen eines Anfangs der Welt in Raum und Zeit bzw. ihrer Unendlichkeit (B 454 ff.); die »Dialektik der Kategorien des Wesens« baut – wie gesehen – auf Kants Darstellung des zweiten Widerstreits auf, des Widerstreits der Annahmen der unendlichen Teilbarkeit bzw. letztlichen Einfachheit der Materie. Die »Dialektik der unbedingten Verhältnisse« orientiert sich wiederum an Kant, und zwar am dritten Widerstreit, zwischen den Annahmen einer bloßen Kausalität der Natur bzw. einer Kausalität durch Freiheit. Auch wenn Hegels ausführliche Referate und Paraphrasen letztlich dem Ziel dienen, Kants Lösung zu ersetzen und zu überbieten, erhellt aus dieser Retrospektive doch das entscheidende Gewicht, das die Antinomienlehre der *Kritik der reinen Vernunft* noch in den Nürnberger Jahren, kurz vor der *Wissenschaft der Logik*, für die Exposition von Hegels Dialektik besitzt – und nicht allein auf methodologischem Gebiet. Man wird nicht fehlgehen in der Annahme, daß die Zuordnung der Kategorien der objektiven Logik – Sein, Wesen, unbedingtes Verhältnis – zu den drei ersten Formen des Widerstreits der reinen Vernunft auch im Blick auf die Architektonik der objektiven Logik prägend gewirkt habe – wie natürlich auch die Hauptgliederung der objektiven Logik in die Abschnitte Verstand-Urteilskraft-Vernunft an die »Transzendentale Analytik« und »Dialektik« der *Kritik der reinen Vernunft* anknüpft. Man mag zwar die Ansicht vertreten, daß Hegels ausführlicher Rückgriff auf die *Kritik der reinen Vernunft* als bloße »propädeutische Modifikation« einer auch unabhängig von diesem Bezug wissenschaftlich explizierbaren Logik zu werten sei. Doch bleibt das Faktum bestehen, daß Hegel es eben für möglich und für sinnvoll erachtet hat, seine Logik in dieser Retrospektive verständlich zu machen und vor allem: sie im offenkundigen Rückbezug auf den von Kant vorgegebenen Problembestand einer transzendentalen Logik zu strukturieren.

Hegels Orientierung an Kant zeigt sich ein weiteres Mal in dem mit »Urteilskraft« überschriebenen zweiten Hauptteil dieser objektiven Logik. Die Wahl dieses Titels ist offenbar ein Ausdruck des Umstands, daß der darunter subsumierte Inhalt sich – zumindest partiell – mit dem Inhalt von Kants »Transzendentaler Doktrin der Urteilskraft« (B 169ff.) berührt: bei der Thematik der Reflexionsbegriffe. Auch wenn es sich hier um ein traditionelles Lehrstück der Philosophie handelt, ist nicht allein seiner Zuordnung zur Urteilskraft, sondern auch anderen Formulierungen Hegels unzweideutig zu entnehmen, daß es ihm in der Kantischen Form vor Augen stehe. Darauf deutet schon der Titel, den dieses Lehrstück in der *Metaphysik 1804/05* trug: »Das Erkennen als System von Grundsätzen«[19] – eine deutliche Anspielung auf »Analytik der Grundsätze« (B 187ff.) – so Kants Haupttitel für die »Transzendentale Doktrin der Urteilskraft«. Das Lehrstück der »Grundsätze« bildet übrigens das einzige Element, das in geringfügig – durch die Einführung des Satzes der Verschiedenheit – erweiterter Form als Ganzes aus der *Metaphysik 1804/05* in die Logik eingegangen ist. Die beiden anderen Themenkreise dieser Metaphysik – die Metaphysik der Objektivität (d.h. der metaphysica specialis) und der Subjektivität – finden sich nicht in vergleichbarer Form in der späteren Logik wieder. Auch diese Thematik ist also, zumindest was ihren neuen Ort im Aufriß der Logik betrifft, durch den Rückblick weniger auf die vormalige Metaphysik als vielmehr auf Kants transzendentale Logik bestimmt.

2. In dem zeitlich nächsten Entwurf, der *Philosophischen Enzyklopädie für die Oberklasse 1808ff.*, präsentiert Hegel die Entwicklung der logischen Bestimmungen wie auch der anderen Themen nur in der Form eines sehr gedrängten Überblicks.

[19] GW 7. 128ff.

Er tilgt sowohl die an Kant angelehnte Gliederung der Wesenslogik in Verstand-Urteilskraft-Vernunft als auch die Parallele zwischen der Dialektik der objektiven Logik und der drei ersten Formen des Widerstreits der reinen Vernunft. Die durch Kants Antinomienlehre geprägte Gesamtstruktur derjenigen Partien, die die spätere Wesenslogik präformieren, bleibt aber unverändert. Auch hier bleiben die beiden im vorhergehenden Entwurf geschiedenen Abschnitte »Wesen« und »Selbständiges Verhältnis« weiterhin getrennt. Letzterer wird jetzt zwar mit »Wirklichkeit« überschrieben; seinen Inhalt bilden aber weiterhin die Relationskategorien, mit einer vorausgeschickten kurzen Erwähnung der Modalkategorien.

Gleichwohl nähert sich dieser Entwurf erkennbar der späteren Konzeption der Wesenslogik an. Indem Hegel die objektive Logik nun nicht mehr nach Verstand-Urteilskraft-Vernunft untergliedert, sondern nach A. Begriff des Wesens – B. Satz – C. Grund und Begründetes, geht er in der Disposition der Thematik des Wesens einen wichtigen Schritt über die *Logik für die Mittelklasse 1808/09* hinaus. Dort waren – wie ausgeführt – die Sätze der Identität und des Widerspruchs sowie der Verschiedenheit und des Grundes, die in Jena der Metaphysik zugeordnet waren, in Anlehnung an Kants »Transzendentale Doktrin der Urteilskraft« unter dem Titel »Urteilskraft« abgehandelt worden, als Formen ontologischer Urteile. Sie hatten noch keine systematische Beziehung zur Lehre vom Wesen. Erst die *Philosophische Enzyklopädie (1808ff.)* zieht diese Thematik in die Abhandlung des Wesens.

In philosophiegeschichtlicher Perspektive ist diese Neukonzeption als eine Zusammenführung der von Kant aufgestellten Reflexionsbegriffe zur Logik des Wesens zu beschreiben. Zuvor, d.h. in der *Logik für die Mittelklasse 1808/09*, hatte Hegel die vier von Kant exponierten Reflexionsbegriffe ohne Zusammenhang an unterschiedlicher systematischer Stelle behandelt: Identität, Verschiedenheit und Widerspruch unter dem Titel »Urteilskraft«, Form und Materie unter dem Titel »Vernunft« in der Dialektik der Kategorien des Wesens. Das Begriffspaar »Inneres und Äußeres« hatte noch gar keinen Ort in der Entwicklung der Logik erhalten. In der *Philosophischen Enzyklopädie 1808ff.* hingegen hat die Lehre vom Wesen diese Reflexionsbestimmungen – wenn auch zweifellos in abgewandelter Form – zu ihrem nahezu ausschließlichen Inhalt; vermehrt wird er nur durch die Begriffspaare »Ganzes und Teile« und »Kraft und Äußerung«. Die Wesenslogik beginnt – abgesehen von der einleitenden Unterscheidung von »Wesentlichem« und »Unwesentlichem« – mit dem Begriffspaar Form und Materie (§§ 36f.), entwickelt die Sätze der Identität, Verschiedenheit, Entgegensetzung und des Grundes (§§ 38–41) und schließt – nach den Ausführungen über Ganzes und Teile (§ 42) und Kraft und Äußerung (§§ 43–45) – mit dem Begriffspaar Inneres und Äußeres (§§ 46f.). Die Lehre vom Wesen ist hier also erstmals im vollen Sinne Lehre von den Reflexionsbestimmungen, Reflexionslogik, und sie ist es hier sogar in reinerem Sinne als später, wo sie andere Themenbereiche – wie den Begriff des Absoluten oder die Relationskategorien – aufnimmt. Ihr Inhalt ist kongruent mit dem Inhalt von Kants transzendentaler Topik der Reflexionsbegriffe – so sehr sich auch Hegels Abhandlung der Reflexionsbestimmungen von Kants Abhandlung der Reflexionsbegriffe entfernt.

3. Diese Integration weiterer Inhalte vollzieht sich nicht erst in der *Wissenschaft der Logik*, sondern bereits in dem auf die *Philosophische Enzyklopädie 1808ff.* folgenden Entwurf, der *Logik für die Mittelklasse 1810/11*. Sie bildet die letzte Entwicklungsstufe vor der *Wissenschaft der Logik*. Von der Konzeption her stimmt sie mit dieser bereits nahezu vollständig überein: Erst hier geht Hegel von der Maßlogik zur Wesenslogik über, und erst hier umfaßt deren Inhalt die beiden zuvor getrennten Bereiche »Wesen« und »Selbständiges Verhältnis« bzw. »Wirklichkeit«. Erst hier läßt sich deshalb in einem strengeren, am zweiten Buch der *Wissenschaft der Logik* orientierten Sinne von »Wesenslogik« sprechen. Die Dreigliederung von Seins-, Wesens- und Begriffslogik begründet Hegel hier allerdings noch nicht mit der unterschiedlichen Bewegungsform der reinen Denkbestimmungen (Übergehen, Scheinen in Anderes, Entwicklung), sondern mit einem ›materialen‹ Argument: »Der Gedanken sind dreierlei: 1. die *Kategorien*; 2. die *Reflexionsbestimmungen*; 3. die *Begriffe*.« (§ 6). Die Einheit der Wesenslogik wird somit durch die spezifische Natur der in ihr

thematischen Denkbestimmungen konstituiert, unter die somit auch die zuvor vom Wesen unterschiedenen Relationskategorien fallen. Damit durchbricht die Wesenslogik als tendenziell vollständige Exposition der Reflexionsbestimmungen vollends den Rahmen der »Transzendentalen Topik« Kants, d.h. seine mit Vollständigkeitsanspruch auftretende Tafel der genannten vier Paare von Reflexionsbegriffen (B 325). Mit Kants Verständnis der Reflexionsbegriffe (B 316ff.) hat das Hegelsche außer einigen Anwendungsfällen nichts mehr gemein: Reflexionsbestimmungen sind für ihn nicht mehr »Titel aller Vergleichung und Unterscheidung« der Erkenntniskraft (B 325), Formen des Verhältnisses, »in welchem die Begriffe in einem Gemütszustande zueinander gehören können«. (B 317) Hegel ist auch gar nicht mehr an der Bestimmung dieses Verhältnisses interessiert, sondern an der begrifflichen Genese der von Kant nur aufgezählten und dann erörterten Reflexionsbegriffe. Für Hegel sind sie »in der Einheit des Wesens« enthaltene Bestimmungen, die »in ihrem Dasein nicht unmittelbar und für sich, sondern vermittelt« sind. (§ 35) Die parallele Überlieferung des Textes durch Karl Rosenkranz (§ 34) könnte als verdeckter Nachklang von Hegels Einbeziehung der Relationskategorien in die Reflexionsbestimmungen gelesen werden. Er fährt nach der eben zitierten Definition fort: »Sie sind daher *Beziehungen*. Es sind Reflexionsbestimmungen.«[20]

Die bloße Inkorporation der ehedem selbständigen Abhandlung der Relationskategorien in die Wesenslogik hätte zur Folge, daß die bisherige Thematik des Wesens im engeren Sinne jetzt als ein erstes Kapitel vor den Relationskategorien vorher ginge. Dieses Verhältnis liegt der erweiterten Wesenslogik auch ersichtlich zu Grunde. Doch nützt Hegel die neue Situation, um einige derjenigen Zusammenstellungen wieder zu entflechten, die ihm in der *Philosophischen Enzyklopädie 1808ff.* – im Zuge der Einbeziehung aller Reflexionsbegriffe unter den Titel »Wesen« – nicht sehr überzeugend gelungen waren: die Verknüpfung der »Kategorien des Wesens« bzw. der Reflexionsbegriffe Materie und Form mit den Sätzen der Identität usw. (§§ 36f.) sowie die Substantiierung des Titels »C. Grund und

[20] Hegel: *Werke* Bd 4 (s. Anm. 13), 172.

Begründetes« durch die Reflexionsbestimmungen Ganzes/ Teile, Kraft/ Äußerung, Inneres/Äußeres (§§ 42–47). Im ersten Fall hatte sich die Verknüpfung wohl allein durch Kants Zusammenstellung der Reflexionsbegriffe nahegelegt, und im zweiten bildet die Rede von »Grund« kaum mehr als einen unpassenden Titel für die Exposition der zu Unrecht darunter subsumierten Verhältnisse.

Im Zuge seiner Neugestaltung der Wesenslehre in der *Logik für die Mittelklasse 1810/11* konzipiert Hegel deshalb – übereinstimmend mit der späteren *Wissenschaft der Logik* – einen gänzlich neuen zweiten Abschnitt (»Erscheinung«), in dessen letztem Kapitel er die drei genannten Verhältnisse Ganzes/Teile, Kraft/Äußerung, Inneres/Äußeres abhandelt, unter dem nunmehr zutreffenden Titel »Verhältnis«, der dadurch für Gliederungsfunktionen frei geworden ist, daß Hegel die Abhandlung der Relationskategorien, die zuvor unter diesem Titel standen, seit der *Philosophischen Enzyklopädie 1808ff.* mit »Wirklichkeit« überschreibt. Außerdem stellt Hegel die Reflexionsbegriffe Form und Materie in das Zentrum des neugeschaffenen Abschnitts »Erscheinung«, während er in dessen erstes Kapitel eine Thematik neu einführt, die in seiner Logik zuvor nicht exponiert wurde, obgleich sie doch den Grundbegriff der vormaligen Ontologie enthält: das Ding, also das »ens« der metaphysica generalis. Die Abhandlung der Relationskategorien im dritten Abschnitt bleibt konzeptionell wiederum unverändert. Auf die Gesamtentwicklung der Logik gesehen, ist sie dasjenige Element, das den geringsten Wandel aufweist. Auch hier sind lediglich die Modalbestimmungen, die sonst den Relationskategorien vorhergingen oder fortlaufend in deren Abhandlung einbezogen wurden, an den Schluß der »Substanz« gerückt.

Mit der »Logik für die Mittelklasse 1810/11« hat das »Werden des Wesens« einen ambivalenten Stand erreicht. Seine hier erreichte Gestalt ist deutlicher von der vorhergehenden (*Philosophische Enzyklopädie 1808ff.*) unterschieden als diese von der ihr vorausgehenden zu Beginn der Nürnberger Jahre (*Logik 1808/09*). Die Ausbildung der Wesenslogik hat hier – was die Anordnung der Kategorien betrifft, sicherlich nicht die Gedankenführung und ihre argumentierende Explikation – einen Stand erreicht, der demjenigen der *Wissenschaft der Logik* an die Seite zu stellen ist. Zweifellos sind die damaligen intensiven Arbeiten Hegels an der *Wissenschaft der Logik* zum großen Teil bereits in die *Logik 1810/11* eingegangen. Andererseits unterscheidet sich die Wesenslehre der *Wissenschaft der Logik* doch noch signifikant von dem hier erreichten Stand: Sie setzt ihn zur Vorstufe ihrer selbst herab. Dieses Verhältnis kompliziert sich jedoch, wenn man nicht allein die Perspektive der *Wissenschaft der Logik* einnimmt, sondern auch die auf sie folgende Entwicklung einbezieht. Dann ergeben sich bemerkenswerte Übereinstimmungen zwischen dieser und der *Logik 1810/11*, die es verbieten, die Relation zwischen den drei genannten Stadien so geradezu als Ausprägung eines kontinuierlich vorwärtsschreitenden Entwicklungsprozesses zu beschreiben.

V.

Mit ihrer Publikation in der *Wissenschaft der Logik* ist die Ausbildung der Wesenslehre in ein Stadium getreten, das sich vor allen früheren in doppelter Weise auszeichnet. Sie ist die einzige der bisher besprochenen Fassungen, die Hegel veröffentlicht hat. Alle bisherigen liegen nur in unvollendet gebliebenen Systementwürfen oder in Konzepten für den Gymnasialunterricht vor. Schon dies sichert der publizierten Fassung eine Dignität, die den anderen Fassungen nicht in gleicher Weise zukommt.

Zum anderen unterscheidet sich die Darlegung des Wesens in der *Wissenschaft der Logik* prinzipiell von sämtlichen anderen Fassungen. Was äußerlich bloß als Vervielfachung des Umfangs erscheint, ist bedingt durch eine gänzlich andere Art der Darstellung. Allein die Wesenslehre der *Wissenschaft der Logik* unternimmt es, die einzelnen Gedankenschritte darzulegen, die die »Kategorien des Wesens« bzw., wie es jetzt heißt, die Reflexionsbestimmungen verbinden. Allein sie sucht die »Selbstbewegung des Begriffs« argumentativ zu erhellen. Ihrem Verfahren gegenüber erscheint die bisherige Darstellungsform eher als Dekretieren denn als Argumentieren. Bestenfalls lassen sich die einzelnen Paragraphen der Nürnberger Propädeutiken als »abstracts« lesen, die in geraffter Form über kategoriale Sachverhalte informieren, ohne die Denkentwicklung, mittels deren diese Inhalte gewonnen worden sind, mitzuteilen. Eine Interpretation, die weniger an den logischen Inhalten als am Verständnis der einzelnen Argumentationsschritte, der dialektischen Entwicklung der logischen Bestimmungen interessiert und orientiert ist, muß sich deshalb ausschließlich auf die *Wissenschaft der Logik* stützen. Deren Vorläufer sind eher geeignet, Hegels Verfahren zu verdecken. Sie lassen die Zweifel und die Ablehnung, denen Hegels Logik immer in besonderem Maße ausgesetzt war, unwidersprechlich und pauschal als berechtigt erscheinen.

Im Blick auf die in ihr entfalteten Inhalte kann die Wesenslehre der *Wissenschaft der Logik* jedoch nicht in gleicher Weise gedankliche Dominanz beanspruchen – zumindest nicht ohne weitere Erörterung und wohl auch nicht uneingeschränkt. Die hierbei zu klärenden Probleme treten jedoch erst von einem späteren Stadium der Entwicklungsgeschichte her in den Blick und sollen hier zunächst ausgespart bleiben zu Gunsten eines Blicks auf die letzte Phase des zur *Wissenschaft der Logik* führenden Prozesses. Die Eingriffe, die Hegel hier vorgenommen hat, verändern die Grundstruktur der Logik nicht mehr. Sie bilden zum größten Teil Erweiterungen innerhalb eines feststehenden Rahmens, verbunden mit einigen kleineren Veränderungen des systematischen Ortes bereits eingeführter Denkbestimmungen.

Die erste und wohl wichtigste Erweiterung erfolgt zu Beginn der Wesenslogik. Dort entwirft Hegel jetzt ein neues erstes Kapitel (»Schein«), das – nach den Bemerkungen über das Wesentliche und Unwesentliche, die an frühere Entwürfe anknüpfen – zwei gänzlich neue Themenkreise einführt: die Themen »Schein« und »Reflexion«, letzteres in der Dreigliederung als setzende, äußere und bestimmende Reflexion. Diese beiden Themenkreise haben – insbesondere wegen der methodischen Einführung des Begriffs der Negation der Negation – eine Schlüsselstellung für das Verständnis der Dialektik Hegels überhaupt und der wesenslogischen Form der Selbstbewegung des Begriffs im besonderen. Von der neueren Forschung ist diese grundlegende Bedeutung erkannt und herausgearbeitet worden.[21]

In der *Logik 1810/11* hatte der erste Abschnitt pauschal »Die Bestimmungen des Wesens« behandelt: Identität, Verschiedenheit, Entgegensetzung, Grund. Bereits hier hatte die Exposition der jeweiligen Denkbestimmung an ihr selbst Priorität gegenüber ihrem Ausdruck in der Form eines Satzes gewonnen – ein Prozeß, der sich in der *Wissenschaft der Logik* fortsetzt und verstärkt. Hier bildet diese Thematik das zweite Kapitel des ersten Abschnitts, und die zuvor vierte der »Bestimmungen des Wesens«, der »Grund«, wird zum Thema erst des dritten Kapitels. Dies steht wohl im Zusammenhang damit, daß Hegel jetzt eine enge Beziehung zwischen den drei Formen der Reflexion und den drei ersten Reflexionsbestimmungen Identität, Unterschied und Widerspruch herstellt, die er in einer aus den früheren Entwürfen nicht bekannten Weise konzipiert. Neu entworfen ist auch der Inhalt des Kapitels »Grund«. Hegel greift zwar zum Teil auf bereits zuvor thematisierte Reflexionsbestimmungen zurück, nämlich auf das Begriffspaar Form/Materie, das in der *Philosophischen Enzyklopädie 1808ff.* seinen systematischen Ort ebenfalls im ersten Abschnitt gehabt und in der *Logik 1810/11* das zentrale Kapitel des zweiten Abschnitts (»Erscheinung«) gebildet hatte. Die durch diese Verschiebung entstehende Leerstelle füllt Hegel mit einem ebenfalls zuvor nicht in der Logik anzutreffenden Inhalt, der entfernt an Themen der früheren metaphysischen Kosmologie anknüpft.

Eine den Vorgängen im ersten Abschnitt vergleichbare Umarbeitung nimmt Hegel auch im dritten Abschnitt (»Wirklichkeit«) vor. Auch hier bildet ein Kapitel – in diesem Fall das dritte (»Absolutes Verhältnis«, also die Entwicklung der Relationsbestimmungen Substanz, Kausalität, Wechselwirkung) – den identischen Kern, dem Hegel zwei neue Kapitel voranstellt. Das zweite entfaltet erstmals im selbständigen Rahmen die Modalbestimmungen. Sie haben sonst stets im Zusammenhang der

[21] Siehe insbesondere Dieter Henrich: »Hegels Logik der Reflexion.« In: ders.: *Hegel im Kontext.* Frankfurt am Main 1971, 95–156.

Relationskategorien gestanden, obgleich sie doch dem Abschnitt seinen Titel (»Wirklichkeit«) gegeben haben. In diesem zweiten Kapitel gewinnt somit ein in der Logik stets erörtertes Thema nur einen höheren Stellenwert für die Entwicklung des Gedankens. Das erste Kapitel hingegen entfaltet einen zwar nicht unbekannten Begriff – den des Absoluten; die nähere Form jedoch, die Zusammenstellung mit dem Begriff des absoluten Attributs bzw. des Modus des Absoluten, war so zuvor in der Logik nicht vertreten, auch wenn sie keineswegs unbekannt war, da sie ja Grundbegriffe von Spinozas *Ethik* variiert.

VI.

Hegel selber hat die im Jahr 1813 veröffentlichte Gestalt der Wesenslogik nicht als die endgültige angesehen. Wie er in den letzten Monaten seines Lebens die Seinslogik nochmals intensiv überarbeitet hat,[22] so hat er auch beabsichtigt, die Wesenslogik neu zu bearbeiten.[23] Es ist jedoch nicht bekannt, ob er über seine Absicht hinaus mit dieser Arbeit wirklich begonnen habe. Daß er erst wenige Tage vor seinem Tod die Vorrede zur Neuausgabe der Seinslogik unterzeichnet hat, macht es nicht sehr wahrscheinlich, daß er bereits intensiver an der Neugestaltung der Wesenslogik gearbeitet habe. Und es gibt kein Zeugnis, das eine Vermutung über die Form der geplanten Bearbeitung zuließe – ob sie ähnlich wie die der Wesenslogik oder grundsätzlich davon unterschieden geplant gewesen sei, ja nicht einmal, ob Hegel hierzu bereits präzise Vorstellungen und Pläne gehabt habe.

[22] Zum Charakter dieser Überarbeitungen siehe die Einleitung von Friedrich Hogemann und Walter Jaeschke zu Hegel: *Wissenschaft der Logik*. Erster Teil. Die objektive Logik. Erster Band. *Die Lehre vom Sein (1832)*. Neu herausgegeben von Hans-Jürgen Gawoll. Hamburg 1990 (PhB 385).

[23] Siehe den editorischen Bericht zu Hegel: *Wissenschaft der Logik*. Erster Teil. Die objektive Logik. Erster Band. Die Lehre vom Sein (1832). Hg. von Friedrich Hogemann und Walter Jaeschke. Hamburg 1985 (GW 21), 403.

Gleichwohl gibt es Zeugnisse genug für Hegels Weiterarbeit an der Wesenslogik nach deren erster Veröffentlichung: die drei Fassungen seiner *Enzyklopädie der philosophischen Wissenschaften im Grundrisse* (1817, 1827, 1830) und seine Vorlesungen, von denen gegenwärtig aber noch keine Nachschriften veröffentlicht sind; ferner eine Reihe kleiner, bereits publizierter Notizenblätter zur Vorbereitung seiner Vorlesungen.[24] Man wird allerdings annehmen dürfen, daß die Vorlesungen über die dringend gebotene Erschließung des kryptisch verdichteten Enzyklopädietextes hinaus wenig zur Entwicklungsgeschichte der Logikkonzeption aussagen werden, da sie ja auf der Grundlage der jeweils neuesten Fassung der *Enzyklopädie* vorgetragen wurden.

Diese Fassungen jedoch bilden Zeugnisse, und zudem durch ihre Publikation autorisierte Zeugnisse für Hegels Weiterarbeit an der Logik, auch an der Wesenslehre. Dennoch ist es zweifelhaft, ob man diese Weiterarbeit in gleicher Weise als ein Moment der Entwicklungsgeschichte der Wesenslogik beschreiben kann wie die Vielzahl der der *Wissenschaft der Logik* vorangehenden Stufen – als eine Fortsetzung des »Werdens des Wesens«, oder nicht vielmehr als eine »Veränderung des Wesens«. Zur Entscheidung dieser Frage seien an drei Themenkreisen die Differenzen der Wesenslogik zwischen der *Wissenschaft der Logik* und der *Enzyklopädie* – deren drei Fassungen hier als Einheit betrachtet werden können – skizziert.

Auch in der *Enzyklopädie* gliedert Hegel die Wesenslogik in drei Teile, entsprechend den vorhergehenden Abschnitten; der zweite und der dritte tragen zudem die gleichen Überschriften wie in der *Wissenschaft der Logik*. Der erste Abschnitt jedoch weist eine tiefgreifende Veränderung auf: Das erste Kapitel der *Wissenschaft der Logik* (»Schein«) ist entfallen, die Abhandlung der Reflexionsbestimmungen – oder wie es hier genauer heißt:

[24] Zu den Aufzeichnungen aus den Berliner Jahren siehe Hegel: *Enzyklopädie der philosophischen Wissenschaften im Grundrisse (1827)*. Hg. von Wolfgang Bonsiepen und Hans-Christian Lucas. Hamburg 1989 (= GW 19), 419–435; »Ein Blatt zu Hegels Vorlesungen über Logik und Metaphysik«. Hg. und erläutert von Friedrich Hogemann und Walter Jaeschke. In: *Hegel-Studien* 12, Bonn 1977, 19–26.

der »reinen Reflexionsbestimmungen« – ist aus dem zweiten Kapitel ins erste gerückt. Und als die drei Reflexionsbestimmungen werden nicht mehr Identität, Unterschied und Widerspruch behandelt, sondern statt des letzten der »Grund«. Das in der *Wissenschaft der Logik* dritte Kapitel (»Grund«) entfällt; neben die Abhandlung der reinen Reflexionsbestimmungen treten stattdessen als zweites bzw. drittes Kapitel »Existenz« (§§ 123 f.) und »Ding« (§§ 125–130). In der *Wissenschaft der Logik* waren diese Denkbestimmungen erst im ersten Kapitel des zweiten Abschnitts (»Erscheinung«) abgehandelt worden. Da dessen Stelle durch die Umstellung von »Existenz« und »Ding« nunmehr leer ist, macht Hegel das frühere zweite Kapitel des zweiten Abschnitts (»Erscheinung«) zum ersten, gefolgt von den Reflexionsbegriffen Inhalt/Form im zweiten Kapitel. Lediglich das dritte (»Wesentliches Verhältnis« bzw. »Verhältnis«) ist konzeptionell unverändert. Übersichtlicher bleibt die Neugestaltung des dritten Abschnitts (»Wirklichkeit«). Hier entfällt das vormalige erste Kapitel über das Absolute, und die Modallogik des zweiten Kapitels wird gleichsam in die Einleitung zum eigentlichen Thema – den Relationskategorien – gezogen.

Hegels Neubearbeitung greift also erheblich in diejenige Gestalt ein, die die Wesenslehre in der *Wissenschaft der Logik* erreicht hat. Auch hierin zeigt sich wiederum die – angesichts des von ihm selber formulierten Methodenideals – erstaunliche Freiheit in der Disposition der logischen Elemente und die nicht minder erstaunliche Flexibilität in der Formulierung des von ihm selber als notwendig ausgezeichneten Zusammenhangs der Denkbestimmungen. Nicht weniger erstaunlich aber ist, daß diese Veränderungen nur zum geringsten Teil wirkliche Neugestaltungen sind. Sie restituieren im wesentlichen diejenige Gestalt der Wesenslogik, die diese bereits vor der *Wissenschaft der Logik*, nämlich in der *Logik 1810/11* gefunden hatte. Auch diese kennt – wie oben vermerkt – nicht das Kapitel über den Schein; sie kennt ebensowenig das Kapitel über das Absolute und auch keine selbständige Abhandlung der Modalbestimmungen. Auch sie behandelt den »Grund« als letzte – allerdings vierte – der Reflexionsbestimmungen, und bereits in ihr bildet die Dialektik von Form und Materie bzw. Form und

Inhalt das Thema des zweiten Abschnitts (»Erscheinung«). Der einzige Konzeptionsunterschied liegt darin, daß die Denkbestimmungen »Ding« und »Existenz« in der *Logik 1810/11* wie auch in der *Wissenschaft der Logik* im zweiten Abschnitt exponiert werden, in der *Enzyklopädie* hingegen bereits als zweites und drittes Kapitel des ersten Abschnitts. In allen anderen Konzeptionsfragen kehrt die *Enzyklopädie* jedoch zu dem letzten Bearbeitungsstand vor der *Wissenschaft der Logik* zurück. Dies schließt es aus, die Abweichungen der *Logik 1810/11* von der *Wissenschaft der Logik* als »didaktische Modifikationen« zu bezeichnen – es sei denn, man verstünde auch die *Enzyklopädie* als eine solche »didaktische Modifikation«.
Diese Rückkehr zur früheren Gestalt der Wesenslogik macht es problematisch, die hier vollzogene »Veränderung des Wesens« als eine weitere Etappe seines »Werdens« zu verstehen. Daß die sprachliche Gestalt der enzyklopädischen Darstellung – die knappe, fast dekretierende Mitteilung des in eher verborgener Entwicklung der Denkbestimmungen jeweils erreichten Standes unter Verzicht auf eigentliche Argumentation – mit der der *Logik 1810/11* und der anderen propädeutischen Entwürfe übereinkommt, ist die unausweichliche Folge des Gesamtcharakters der *Enzyklopädie* als eines bloßen Grundrisses zu Vorlesungen. Dies macht aber nicht die Restitution einer als überholt geglaubten Konzeption plausibel. Und der Zwang zur Kürze, der der *Enzyklopädie* ohne Zweifel auferlegt ist, kann die rückwärts gewandten Abweichungen ebensowenig legitimieren.

Hegels Weiterarbeit an der Wesenslehre nach der *Wissenschaft der Logik* ist nicht analog zur Neubearbeitung der Seinslogik. Hier hat die zweite Auflage nach Hegels Absicht die Aufgabe, die erste Auflage zu ersetzen. Ob sie ihr insgesamt überlegen ist oder nicht, ist hier nicht zu diskutieren. Die *Enzyklopädie* kann aber nicht in gleicher Weise die Konzeption der *Wissenschaft der Logik* ersetzen. Sie setzt allerdings ein Fragezeichen, das bei einer Interpretation der *Wissenschaft der Logik* oder der *Enzyklopädie* nicht übersehen werden darf.

Man kann mit gutem Grund und Erfolg Argumente dafür zu entwickeln suchen, daß Hegel in der *Wissenschaft der Logik* den Beginn der Wesenslehre durch die Einführung des

»Scheins« und der drei Reflexionen umgestaltet habe, weil er so erst den Begriff des Wesens wirklich erreichen konnte. Man kann aber nicht gleichermaßen gute Gründe dafür vorbringen, daß er eben diese Verbesserung und Absicherung des Gedankengangs in der *Enzyklopädie* wieder zurückgenommen habe – etwa als Folge einer gereifteren Einsicht, daß der in der *Wissenschaft der Logik* versuchte Weg doch nicht gangbar sei. Ebensowenig aussichtsreich dürfte allerdings der Versuch sein, die genannten Differenzen – wie auch die Differenz bei der Be handlung der Modalbestimmungen im Abschnitt »Wirklichkeit« – am Unterschied der literarischen Form von *Wissenschaft der Logik* und *Enzyklopädie* festzumachen. Man müßte denn Argumente entwickeln, die nicht allein trivial auf die größere Ausführlichkeit der *Wissenschaft der Logik* gegenüber dem enzyklopädischen Grundriß abhöben, sondern die klarstellten, weshalb die fraglos vorhandenen Unterschiede im Darstellungsmodus zwischen *Wissenschaft der Logik* einerseits, der *Enzyklopädie* bzw. *Logik für die Mittelklasse 1810/11* andererseits eine Differenz auch in der Strukturierung des Gedankengangs erforderten. Solche Argumente sind aber bisher nicht vorgetragen worden, und zwar wohl schon deshalb nicht, weil die hier skizzierte Differenz nicht als offenes Problem einer Interpretation der Logik erkannt worden ist. Aber auch hier soll dieses Problem nur gestellt und nicht gelöst werden. Statt eines Lösungsvorschlags sei die Vermutung erlaubt, daß es sich – über das Erwägen unterschiedlicher Antworten hinaus – nicht wirklich lösen lasse.

VII.

Daß die Wesenslogik der schwierigste Teil der Logik sei, gilt nicht allein – wie es zumeist verstanden wird – für die methodologischen Probleme, die dieses Buch aufwirft. Es bestätigt sich auch in Bezug auf die verwirrenden Umstrukturierungen ihrer Konzeption. In der Wesenslogik ist Hegel zu einer Vielfalt stark variierender Entwürfe genötigt; die anderen Teile der Logik – die Seins- und die Begriffslehre – sind seit der mittleren Jenaer Zeit zumindest in einem Kernbereich bereits stärker fixiert als die Wesenslogik. Die Seinslogik wird durch die Zweiheit von Qualität und Quantität konzeptionell weitgehend festgelegt. Ähnlich hat die Begriffslogik – ungeachtet der Fragen der Stellung der Ideenlehre zur Begriffslehre und der späteren Einfügung des Objektivitätskapitels – einen Fixpunkt in der Urteils- und Schlußlehre. Sie kann sich hier auf reiches Material der Tradition stützen – auch wenn sie ihre Aufgabe gerade darin sieht, dieses Material neu zu interpretieren. Entsprechend geradliniger sind die Entwicklungen dieser beiden Bücher der Logik verlaufen. Zudem hat insbesondere die Wesenslogik diejenigen Konzeptionsprobleme zu bewältigen, die aus der Eingliederung von Themenbereichen der Jenaer Metaphysik in die Logik resultieren. Mit der Wesenslogik entwirft Hegel zwar nicht einen neuen Theorietypus, aber doch eine neue Theorie eines so zuvor nicht gesehenen Bereichs der Wirklichkeit. Sie kann sich nicht in ähnlicher Weise wie die anderen Bücher der Logik an Vorbilder aus der philosophischen Tradition anlehnen.

Aus diesem Grund ist Hegels philosophiegeschichtlicher Hinweis, daß die Wesenslogik die Kategorien der Metaphysik enthalte,[25] zwar nicht unzutreffend, aber auch nicht sonderlich hilfreich, wenn man die Kompositionsprobleme dieses Buches der Logik verstehen will. Erheblich mehr Aufschluß bietet sein Hinweis auf die transzendentale Logik Kants. Ihre Bedeutung speziell für die Wesenslehre tritt in der *Wissenschaft der Logik* zwar nicht mehr so augenfällig hervor wie in den frühen Nürnberger Jahren der Formierung der Wesenslogik. Die entwicklungsgeschichtliche Betrachtung aber erinnert daran, daß die frühe Wesenslogik gekennzeichnet war von Hegels Bemühen, die in Kants »transzendentaler Logik« bereitgestellten Theorieelemente in einem neuen Zusammenhang begrifflich konsistent abzuleiten. Im Zuge dieser Durcharbeitung des aus der Tradition überkommenen Materials entwirft Hegel die gültige Gestalt der Wesenslogik. Er nimmt Modal- und Relationskategorien, Reflexionsbegriffe und Antinomien auf, ja er wählt sie partiell zum Leitfaden einer Entwicklung der Wesenslogik, der Dialektik der wesenslogischen Kategorien – wenn auch stets in der

[25] *Enzyklopädie* § 114.

Absicht, durch eine Revision des theoretischen Ansatzes auch eine Revision der Kantischen Resultate bewirken zu können.

Der Prozeß der Entstehung der Wesenslogik ist der Prozeß einer von Entwurf zu Entwurf veränderten und vertieften Disposition derjenigen Theorieelemente, die Hegel als »Bauzeug« seiner Logik vorgegeben waren. Dies macht es zumindest nicht leicht, die Entwicklung der logischen Bestimmungen zugleich als einen Prozeß der Genese eines in sich geschlossenen Zusammenhangs von Denkbestimmungen mittels einer »Methode«, etwa der Wiederholung der Argumentationsfigur von der Selbstbeziehung der Negation oder irgendeiner anderen »Grundoperation« zu beschreiben. Die Entwicklung der Wesenslogik zeigt eine derartige Flexibilität, eine derartige Freiheit in der Disposition vorgegebener Theorieelemente, daß sich zumindest der Verdacht aufdrängt, jeder Anspruch auf eine streng immanente Entfaltung der logischen Bestimmungen an Hand vergleichsweise wenig komplexer Strukturen oder Operationen könne kaum etwas anderes beabsichtigen als eine methodologische Indemnitätserklärung vorausgegangener inhaltlicher Entscheidungen.

Die entwicklungsgeschichtliche Betrachtung veranschaulicht auch den ständigen Wechsel des systematischen Ortes der einzelnen Denkbestimmungen innerhalb ihres logischen Zusammenhangs. Damit führt sie zugleich vor Augen, wie wenig fester Boden mit Hegels Aussage gewonnen sei, daß jeweils die erste und die dritte Bestimmung einer Sphäre als metaphysische Definitionen Gottes anzusehen seien, während die zweiten Bestimmungen solche der Differenz und des Endlichen seien.[26] Wenn die entwicklungsgeschichtliche Betrachtung sehen lehrt, wie ein und dieselbe Bestimmung in dem einen Entwurf in dieser, in dem nächsten Entwurf in jener Stellung auftritt, so lassen sich die Zweifel an der Aussagekraft, zumindest an der texterschließenden Kraft einer derart glatten Auskunft kaum mehr beschwichtigen.

Gleichwohl sind die hier formulierten Bedenken nicht geeignet, Hegels Anspruch außer Kraft zu setzen, daß die Logik die Entwicklung der Denkbestimmungen in einem rein immanen-

[26] *Enzyklopädie* § 85.

ten, nichts von außen hereinnehmenden Gange sei. Die vielfach wechselnde Disposition der Materie der Logik ist ja gerade nicht als Anzeichen für die Beliebigkeit der Anordnung der Denkbestimmungen zu werten. Sie ist der Ausdruck eines allenfalls in der *Wissenschaft der Logik* zur Ruhe, vielleicht auch nur zur vorübergehenden Ruhe kommenden Bemühens, denjenigen Zusammenhang aufzufinden und zu explizieren, in dem die Denkbestimmungen zueinander stehen. Es dürfte jedoch aussichtsreicher sein, diesen Zusammenhang über eine Betrachtung der logischen Inhalte – und damit der Denkbestimmungen an ihnen selbst – zu erkennen und zu konstituieren, als ihn mittels genetischer Operationen rekonstruieren zu wollen. Einige Hindernisse auf diesem Wege wollten die vorangehenden einleitenden Bemerkungen ausräumen.

EDITORISCHE HINWEISE

Dieser Band enthält als zweites Buch des ersten Bandes von Hegels *Wissenschaft der Logik* die Lehre vom Wesen in der ursprünglichen Fassung: Nürnberg, Johann Leonard Schrag 1813. Auf dieser Grundlage fand sie Eingang in die durch einen Verein von Freunden des Verewigten veranstaltete Ausgabe (Berlin, Duncker und Humblot 1832ff.). Die dort 1834 von Leopold von Henning besorgte Edition stellte allerdings die subjektive Logik oder die Lehre vom Begriff mit der Lehre vom Wesen in den Teilbänden 4 und 5 zusammen. Die Originalausgabe von 1813 ist dann historisch-kritisch bearbeitet worden im Rahmen der Ausgabe G. W. F. Hegel: *Gesammelte Werke.* In Verbindung mit der Deutschen Forschungsgemeinschaft herausgegeben von der Rheinisch-Westfälischen Akademie der Wissenschaften. Band 11. Wissenschaft der Logik. Erster Band. Zweites Buch. Die Lehre vom Wesen. 232–409. Herausgegeben von Friedrich Hogemann und Walter Jaeschke. Gegenüber dem Band 11 der historisch-kritischen Ausgabe, der die Grundlage für die vorliegende Studienausgabe in der Philosophischen Bibliothek bildet, erscheint die Lehre vom Wesen erstmals seit 1813 wieder als selbständiger Band. Damit folgt diese Studienausgabe der ursprünglichen Publikationsgeschichte der *Wissenschaft der Logik.*

Rechtschreibung und Zeichensetzung wurden modernisiert und dem Grammatikverständnis des heutigen Lesers angepaßt. Dort, wo es für ein besseres Verständnis dienlich war, sind die dem Kontext angemessenen Deklinationsformen von Artikel, Possessivpronomen und Substantiv ergänzt worden. Gewisse Eigenheiten des Hegelschen Textes wurden beibehalten wie z. B. itzt (statt jetzt). Auf eine Standardisierung von Ausdrükken, die bei Hegel in unterschiedlicher Schreibweise vorkommen (An-sich-Sein – Ansichsein) wurde verzichtet, um Bedeutungsnuancen des Textes zu erhalten.

Grundsätzlich gilt das Prinzip der Lautstandswahrung. Allerdings wurden hiervon zwei Ausnahmen gemacht. Das Dativ-e, das Hegel zuweilen bei zwei- oder mehrsilbigen Worten gebraucht, entfällt im modernisierten Text; aus dem Genitiv-s in -ds und -ts des Originals wurde aus phonetischen Gründen -des bzw. -tes.

Die Anmerkungen wurden aus der historisch-kritischen Ausgabe übernommen und ggf. durch Zitation erweitert. Altsprachlichen Zitaten sind, soweit es möglich war, Übersetzungen aus heute gebräuchlichen Ausgaben beigefügt worden. Aus dem Band G. W. F. Hegel: *Wissenschaft der Logik. Das Sein (1812).* Neu herausgegeben von Hans-Jürgen Gawoll, Hamburg 1986, wurde das Literaturverzeichnis übernommen und um einige Titel aktualisiert.

Die Seitenangaben auf dem Innenrand des lebenden Kolumnentitels beziehen sich auf die Seitenzahlen der historisch-kritischen Ausgabe der *Wissenschaft der Logik*; ein senkrechter Seitentrennstrich im laufenden Text bezeichnet die Stelle des Seitenumlaufs.

Eckige Klammern umschließen Ergänzungen der Altherausgeber bzw. des Neuherausgebers.

Hans-Jürgen Gawoll

LITERATURVERZEICHNIS

Dieses Literaturverzeichnis will eine erste und aktuelle Orientierung über die Literatur zu Hegels Wissenschaft der Logik geben. Es beschränkt sich daher auf die letzte Rezeptionsphase dieses Werkes und enthält eine Auswahl derjenigen Titel, die seit 1950 hierzu erschienen sind. Hinweise auf ältere Monographien und Kommentare findet man z. B. bei Klaus Düsing: Das Problem der Subjektivität in Hegels Logik. Systematische und entwicklungsgeschichtliche Untersuchungen zum Prinzip des Idealismus und zur Dialektik, 2., verb. und um ein Nachwort erweiterte Auflage, Bonn 1984.

Aus Platzgründen wurde nur eine geringe Anzahl von Aufsätzen berücksichtigt. Sammelbände, die mehrere Aufsätze zur Wissenschaft der Logik enthalten, sind unter dem Namen des Herausgebers aufgeführt. – Über die neueste Literatur zu Hegel informiert fortlaufend das Jahrbuch Hegel-Studien, bisher 32 Bände (1997).

Albrecht, W.: Hegels Gottesbeweis. Eine Studie zur »Wissenschaft der Logik«. Berlin 1958.

Baptist, G.: Il problema della modalità nelle logiche di Hegel. Un itinerario tra il possibile e il necessario. Genua 1992.

Beyer, W. R. (Hrsg.): Die Logik des Wissens und das Problem der Erziehung. Nürnberger Hegel-Tage 1981. Hamburg 1982.

Biard, J. u. a.: Introduction à la lecture de la Science de la Logique de Hegel. L'être. Paris 1981.

–: Vol. II: La doctrine de l'essence. Paris 1983.

Braitling, P.: Hegels Subjektbegriff – Eine Analyse mit Berücksichtigung intersubjektiver Aspekte. Würzburg 1991.

Braun, H.: Spinozismus in Hegels Wissenschaft der Logik. In: Hegel-Studien. 17 (1984). 53–74.

Bubner, R.: Zur Sache der Dialektik. Stuttgart 1980.

Bulthaup, P.: Das Recht der Logik. In: Hegel-Jahrbuch 1988. Bochum 1989. 69–78.

Burbridge, J.: On Hegel's Logic. Fragments of a Commentaty. Atlantic Highlands, N.J. 1981.

Coreth, E.: Das dialektische Sein in Hegels Logik. Wien 1952.

Dahlstrom, D.: Hegel's Science of Logic and the idea of truth. In: Idealistic Studies. 13 (1983). 33–49.

De Vos, L.: Hegels Wissenschaft der Logik: Die absolute Idee. Einleitung und Kommentar. Bonn 1983.

DiGiovanni, G.: Reflection and Contradiction. A commentary on some passages of Hegel's Science of Logic. In: Hegel-Studien. 8 (1973). 131–161.

– (Hrsg.): Essays on Hegel's Logic. Albany, N.Y. 1990.

Doz, A.: Georg Wilhelm Friedrich Hegel: La Théorie de la Mesure. Traduction et Commentaire. Paris 1970.

–: Le logique de Hegel et les problèmes traditonnels de l'ontologie. Paris 1987.

Dubarle, D.: La logique de la réflexion et la transition de la logique de l'être à celle de l'essence. In: Revue des sciences philosophiques et théologiques. 56 (1972). 193–222.

Düsing, K.: Das Problem der Subjektivität in Hegels Logik. Systematische und entwicklungsgeschichtliche Untersuchungen zum Prinzip des Idealismus und zur Dialektik, 2., verbesserte und um ein Nachwort erweiterte Auflage. Bonn 1984.

–: Identität und Widerspruch. Untersuchungen zur Entwicklungsgeschichte der Dialektik Hegels. In: Giornale di Metafisica. 6 (1984). 315–358.

Erdei, L.: Die dialektisch-logische Theorie des Begriffs und des Urteils. In: Tamás, G. (Hrsg.): Aufsätze über Logik. Budapest 1970.

–: Der Schluß. Die Dialektik des Schlusses. Budapest 1983.

Eley, L.: Hegels Wissenschaft der Logik. München 1976.

Ellrich, L.: Schein und Depotenzierung. Zur Interpretation des Anfangs der »Wesenslogik«. In: Hegel-Studien. 25 (1990). 65–84.

Falk, H.-P.: Das Wissen in Hegels »Wissenschaft der Logik«. Freiburg – München 1983.

Ferrini, C.: On the relation between »mode« and »measure« in Hegel's *Science of Logic*: Some introductory remarks. In: The Owl of Minerva. 20 (1988/89). 21–49.

Fetscher, I. (Hrsg.): Hegel in der Sicht der neueren Forschung. Darmstadt 1973.

Fink-Eitel, H.: Dialektik und Sozialethik. Kommentierende Untersuchungen zu Hegels Logik. Meisenheim a. G. 1978.

Fleischmann, E.: La science universelle ou la logique de Hegel. Paris [1968.

Fulda, H.F.: Das Problem einer Einleitung in Hegels Wissenschaft der Logik. Frankfurt a. M. 1965.

Fulda, H.F., Horstmann, R.-R., Theunissen, M.: Kritische Darstellung der Metaphysik. Ein Diskussion über Hegels »Logik«. Frankfurt a. M. 1980.

Gadamer, H.-G.: Hegels Dialektik. Sechs hermeneutische Studien. 2., vermehrte Auflage. Tübingen 1980.

Geraets. T. H. (Hrsg.): L'esprit absolu. The absolut Spirit. Ottawa 1984.
Giacché, V.: Finalità e Soggettività. Forme del Finalismo nella ›Scienza della Logica‹ di Hegel. Genua 1990.
Gutterer, D.: Der Begriff des Zwecks. Mit besonderer Berücksichtigung Kants und Hegels. Diss. Frankfurt a. M. 1967.
Guzzoni, U.: Werden zu sich. Eine Untersuchung zu Hegels »Wissenschaft der Logik«. Freiburg – München 1963.
Haag, K. H.: Philosophischer Idealismus. Untersuchungen zur Hegelschen Dialektik mit Beispielen aus der Wissenschaft der Logik. Frankfurt a. M. 1967.
Hackenesch, C.: Die Logik der Andersheit. Eine Untersuchung zu Hegels Begriff der Reflexion. Frankfurt a. M. 1987.
Hansen, F.-P.: Ontologie und Geschichtsphilosophie in Hegels »Lehre vom Wesen« der »Wissenschaft der Logik«. München 1991.
Harris, E. E.: Lire la logique de Hegel. Commentaire de la logique de Hegel. Lausanne 1987.
Henrich, D.: Hegel im Kontext. Frankfurt a. M. 1971.
–: Formen der Negation in Hegels Logik. In Hegel-Jahrbuch 1974. Köln 1975. 245–256.
– (Hrsg.): Die Wissenschaft der Logik und die Logik der Reflexion. Hegel-Tage Chantilly 1971. Bonn 1978.
–: Hegels Grundoperation. Eine Einleitung in Hegels Wissenschaft der Logik. In: Der Idealismus und seine Gegenwart. Festschrift für Werner Marx zum 65. Geburtstag. Hrsg. von Ute Guzzoni, Bernhard Rang und Ludwig Siep. Hamburg 1979, 208–230.
– (Hrsg.): Hegels Wissenschaft der Logik. Formation und Rekonstruktion. Stuttgart 1986.
Hösle, V.: Hegels System. Der Idealismus der Subjektivität und das Problem der Intersubjektivität. Bd. 1. Systementwicklung und Logik. Hamburg 1987.
Hoffmann, Th. S.: Die absolute Form. Modalität, Individualität und das Prinzip der Philosophie nach Kant und Hegel. Berlin – New York 1991.
Hogemann, F., Jaeschke, W.: Die Wissenschaft der Logik. In: Pöggeler, O. (Hrsg.): Hegel. Einführung in seine Philosophie. Freiburg – München 1977. 75–90.
Horstmann, R.-P. (Hrsg.): Seminar: Dialektik in der Philosophie Hegels. Frankfurt a. M. 1978.
Jaeschke, W.: Äußerliche Reflexion und immanente Reflexion. Eine Skizze der systematischen Geschichte des Reflexionsbegriffs in Hegels Logik-Entwürfen. In: Hegel-Studien. 13 (1978). 85–117.
Jarczyk, G.: Système et Liberté dans la logique de Hegel. Paris 1979.

Kawamura, E.: Hegels Ontologie der absoluten Idee. Hamburg 1973.
Kemper, P.: Dialektik und Darstellung. Eine Untersuchung zur spekulativen Methode in Hegels Wissenschaft der Logik. Frankfurt a. M. 1980.
Kimmerle, H.: Die allgemeine Struktur der dialektischen Methode. In: Zeitschrift für philosophische Forschung. 33 (1979). 184–209.
Krohn, W.: Die formale Logik in Hegels »Wissenschaft der Logik«. Untersuchungen zur Schlußlehre. München 1972.
Labarrière, P.-J.: Histoire et liberté. Les structures intemporelles du procès de l'essence. In: Archives de philosophie. 33 (1970). 719–754.
–: L'idéalisme absolu de Hegel: de la logique comme métaphysique. In: Aquinas. 24 (1981). 406–434.
Lakebrink, B.: Die Europäische Idee der Freiheit. Teil 1. Hegels Logik und die Tradition der Selbstbestimmung. Leiden 1968.
–: Kommentar zu Hegels »Logik« in seiner »Enzyklopädie« von 1830. Band 1: Sein und Wesen. Freiburg – München 1979.
Léonard, A.: Commentaire littéral de la logique de Hegel. Paris – Louvain 1974.
Liebrucks, B.: Sprache und Bewußtsein. Sprachliche Genesis der Logik, logische Genesis der Sprache. Band 6, Teil 1–3. Frankfurt a. M. – Bern 1974.
Livet, P.: Réflexivités et extériorité dans la Logique de Hegel. In: Archives de Philosphie. 47 (1984). 291–318.
Longuenesse, B.: Hegel et la critique de la métaphysique. Etudes sur la doctrine de l'essence. Paris 1981.
–: Actuality in Hegel's Logic. In: Graduate Philosophy Journal. 13 (1988). 115–124.
Lugarini, L.: Logica hegeliana e problema dell'intero. In: Il Pensiero 16 (1971). 154–170.
Majetschak, S.: Die Logik des Absoluten. Berlin 1992.
Maluschke, G.: Kritik und absolute Methode in Hegels Dialektik. Bonn 1974.
Marconi, D.: Logique et dialectique. Sur la justification de certains argumentations hégéliennes. In: La revue philosophique de Louvain. 81 (1983). 569–579.
Marx, W.: Hegels Theorie logischer Vermittlung. Kritik der dialektischen Begriffskonstruktion in der »Wissenschaft der Logik«. Stuttgart – Bad Cannstatt 1972.
Massolo, A.: Logica hegeliana e filosofia contemporanea. Florenz 1967.
Menegoni, F.: La recezione della Critica del guidizio nella logica

hegeliana: finalità externa e interna. In: Verifiche. 18 (1989). 443 bis 458.
Moretto, A.: Hegel e la »matematica dell' infinito«. Trient 1984.
Mure, G.R.G.: A Study of Hegel's Logic. Oxford 1967.
Nikolaus, W.: Begriff und absolute Methode. Zur Methodologie in Hegels Denken. Bonn 1985.
Nuzzo, A.: Logica e sistema sull'idea hegeliana di filosofia. Genua 1992.
Opiela, S.: Le Réel dans la logique de Hegel. Développement et Auto-Détermination. Paris 1983.
Pechmann, A. von: Die Kategorie des Maßes in Hegels »Wissenschaft der Logik«. Köln 1980.
Puntel, L.B.: Darstellung und Struktur. Untersuchung zur Einheit der systematischen Philosophie G.W.F. Hegels. Bonn 1973.
Rademaker, H.: Hegels »Wissenschaft der Logik«. Eine darstellende und erläuternde Einführung. Wiesbaden 1979.
Redlich, A.: Die Hegelsche Logik als Selbsterfassung der Persönlichkeit. Meisenheim a.G. 1971.
Rehm, M: Hegels spekulative Deutung der Infinitesimal-Rechnung. Diss. Köln 1963.
Richli, U.: Form und Inhalt in G.W.F. Hegels »Wissenschaft der Logik«. Wien – München 1982.
Römpp, G.: Sein als Genesis von Bedeutung. Ein Versuch über die Entwicklung des Anfangs in Hegels ›Wissenschaft der Logik‹. In: Zeitschrift für philosophische Forschung. 43 (1989). 58–80.
Röttges, H.: Der Begriff der Methode in der Philosophie Hegels. Meisenheim a. G. 1976.
Rohs, P.: Form und Grund. Interpretation eines Kapitels der Hegelschen Wissenschaft der Logik. 2. durchges. Auflage. Bonn 1972.
Salomon, W.: Urteil und Selbstverhältnis. Kommentierende Untersuchung zur Lehre vom Urteil in Hegels »Wissenschaft der Logik«. Frankfurt a. M. 1982.
Sarlemijn, A.: Hegelsche Dialektik. Berlin – New York 1971.
Schaefer, A.: Der Nihilismus in Hegels Logik. Kommentar und Kritik zu Hegels Wissenschaft der Logik. Berlin 1992.
Schmidt, J.: Hegels Wissenschaft der Logik und ihre Kritik durch Adolf Trendelenburg. München 1977.
Schmitz, H.: Hegels Logik. Bonn 1992.
Schrader-Klebert, K.: Das Problem des Anfangs in Hegels Philosophie. Wien – München 1969.
Schubert, A.: Der Strukturgedanke in Hegels »Wissenschaft der Logik«. Königstein/Ts. 1985.
Schulz, R.-E.: Interpretation zu Hegels Logik. Diss. Heidelberg 1954.

–: »Sein« in Hegels Logik: »Einfache Beziehung auf sich«. In: Wirklichkeit und Reflexion. W. Schulz zum 60. Geburtstag. Pfullingen 1973. 365–383.

Shikaya, T.: Die Wandlung des Seinsbegriffs in Hegels Logik-Konzeptionen. In: Hegel-Studien. 13 (1978). 119–173.

Tamás, G.: Studien zur Logik. Budapest 1983.

Tanabe, H.: Zu Hegels Lehre vom Urteil. Übers. von K. Tsujimura und H. Buchner. In: Hegel-Studien. 6. (1971). 211–229.

Theunissen, M.: Sein und Schein. Die kritische Funktion der Hegelschen Logik. Frankfurt a. M. 1978.

Topp, C.: Philosophie als Wissenschaft. Status und Makrologik wissenschaftlichen Philosophierens bei Hegel. Berlin – New York 1982.

Tuschling, B.: Necessarium est idem simul esse et non esse. Zu Hegels Revision der Grundlagen von Logik und Metaphysik. In: Lucas H.-Ch./Planty-Bonjour G. (Hrsg.): Logik und Geschichte in Hegels System. Stuttgart – Bad Cannstatt 1989. 199–226.

Vanni Rovighi, S.: La »Scienza della Logica« di Hegel e appunti introduttivi. Mailand 1974.

Verra, V.: *Idee* nel sistema hegeliano. In: Idea. Atti a cura di M. Fattori e M.L. Bianchi. Roma 1989. 393–410.

Vitiello, V.: Sull'essenza nella Logica hegeliana. In: Il Pensiero. 22 (1981). 165–177.

Volkmann-Schluck, K.-H.: Die Entäußerung der Idee zur Natur. In: Hegel-Studien. Beiheft 1. Bonn 1964. 37–44.

Wahl, J.: La logique comme phénoménologie. Paris 1959.

Wetzel, M.: Reflexion und Bestimmtheit in Hegels »Wissenschaft der Logik«. Hamburg 1971.

Wiehl, R.: Platos Ontologie in Hegels Logik des Seins. In: Hegel-Studien. 3 (1965). 157–180.

Wieland, W.: Bemerkungen zum Anfang von Hegels Logik. In: Wirklichkeit und Reflexion. W. Schulz zum 60. Geburtstag. Pfullingen 1973. 375–414.

Wohlfahrt, G.: Der spekulative Satz. Bemerkungen zum Begriff der Spekulation bei Hegel. Berlin – New York 1981.

Yamane, T.: Wirklichkeit. Interpretation eines Kapitels aus Hegels »Wissenschaft der Logik«. Frankfurt a. M. – Bern – New York 1983.

WISSENSCHAFT DER LOGIK

ERSTER BAND

DIE OBJEKTIVE LOGIK

ZWEITES BUCH

DIE LEHRE VOM WESEN

ZWEITES BUCH
DAS WESEN

Die *Wahrheit* des *Seins* ist das *Wesen*.

Das Sein ist das Unmittelbare. Indem das Wissen das Wahre erkennen will, was das Sein *an und für sich* ist, so bleibt es nicht beim Unmittelbaren und dessen Bestimmungen stehen, sondern dringt durch dasselbe hindurch mit der Voraussetzung, daß *hinter* diesem Sein noch etwas anderes ist als das Sein selbst, daß dieser Hintergrund die Wahrheit des Seins ausmacht. Diese Erkenntnis ist ein vermitteltes Wissen, denn sie befindet sich nicht unmittelbar beim und im Wesen, sondern beginnt von einem Anderen, dem Sein, und hat einen vorläufigen Weg, den Weg des Hinausgehens über das Sein oder vielmehr des Hineingehens in dasselbe zu machen. Erst indem das Wissen sich aus dem unmittelbaren Sein *erinnert*, durch diese Vermittlung findet es das Wesen. – Die Sprache hat im Zeitwort: *Sein*, das Wesen in der vergangenen Zeit: *gewesen*, behalten; denn das Wesen ist das vergangene, aber zeitlos vergangene Sein.

Diese Bewegung als Weg des Wissens vorgestellt, so erscheint dieser Anfang vom Sein und der Fortgang, der es aufhebt und beim Wesen als einem Vermittelten anlangt, eine Tätigkeit des Erkennens zu sein, die dem Sein äußerlich sei und dessen eigene Natur nichts angehe.

Aber dieser Gang ist die Bewegung des Seins selbst. Es zeigte sich an diesem, daß es durch seine Natur sich erinnert und * durch dieses Insichgehen zum Wesen wird.

Wenn also das Absolute zuerst als *Sein* bestimmt war, so ist es itzt als *Wesen* bestimmt. Das Erkennen kann überhaupt nicht bei dem mannigfaltigen *Dasein*, aber auch nicht bei dem *Sein*, *dem reinen Sein*, stehenbleiben; es dringt sich unmittelbar die Reflexion auf, daß dieses *reine Sein*, die *Negation* alles Endlichen, eine *Erinnerung* und Bewegung voraussetzt, welche das unmittelbare Dasein zum reinen Sein gereinigt hat. Das Sein wird hiernach als Wesen bestimmt, als ein solches Sein, an dem alles Bestimmte und Endliche negiert ist. So ist es die *bestimmungslose* einfache Einheit, von der das Bestimmte auf eine *äußerliche* Weise hinweggenommen worden; dieser Einheit war das Bestimmte selbst ein Äußerliches, und es bleibt ihr nach diesem Wegnehmen | noch gegenüberstehen; denn es ist nicht an sich, sondern relativ, nur in Beziehung auf diese Einheit, aufgehoben worden. – Es wurde oben schon erinnert, daß, wenn das reine Wesen als *Inbegriff aller Realitäten* bestimmt wird, diese Realitäten gleichfalls der Natur der Bestimmtheit und der abstrahierenden Reflexion unterliegen und dieser Inbegriff sich zur leeren Einfachheit reduziert. Das Wesen ist auf diese Weise nur Produkt, ein Gemachtes. Die *äußerliche* Negation, welche Abstraktion ist, hebt die Bestimmtheiten des Seins nur *hinweg* von dem, was als Wesen übrigbleibt; es stellt sie gleichsam nur an einen anderen Ort, und läßt sie als seiende vor wie nach. Das Wesen ist aber auf diese Weise weder *an sich* noch *für sich selbst*; es ist *durch ein Anderes*, die äußerliche, abstrahierende Reflexion, und ist *für ein Anderes*, nämlich für die Abstraktion und überhaupt für das ihm gegenüberstehenbleibende Seiende. In seiner Bestimmung ist es daher die in sich tote, leere Bestimmungslosigkeit.

Das Wesen aber, wie es hier geworden ist, ist das, was es ist, nicht durch eine ihm fremde Negativität, sondern durch seine eigene, die unendliche Bewegung des Seins. Es ist *An-und-Fürsichsein*: – absolutes *Ansichsein*, indem es gleichgültig gegen alle Bestimmtheit des Seins ist, das Anderssein und die Beziehung auf anderes schlechthin aufgehoben worden ist. Es ist aber nicht nur dieses Ansichsein; als bloßes Ansichsein wäre es nur die Abstraktion des reinen Wesens; sondern es ist ebenso wesentlich *Fürsichsein*; es selbst ist diese Negativität, das sich Aufheben des Andersseins und der Bestimmtheit.

Das Wesen als die vollkommene Rückkehr des Seins in sich ist so zunächst das unbestimmte Wesen; die Bestimmtheiten des Seins sind in ihm aufgehoben; es enthält sie *an sich*; aber nicht wie sie *an ihm* gesetzt sind. Das absolute Wesen in dieser Einfachheit mit sich hat *kein Dasein*. Aber es muß zum Dasein übergehen, denn es ist *An-und-Fürsichsein*, das heißt, es *unterscheidet* die Bestimmungen, welche es *an sich* enthält; weil es Abstoßen seiner von sich oder Gleichgültigkeit gegen sich, *negative* Beziehung auf sich ist, setzt es sich somit sich selbst gegenüber und ist nur insofern unendliches Fürsichsein als es die Einheit mit sich in diesem seinem Unterschied von sich ist. – Dieses Bestimmen ist denn anderer Natur als das Bestimmen in der Sphäre des Seins, und die Bestimmungen des Wesens haben einen anderen Charakter als die Bestimmtheiten des Seins. Das Wesen ist absolute Einheit des An-und-Fürsichseins; sein Bestimmen bleibt daher innerhalb dieser Einheit und ist kein Werden noch Übergehen, so wie die Bestimmungen selbst nicht ein *Anderes* als Anderes noch Beziehungen *auf Anderes* sind; sie sind Selbständige, aber damit nur als solche, die in ihrer Einheit miteinander sind. – Indem das Wesen zuerst *einfache* Negativität ist, so hat es nun die Bestimmtheit, welche es *nur an sich* enthält, in *seiner* Sphäre zu setzen, um sich Dasein und dann sein Fürsichsein zu geben. |

Das Wesen ist im *Ganzen* das, was die *Quantität* in der Sphäre des Seins war: die absolute Gleichgültigkeit gegen die Grenze. Die Quantität aber ist diese Gleichgültigkeit in *unmittelbarer* Bestimmung, und die Grenze an ihr unmittelbar äußerliche Bestimmtheit, sie *geht* ins Quantum *über*; die äußerliche Grenze ist ihr notwendig und ist an ihr *seiend*. Am Wesen hingegen *ist* die Bestimmtheit nicht; sie ist nur durch das Wesen selbst *gesetzt*, nicht frei, sondern nur in der *Beziehung* auf seine Einheit. – Die Negativität des Wesens ist die *Reflexion*, und die Bestimmungen [sind] *reflektierte*, durch das Wesen selbst gesetzte und in ihm als aufgehoben bleibende.

Das Wesen steht zwischen *Sein* und *Begriff* und macht die Mitte derselben und seine Bewegung den *Übergang* von Sein in den Begriff aus. Das Wesen ist das *An-und-Fürsichsein*, aber dasselbe in der Bestimmung des Ansichseins; denn seine allgemeine Bestimmung ist, aus dem Sein herzukommen oder die *erste Negation des Seins* zu sein. Seine Bewegung besteht darin, die Negation oder Bestimmung an ihm zu setzen, dadurch sich *Dasein* zu geben und das als unendliches Fürsichsein zu werden, was es an sich ist. So gibt es sich sein *Dasein*, das seinem Ansichsein *gleich* ist, und wird der *Begriff*. Denn der Begriff ist das Absolute, wie es in seinem

Dasein absolut oder an und für sich ist. Das Dasein aber, das sich das Wesen gibt, ist noch nicht das Dasein, wie es an und für sich ist, sondern wie das Wesen es sich gibt oder wie es gesetzt wird, daher noch von dem Dasein des Begriffs unterschieden.

Das Wesen scheint zuerst in sich selbst oder ist Reflexion; zweitens erscheint es; drittens offenbart es sich. Es setzt sich in seiner Bewegung in folgende Bestimmungen:

I. als einfaches, ansichseiendes Wesen in seinen Bestimmungen innerhalb seiner;

II. als heraustretend in das Dasein oder nach seiner Existenz und Erscheinung;

III. als Wesen, das mit seiner Erscheinung eins ist, als Wirklichkeit. |

ERSTER ABSCHNITT
DAS WESEN ALS REFLEXION IN IHM SELBST

Das Wesen kommt aus dem Sein her; es ist insofern nicht unmittelbar an und für sich, sondern ein Resultat jener Bewegung. Oder das Wesen zunächst als ein unmittelbares genommen, so ist es ein bestimmtes Dasein, dem ein anderes gegenübersteht; es ist nur wesentliches Dasein gegen unwesentliches. Das Wesen ist aber das an und für sich aufgehobene Sein; es ist nur Schein, was ihm gegenübersteht. Allein der Schein ist das eigene Setzen des Wesens.

Das Wesen ist erstens Reflexion. Die Reflexion bestimmt sich; ihre Bestimmungen sind ein Gesetztsein, das zugleich Reflexion in sich ist; es sind

zweitens diese Reflexions-Bestimmungen oder die Wesenheiten zu betrachten.

Drittens macht sich das Wesen, als die Reflexion des Bestimmens in sich selbst, zum Grunde und geht in die Existenz und Erscheinung über.

Erstes Kapitel
Der Schein

Das Wesen aus dem Sein herkommend scheint demselben gegenüberzustehen; dieses unmittelbare Sein ist zunächst das Unwesentliche.

Allein es ist zweitens mehr als nur unwesentliches, es ist wesenloses Sein, es ist Schein.

Drittens, dieser Schein ist nicht ein Äußerliches, dem Wesen Anderes, sondern er ist sein eigener Schein. Das Scheinen des Wesens in ihm selbst ist die Reflexion. |

A. Das Wesentliche und das Unwesentliche

Das Wesen ist das aufgehobene Sein. Es ist einfache Gleichheit mit sich selbst, aber insofern es die Negation der Sphäre des Seins überhaupt ist. So hat das Wesen die Unmittelbarkeit sich gegenüber als eine solche, aus der es geworden ist und die sich in diesem Aufheben aufbewahrt und erhalten hat. Das Wesen selbst ist in dieser Bestimmung seiendes, unmittelbares Wesen, und das Sein nur ein Negatives in Beziehung auf das Wesen, nicht an und für sich selbst, das Wesen also eine bestimmte Negation. Sein und Wesen verhalten sich auf diese Weise wieder als Andere überhaupt zueinander, denn jedes hat ein Sein, eine Unmittelbarkeit, die gegeneinander gleichgültig sind, und stehen diesem Sein nach in gleichem Werte.

Zugleich aber ist das Sein im Gegensatz gegen das Wesen das Unwesentliche; es hat gegen dasselbe die Bestimmung des Aufgehobenen. Insofern es sich jedoch zum Wesen nur überhaupt als ein Anderes verhält, so ist das Wesen nicht eigentlich Wesen, sondern nur ein bestimmtes Dasein, das Wesentliche.

Der Unterschied von Wesentlichem und Unwesentlichem hat das Wesen in die Sphäre des Daseins zurückfallen lassen; indem das Wesen, wie es zunächst ist, als unmittelbares seiendes und damit nur als Anderes bestimmt ist gegen das Sein. Die Sphäre des Daseins ist damit zugrunde gelegt, und daß das, was das Sein in diesem Dasein ist, An-und-Fürsichsein ist, ist eine weitere dem Dasein selbst äußerliche Bestimmung, so wie umgekehrt das Wesen wohl das An-und-Fürsichsein ist, aber nur gegen anderes, in bestimmter Rücksicht. – Insofern daher an einem Dasein ein Wesentliches und ein Unwesentliches voneinander unterschieden werden, so ist dieser Unterschied ein äußerliches Setzen, eine das Dasein selbst nicht berührende Absonderung eines Teils desselben von einem anderen Teil: eine Trennung, die in ein Drittes fällt. Es ist dabei unbestimmt, was zum Wesentlichen oder Unwesentlichen gehört. Es ist irgendeine äußerliche Rücksicht und Betrachtung, die ihn macht, und derselbe Inhalt deswegen bald als wesentlich, bald als unwesentlich anzusehen.

Genauer betrachtet, wird das Wesen zu einem nur Wesentlichen gegen ein Unwesentliches dadurch, daß das Wesen nur genommen ist als aufgehobenes Sein oder Dasein. Das Wesen ist auf diese Weise nur die erste oder die Negation, welche Bestimmtheit ist, durch welche das Sein nur Dasein oder das Dasein nur ein Anderes wird. Das Wesen aber ist die absolute Negativität des Seins; es ist das Sein selbst, aber nicht nur als ein Anderes bestimmt, sondern das Sein, das sich sowohl als unmittelbares Sein wie auch als unmittelbare Negation, als | Negation, die mit einem Anderssein behaftet ist, aufgehoben hat. Das Sein oder Dasein hat sich somit nicht als Anderes, denn das Wesen ist, erhalten, und das noch vom Wesen unterschiedene Unmittelbare ist nicht bloß ein unwesentliches Dasein, sondern das an und für sich nichtige Unmittelbare; es ist nur ein Unwesen, der Schein.

B. Der Schein

1. Das Sein ist Schein. Das Sein des Scheins besteht allein in dem Aufgehobensein des Seins, in seiner Nichtigkeit; diese Nichtigkeit hat es im Wesen, und außer seiner Nichtigkeit, außer dem Wesen ist er nicht. Er ist das Negative gesetzt als Negatives.

Der Schein ist der ganze Rest, der noch von der Sphäre des Seins übriggeblieben ist. Er scheint aber selbst noch eine vom Wesen unabhängige unmittelbare Seite zu haben und ein Anderes desselben überhaupt zu sein. Das Andere enthält überhaupt die zwei Momente des Daseins und des Nichtdaseins. Das Unwesentliche, indem es nicht mehr ein Sein hat, so bleibt ihm vom Anderssein nur das reine Moment des Nichtdaseins, der Schein ist dieses unmittelbare Nichtdasein so in der Bestimmtheit des Seins, daß es nur in der Beziehung auf anderes, in seinem Nichtdasein Dasein hat, das Unselbständige, das nur in seiner Negation ist. Es bleibt ihm also nur die reine Bestimmtheit der Unmittelbarkeit, es ist als die reflektierte Unmittelbarkeit, das ist, welche nur vermittels ihrer Negation ist, und die ihrer Vermittlung gegenüber nichts ist als die leere Bestimmung der Unmittelbarkeit des Nichtdaseins.

– So ist der *Schein*, das Phänomen des *Skeptizismus* oder auch die Erscheinung des Idealismus eine solche *Unmittelbarkeit*, die kein Etwas oder kein Ding ist, überhaupt nicht ein gleichgültiges Sein, das außer seiner Bestimmtheit und Beziehung auf das Subjekt wäre. »Es *ist*«, erlaubte sich der Skeptizismus nicht zu sagen; der neuere Idealismus erlaubte sich nicht, die Erkenntnisse als ein Wissen vom Ding-an-sich anzusehen; jener Schein sollte überhaupt keine Grundlage eines Seins haben, in diese Erkenntnisse sollte nicht das Ding-an-sich eintreten. Zugleich aber ließ der Skeptizismus mannigfaltige Bestimmungen seines Scheins zu, oder vielmehr sein Schein hatte den ganzen mannigfaltigen Reichtum der Welt zum Inhalt. Ebenso begreift die Erscheinung des Idealismus den ganzen Umfang dieser mannigfaltigen Bestimmtheiten in sich. Jener Schein und diese | Erscheinung sind *unmittelbar* so mannigfaltig bestimmt. Diesem Inhalt mag also wohl kein Sein, kein Ding oder Ding-an-sich zugrunde liegen; er für sich bleibt, wie er ist; er ist nur aus dem Sein in den Schein übersetzt worden, so daß der Schein innerhalb seiner selbst jene mannigfaltigen Bestimmtheiten hat, welche unmittelbare, seiende, andere gegeneinander sind. Der Schein ist also selbst ein *unmittelbar* Bestimmtes. Er kann diesen oder jenen Inhalt haben; aber welchen er hat, ist nicht durch ihn selbst gesetzt, sondern er hat ihn unmittelbar. Der Leibnizische, oder Kantische, Fichtesche Idealismus, wie andere Formen desselben, sind so wenig als der Skeptizismus über das Sein als Bestimmtheit, über diese Unmittelbarkeit, hinausgekommen. Der *Skeptizismus* läßt sich den Inhalt seines Scheins *geben*; es ist *unmittelbar* für ihn, welchen Inhalt er haben soll. Die *Leibnizische Monade* entwickelt aus ihr selbst ihre Vorstellungen; aber sie ist nicht die erzeugende und verbindende Kraft, sondern sie steigen in ihr als Blasen auf; sie sind gleichgültig, unmittelbar gegeneinander und so gegen die Monade selbst. Ebenso ist die *Kantische* Erscheinung ein *gegebener* * Inhalt der Wahrnehmung, er setzt Affektionen voraus, Bestimmungen des Subjektes, welche gegen sich selbst und gegen dasselbe unmittelbar sind. Der unendliche Anstoß des

Fichteschen Idealismus mag wohl kein Ding-an-sich zugrunde liegen haben, so daß er rein eine Bestimmtheit im Ich wird. Aber diese Bestimmtheit ist eine dem Ich, das sie zu der seinigen macht und ihre Äußerlichkeit aufhebt, zugleich *unmittelbare*, eine *Schranke* desselben, über die es hinausgehen kann, welche aber eine Seite der Gleichgültigkeit an ihr hat, nach der sie, obzwar im Ich, ein *unmittelbares* Nichtsein desselben enthält. –

2. Der Schein also enthält eine unmittelbare Voraussetzung, eine unabhängige Seite gegen das Wesen. Es ist aber von ihm, insofern er vom Wesen unterschieden ist, nicht zu zeigen, daß er sich aufhebt und in dasselbe zurückgeht; denn das Sein ist in seiner Totalität in das Wesen zurückgegangen; der Schein ist das an sich Nichtige; es ist nur zu zeigen, daß die Bestimmungen, die ihn vom Wesen unterscheiden, Bestimmungen des Wesens selbst sind, und ferner, daß diese *Bestimmtheit des Wesens*, welche der Schein ist, im Wesen selbst aufgehoben ist.

Es ist die Unmittelbarkeit des *Nichtseins*, welche den Schein ausmacht; dieses Nichtsein aber ist nichts anderes als die Negativität des Wesens an ihm selbst. Das Sein ist Nichtsein in dem Wesen. Seine *Nichtigkeit* an sich ist *die negative Natur des Wesens selbst*. Die Unmittelbarkeit oder Gleichgültigkeit aber, welche dieses Nichtsein enthält, ist das eigene absolute Ansichsein des Wesens. Die Negativität des Wesens ist seine Gleichheit mit sich selbst oder seine einfache Unmittelbarkeit und Gleichgültigkeit. Das Sein hat sich im Wesen erhalten, insofern dieses an seiner unendlichen Negativität diese Gleichheit mit sich selbst hat; hierdurch ist das Wesen selbst das Sein. Die Unmittelbarkeit, welche die | Bestimmtheit am Schein gegen das Wesen hat, ist daher nichts anderes als die eigene Unmittelbarkeit des Wesens; aber nicht die seiende Unmittelbarkeit, sondern die schlechthin vermittelte oder reflektierte Unmittelbarkeit, welche der Schein ist, – das Sein nicht als Sein, sondern nur als die Bestimmtheit des Seins gegen die Vermittlung: das Sein als Moment.

Diese beiden Momente, die Nichtigkeit, aber als Bestehen, und das Sein, aber als Moment, oder die an sich seiende Negativität und die reflektierte Unmittelbarkeit, welche *die Mo-*

mente *des Scheins* ausmachen, sind somit *die Momente des Wesens selbst*; es ist nicht ein Schein des Seins *am* Wesen oder ein Schein des Wesens *am Sein* vorhanden; der Schein im Wesen ist nicht der Schein eines Anderen, sondern er ist *der Schein an sich, der Schein des Wesens selbst.*

Der Schein ist das Wesen selbst in der Bestimmtheit des Seins. Das, wodurch das Wesen einen Schein hat, ist, daß es *bestimmt* in sich und dadurch von seiner absoluten Einheit unterschieden ist. Aber diese Bestimmtheit ist ebenso schlechthin an ihr selbst aufgehoben. Denn das Wesen ist das Selbständige, das *ist* als durch seine Negation, welche es selbst ist, sich mit sich vermittelnd; es ist also die identische Einheit der absoluten Negativität und der Unmittelbarkeit. – Die Negativität ist die Negativität an sich; sie ist ihre Beziehung auf sich, so ist sie an sich Unmittelbarkeit; aber sie ist negative Beziehung auf sich, abstoßendes Negieren ihrer selbst, so ist die an sich seiende Unmittelbarkeit das Negative oder *Bestimmte* gegen sie. Aber diese Bestimmtheit ist selbst die absolute Negativität und dieses Bestimmen, das unmittelbar als Bestimmen das Aufheben seiner selbst, Rückkehr in sich ist.

Der Schein ist das Negative, das ein Sein hat, aber in einem Anderen, in seiner Negation; er ist die Unselbständigkeit, die an ihr selbst aufgehoben und nichtig ist. So ist er das in sich zurückgehende Negative, das Unselbständige als das an ihm selbst Unselbständige. Diese *Beziehung* des Negativen oder der Unselbständigkeit *auf sich* ist seine *Unmittelbarkeit*; sie ist ein *Anderes* als es selbst; sie ist seine Bestimmtheit gegen sich, oder sie ist die Negation gegen das Negative. Aber die Negation gegen das Negative ist die sich nur auf sich beziehende Negativität, das absolute Aufheben der Bestimmtheit selbst.

Die *Bestimmtheit* also, welche der Schein im Wesen ist, ist unendliche Bestimmtheit; sie ist nur das *mit sich* zusammengehende Negative; sie ist so die Bestimmtheit, die als solche die Selbständigkeit und nicht bestimmt ist. – Umgekehrt die Selbständigkeit als sich auf sich beziehende *Unmittelbarkeit* ist ebenso schlechthin Bestimmtheit und Moment und nur als sich auf sich beziehende Negativität. – Diese Negativität, die identisch mit der Unmittelbarkeit, und so die Unmittelbarkeit, die identisch mit der Negativität ist, ist das Wesen. | Der Schein ist also das Wesen selbst, aber das Wesen in einer Bestimmtheit, aber so, daß sie nur sein Moment ist, und das Wesen ist das Scheinen seiner in sich selbst.

In der Sphäre des Seins entsteht dem Sein als unmittelbarem das Nichtsein gleichfalls als unmittelbares gegenüber, und ihre Wahrheit ist das Werden. In der Sphäre des Wesens findet sich zuerst das Wesen und das Unwesentliche, dann das Wesen und der Schein gegenüber, das Unwesentliche und der Schein als Reste des Seins. Aber sie beide, sowie der Unterschied des Wesens von ihnen, bestehen in weiter nichts als darin, daß das Wesen zuerst als ein unmittelbares genommen wird, nicht wie es an sich ist, nämlich nicht als die Unmittelbarkeit, die als die reine Vermittlung oder als absolute Negativität Unmittelbarkeit ist. Jene erste Unmittelbarkeit ist somit nur die Bestimmtheit der Unmittelbarkeit. Das Aufheben dieser Bestimmtheit des Wesens besteht daher in nichts weiter als in dem Aufzeigen, daß das Unwesentliche nur Schein und daß das Wesen vielmehr den Schein in sich selbst enthält als die unendliche Bewegung in sich, welche seine Unmittelbarkeit als die Negativität und seine Negativität als die Unmittelbarkeit bestimmt und so das Scheinen seiner in sich selbst ist. Das Wesen in dieser seiner Selbstbewegung ist die Reflexion.

C. Die Reflexion

Der Schein ist dasselbe, was die Reflexion ist; aber er ist die Reflexion als unmittelbare; für den in sich gegangenen, hiermit seiner Unmittelbarkeit entfremdeten Schein haben wir das Wort der fremden Sprache, die Reflexion.

Das Wesen ist Reflexion: die Bewegung des Werdens und Übergehens, das in sich selbst bleibt, worin das Unterschiedene schlechthin nur als das an sich Negative, als Schein bestimmt ist. – In dem Werden des Seins liegt der Bestimmtheit das Sein zugrunde, und sie ist Beziehung auf Anderes. Die reflektierende Bewegung hingegen ist das Andere als die Negation an sich, die nur als sich auf sich beziehende Negation ein Sein hat. Oder indem diese Beziehung auf sich eben dieses Negieren der Negation ist, so ist die *Negation als Negation* vorhanden, als ein solches, das sein Sein in seinem Negiertsein hat, als Schein. Das Andere ist hier also nicht das *Sein mit der Negation* oder Grenze, sondern die *Negation mit der Negation*. Das *Erste* aber gegen dieses Andere, das Unmittelbare oder Sein, ist nur diese Gleichheit selbst der Negation mit sich, die negierte Negation, die absolute Negativität. Diese Gleichheit mit sich oder *Unmittelbarkeit* ist daher nicht ein *Erstes*, von dem angefangen wird und das in seine Negation | überginge, noch ist es ein seiendes Substrat, das sich durch die Reflexion hindurch bewegte; sondern die Unmittelbarkeit ist nur diese Bewegung selbst.

Das Werden im Wesen, seine reflektierende Bewegung, ist daher die *Bewegung von Nichts zu Nichts und dadurch zu sich selbst zurück*. Das Übergehen oder Werden hebt in seinem Übergehen sich auf; das Andere, das in diesem Übergehen wird, ist nicht als Nichtsein eines Seins, sondern als Nichts eines Nichts, und dies, die Negation eines Nichts zu sein, macht das Sein aus. – Das Sein ist nur als die Bewegung des Nichts zu Nichts, so ist es das Wesen; und dieses *hat* nicht diese Bewegung *in sich*, sondern ist sie als der absolute Schein selbst, die reine Negativität, die nichts außer ihr hat, das sie negierte, sondern die *nur* ihr Negatives selbst negiert, das nur in diesem Negieren ist.

Diese reine absolute Reflexion, welche die Bewegung von Nichts zu Nichts ist, bestimmt sich selbst weiter.

Sie ist *erstlich setzende Reflexion;*

sie macht *zweitens* den Anfang von dem *vorausgesetzten Unmittelbaren* und ist so *äußerliche* Reflexion.

Drittens aber hebt sie diese Voraussetzung auf, und indem sie in dem Aufheben der Voraussetzung *zugleich* voraussetzend ist, ist sie *bestimmende* Reflexion.

1. Die setzende Reflexion

Der Schein ist das Nichtige oder Wesenlose; aber das Nichtige oder Wesenlose hat sein Sein nicht in einem *Anderen*, in dem es scheint, sondern sein Sein ist seine eigene Gleichheit mit sich; dieser Wechsel des Negativen mit sich selbst hat sich als die absolute Reflexion des Wesens bestimmt.

Diese sich auf sich beziehende Negativität ist also das Negieren ihrer selbst. Sie ist somit überhaupt so sehr *aufgehobene* Negativität, als sie Negativität ist. Oder sie ist selbst das Negative und die einfache Gleichheit mit sich oder Unmittelbarkeit. Sie besteht also darin, *sie selbst* und *nicht sie selbst*, und zwar in Einer Einheit zu sein. –

Zunächst ist die Reflexion die Bewegung des Nichts zu Nichts, somit die mit sich selbst zusammengehende Negation. Dieses Zusammengehen mit sich ist überhaupt einfache Gleichheit mit sich, die Unmittelbarkeit. Aber dieses Zusammenfallen ist nicht Übergehen der Negation in die Gleichheit mit sich als in ihr *Anderssein*, sondern die Reflexion ist Übergehen als Aufheben des Übergehens; denn sie ist unmittelbares Zusammenfallen des Negativen *mit sich selbst*; so ist dieses Zusammengehen *erstlich* Gleichheit mit sich oder Unmittel|barkeit; aber *zweitens* ist diese Unmittelbarkeit die Gleichheit *des Negativen* mit sich, somit die sich selbst negierende Gleichheit: die Unmittelbarkeit, die an sich das Negative, das Negative ihrer selbst ist, dies zu sein, was sie nicht ist.

Die Beziehung des Negativen auf sich selbst ist also seine Rückkehr in sich; sie ist Unmittelbarkeit als das Aufheben des Negativen, aber Unmittelbarkeit schlechthin nur als diese Beziehung oder als *Rückkehr aus einem*, somit sich selbst aufhebende Unmittelbarkeit. – Dies ist das *Gesetztsein*, die Unmittelbarkeit rein nur als *Bestimmtheit* oder als sich reflektierend. Diese Unmittelbarkeit, die nur als *Rückkehr* des Negativen in sich ist, – ist jene Unmittelbarkeit, welche die * Bestimmtheit des Scheins ausmacht und von der vorhin die reflektierende Bewegung anzufangen schien. Statt von dieser Unmittelbarkeit anfangen zu können, ist diese vielmehr erst als die Rückkehr oder als die Reflexion selbst. Die Reflexion ist also die Bewegung, die, indem sie die Rückkehr ist, erst darin das ist, das anfängt oder das zurückkehrt.

Sie ist *Setzen*, insofern sie die Unmittelbarkeit als ein Rückkehren ist; es ist nämlich nicht ein Anderes vorhanden, weder ein solches, aus dem sie noch in das sie zurückkehrte; sie ist also nur als Rückkehren oder als das Negative ihrer selbst. Aber ferner ist diese Unmittelbarkeit die aufgehobene Negation und die aufgehobene Rückkehr in sich. Die Reflexion ist als Aufheben des Negativen Aufheben *ihres Anderen*, der Unmittelbarkeit. Indem sie also die Unmittelbarkeit als ein Rückkehren, Zusammengehen des Negativen mit sich selbst ist, so ist sie ebenso Negation des Negativen als des Negativen. So ist sie *Voraussetzen*. – Oder die Unmittelbarkeit ist als Rückkehren nur das Negative ihrer selbst, nur dies, nicht Unmittelbarkeit zu sein; aber die Reflexion ist das Aufheben des Negativen seiner selbst, sie ist Zusammengehen mit sich; sie hebt also ihr Setzen auf, und indem sie das Aufheben des Setzens in ihrem Setzen ist, ist sie Voraussetzen. – In dem Voraussetzen bestimmt die Reflexion die Rückkehr in sich als das Negative ihrer selbst, als dasjenige, dessen Aufheben das Wesen ist. Es ist sein Verhalten zu sich selbst, aber zu sich als dem Negativen seiner; nur so ist es die insichbleibende, sich auf sich beziehende Negativität. Die Unmittelbarkeit kommt überhaupt nur als Rückkehr hervor und ist dasjenige Negative, welches der Schein des Anfangs ist, der durch die Rückkehr negiert wird. Die Rückkehr des Wesens ist somit sein sich Abstoßen von sich selbst. Oder die Reflexion in sich ist wesentlich das Voraussetzen dessen, aus dem sie die Rückkehr ist.

Es ist das Aufheben seiner Gleichheit mit sich, wodurch das Wesen erst die Gleichheit mit sich ist. Es setzt sich selbst voraus, und das Aufheben dieser Voraus|setzung ist es selbst; umgekehrt ist dieses Aufheben seiner Voraussetzung die Voraussetzung selbst. – Die Reflexion also *findet* ein Unmittelbares *vor*, über das sie hinausgeht und aus dem sie die Rückkehr ist. Aber diese Rückkehr ist erst das Voraussetzen des Vorgefundenen. Dieses Vorgefundene *wird* nur darin, daß es *verlassen* wird; seine Unmittelbarkeit ist die aufgehobene Unmittelbarkeit. – Die aufgehobene Unmittelbarkeit umgekehrt ist die Rückkehr in sich, das *Ankommen* des Wesens bei sich, das einfache, sich selbst gleiche Sein. Damit ist dieses Ankommen bei sich das Aufheben seiner und die [sich] von sich selbst abstoßende, voraussetzende Reflexion, und ihr Abstoßen von sich ist das Ankommen bei sich selbst.

Die reflektierende Bewegung ist somit nach dem Betrachteten als *absoluter Gegenstoß* in sich selbst zu nehmen. Denn die Voraussetzung der Rückkehr in sich, – das woraus das Wesen *herkommt* und erst als dieses Zurückkommen *ist* –, ist nur in der Rückkehr selbst. Das Hinausgehen über das Unmittelbare, von dem die Reflexion anfängt, ist vielmehr erst durch dieses Hinausgehen; und das Hinausgehen über das Unmittelbare ist das Ankommen bei demselben. Die Bewegung wendet sich als Fortgehen unmittelbar in ihr selbst um und ist nur so Selbstbewegung, – Bewegung, die aus sich kommt, insofern die *setzende* Reflexion *voraussetzende*, aber als *voraussetzende* Reflexion schlechthin *setzende* ist.

So ist die Reflexion sie selbst und ihr Nichtsein, und ist nur sie selbst, indem sie das Negative ihrer ist, denn nur so ist das Aufheben des Negativen zugleich als ein Zusammengehen mit sich.

Die Unmittelbarkeit, die sie als Aufheben sich voraussetzt, ist schlechthin nur als *Gesetztsein*, als *an sich* aufgehobenes, das nicht verschieden ist von der Rückkehr in sich und selbst nur dieses Rückkehren ist. Aber es ist zugleich bestimmt als *Negatives*, als unmittelbar *gegen* eines, also gegen ein Anderes. So ist die Reflexion *bestimmt*; sie ist, indem sie nach dieser Bestimmtheit eine Voraussetzung *hat* und von dem Unmittelbaren als ihrem Anderen anfängt, *äußere Reflexion*.

2. *Die äußere Reflexion*

Die Reflexion als absolute Reflexion ist das in ihm selbst scheinende Wesen und setzt sich nur den Schein, das Gesetztsein, voraus; sie ist als voraussetzende unmittelbar nur setzende Reflexion. Aber die äußerliche oder reale Reflexion setzt sich als aufgehoben, als das Negative ihrer voraus. Sie ist in dieser Bestimmung verdoppelt, das eine Mal als das Vorausgesetzte oder die Reflexion in sich, die das | Unmittelbare ist. Das andere Mal ist sie die als negativ sich auf sich beziehende Reflexion; sie bezieht sich auf sich als auf jenes ihr Nichtsein.

Die äußerliche Reflexion *setzt* also ein Sein *voraus*, *erstens* nicht in dem Sinne, daß seine Unmittelbarkeit nur Gesetztsein oder Moment ist, sondern vielmehr, daß diese Unmittelbarkeit die Beziehung auf sich und die Bestimmtheit nur als Moment ist. Die bezieht sich auf ihre Voraussetzung so, daß diese das Negative der Reflexion ist, aber so, daß dieses Negative *als* Negatives aufgehoben ist. – Die Reflexion in ihrem Setzen hebt unmittelbar ihr Setzen auf, so hat sie eine *unmittelbare Voraussetzung*. Sie *findet* also dasselbe vor als ein solches, von dem sie anfängt und von dem aus sie erst das Zurückgehen in sich, das Negieren dieses ihres Negativen ist. Aber daß dieses Vorausgesetzte ein Negatives oder Gesetztes ist, geht dasselbe nichts an; diese Bestimmtheit gehört nur der setzenden Reflexion an, aber in dem Voraussetzen ist das Gesetztsein nur als aufgehobenes. Was die äußerliche Reflexion an dem Unmittelbaren bestimmt und setzt, sind insofern demselben äußerliche Bestimmungen. – Sie war das Unendliche in der Sphäre des Seins; das Endliche gilt als das Erste, als das Reale, von ihm wird als dem zugrunde Liegenden und zugrunde Liegenbleibenden angefangen, und das Unendliche ist die gegenüberstehende Reflexion in sich.

Diese äußere Reflexion ist der Schluß, in welchem die beiden Extreme, das Unmittelbare und die Reflexion in sich, sind; die Mitte desselben ist die Beziehung beider, das bestimmte Unmittelbare, so daß der eine Teil derselben, die Unmittelbarkeit, nur dem einen Extrem, die andere, die Bestimmtheit oder Negation, nur dem anderen Extrem zukommt.

Aber das Tun der äußeren Reflexion näher betrachtet, so ist sie *zweitens* Setzen des Unmittelbaren, das insofern das Negative oder Bestimmte wird; aber sie ist unmittelbar auch das Aufheben dieses ihres Setzens; denn sie setzt das Unmittelbare *voraus*, sie ist im Negieren das Negieren dieses ihres Negierens. Sie ist aber unmittelbar damit ebenso *Setzen*, Aufheben des ihr negativen Unmittelbaren, und dieses, von dem sie als von einem Fremden anzufangen schien, ist erst in diesem ihrem Anfangen. Das Unmittelbare ist auf diese Weise nicht nur *an sich*, das hieße für uns oder in der äußeren Reflexion, *dasselbe*, was die Reflexion ist, sondern es ist *gesetzt*, daß es dasselbe ist. Es ist nämlich durch die Reflexion als ihr Negatives oder als ihr Anderes bestimmt, aber sie ist es selbst, welche dieses Bestimmen negiert. – Es ist damit die Äußerlichkeit der Reflexion gegen das Unmittelbare aufgehoben; ihr sich selbst negierendes Setzen ist das Zusammengehen ihrer mit ihrem Negativen, mit dem Unmittelbaren, und dieses | Zusammengehen ist die wesentliche Unmittelbarkeit selbst. – Es ist also vorhanden, daß die äußere Reflexion nicht äußere, sondern ebensosehr immanente Reflexion der Unmittelbarkeit selbst ist oder daß das, was durch die setzende Reflexion ist, das an und für sich seiende Wesen ist. So ist sie *bestimmende Reflexion*.

Anmerkung

Die Reflexion wird gewöhnlicherweise in subjektivem Sinne genommen als die Bewegung der Urteilskraft, die über eine gegebene, unmittelbare Vorstellung hinausgeht und allgemeine Bestimmungen für dieselbe sucht oder damit vergleicht. Kant setzt die *reflektierende Urteilskraft* der *bestimmenden Urteilskraft* entgegen. (Kritik der Urteilskraft. Einleit. S. XXIII. f.) Er definiert die Urteilskraft überhaupt als das Vermögen, das *Besondere als enthalten unter dem Allgemeinen zu denken*. *Ist das Allgemeine* (die Regel, das Prinzip, das Gesetz) *gegeben*, so ist die Urteilskraft, welche das Besondere darunter subsumiert, *bestimmend*. Ist aber nur das Besondere gegeben, *wozu sie das Allgemeine finden soll*, so ist die Urteilskraft bloß *reflektierend*. Die Reflexion ist somit hier gleichfalls das Hinausgehen über ein Unmittelbares zum Allgemeinen. Das Unmittelbare wird teils erst durch diese Beziehung desselben auf sein Allgemeines bestimmt als Besonderes; für sich ist es nur ein Einzelnes oder ein unmittelbares Seiendes. Teils aber ist das, worauf es bezogen wird, sein Allgemeines, seine Regel, Prinzip, Gesetz, überhaupt das in sich Reflektierte, sich auf sich selbst Beziehende, das Wesen oder das Wesentliche.

Es ist aber hier nicht, weder von der Reflexion des Bewußtseins noch von der bestimmteren Reflexion des Verstandes, die das Besondere und Allgemeine zu ihren Bestimmungen hat, sondern von der Reflexion überhaupt die Rede. Jene Reflexion, der Kant das Aufsuchen des Allgemeinen zum gegebenen Besonderen zuschreibt, ist, wie erhellt, gleichfalls nur die *äußere* Reflexion, die sich auf das Unmittelbare als auf ein Gegebenes bezieht. – Aber es liegt darin auch der Begriff der absoluten Reflexion; denn das Allgemeine, das Prinzip oder Regel und Gesetz, zu dem sie in ihrem Bestimmen fortgeht, gilt als das Wesen jenes Unmittelbaren, von dem angefangen wird, somit dieses als ein Nichtiges und die Rückkehr aus demselben, das Bestimmen der Reflexion, erst als das Setzen des Unmittelbaren nach seinem wahrhaften Sein, also das, was die Reflexion an ihm tut und die Bestimmungen, die von ihr herkommen, nicht als ein jenem Unmittelbaren Äußerliches, sondern als dessen eigentliches Sein.

Die äußerliche Reflexion war auch gemeint, wenn der Reflexion überhaupt, wie es eine Zeitlang *Ton* in der neueren Philosophie war, alles Üble nachgesagt | und sie mit ihrem Bestimmen als der Antipode und Erbfeind der absoluten Betrachtungsweise angesehen wurde. In der Tat geht auch die * denkende Reflexion, insofern sie sich als äußerliche verhält, schlechthin von einem gegebenen, ihr fremden Unmittelbaren aus und betrachtet sich als ein bloß formelles Tun, das Inhalt und Stoff von außen empfange und für sich nur die durch ihn bedingte Bewegung sei. – Ferner, wie sich sogleich bei der bestimmenden Reflexion näher ergeben wird, sind die *reflektierten Bestimmungen* anderer Art als die bloß unmittelbaren Bestimmungen des Seins. Letztere werden leichter als vorübergehende, bloß relative, in der Beziehung auf Anderes stehende zugegeben; aber die reflektierten Bestimmungen haben die Form des An-und-für-sichseins; sie machen sich daher als die *wesentlichen* geltend, und statt übergehend in ihre entgegengesetzten zu sein, erscheinen sie vielmehr als absolut, frei und gleichgültig gegeneinander. Sie widersetzen sich daher hartnäckig ihrer Bewegung; das *Sein* derselben ist ihre Identität mit sich in ihrer Bestimmtheit, nach welcher sie, ob sie sich zwar gegenseitig voraussetzen, in dieser Beziehung sich schlechthin getrennt erhalten.

3. Bestimmende Reflexion

Die bestimmende Reflexion ist überhaupt die Einheit der setzenden und der äußeren Reflexion. Dies ist näher zu betrachten. –

1. Die äußere Reflexion fängt vom unmittelbaren Sein an, die setzende vom Nichts. Die äußere Reflexion, die bestimmend wird, setzt ein Anderes, aber das Wesen, an die Stelle des aufgehobenen Seins; das Setzen setzt seine Bestimmung nicht an die Stelle eines Anderen; es hat keine Voraussetzung. Aber deswegen ist es nicht die vollendete, bestimmende Reflexion; die Bestimmung, die es setzt, ist daher nur ein Gesetztes; es ist Unmittelbares, aber nicht als sich selbst gleich, sondern als sich negierend, es hat absolute Beziehung auf die Rückkehr in sich, es ist nur in der Reflexion in sich, aber es ist nicht diese Reflexion selbst.

Das Gesetzte ist daher ein Anderes, aber so, daß die Gleichheit der Reflexion mit sich schlechthin erhalten ist; denn das Gesetzte ist nur als Aufgehobenes, als Beziehung auf die Rückkehr in sich selbst. – In der Sphäre des Seins war das Dasein das Sein, das die Negation an ihm hatte, und das Sein der unmittelbare Boden und [das] Element dieser Negation, die daher selbst die unmittelbare war. Dem Dasein entspricht in der Sphäre des Wesens das Gesetztsein. Es ist gleichfalls ein Dasein, aber sein Boden ist das Sein als Wesen oder als reine Negativität; es ist eine Bestimmtheit oder Negation nicht als seiend, sondern unmittelbar als aufgehoben. Das Dasein ist nur Gesetztsein, dies ist der | Satz des Wesens vom Dasein. Das Gesetztsein steht einerseits dem Dasein, andererseits dem Wesen gegenüber und ist als die Mitte zu betrachten, welche das Dasein mit dem Wesen und umgekehrt das Wesen mit dem Dasein zusammenschließt. – Wenn man sagt, eine Bestimmung ist nur ein Gesetztsein, so kann dies daher den doppelten Sinn haben: sie ist dies im Gegensatz gegen das Dasein oder gegen das Wesen. In jenem Sinne wird das Dasein für etwas Höheres genommen als das Gesetztsein, und dieses der äußeren Reflexion, dem Subjektiven zugeschrieben. In der Tat aber ist das Gesetztsein das Höhere; denn als Gesetztsein ist das Dasein als das, was es an sich ist, als Negatives, ein schlechthin nur auf die Rückkehr in sich bezogenes. Deswegen ist das Gesetztsein *nur* ein Gesetztsein in Rücksicht auf das Wesen, als die Negation des Zurückgekehrtseins in sich selbst.

2. Das Gesetztsein ist noch nicht Reflexionsbestimmung; es ist nur Bestimmtheit als Negation überhaupt. Aber das Setzen ist nun in Einheit mit der äußeren Reflexion; diese ist in dieser Einheit absolutes Voraussetzen; das heißt, das Abstoßen der Reflexion von sich selbst oder Setzen der Bestimmtheit *als ihrer selbst*. Das Gesetztsein ist daher als solches Negation; aber als vorausgesetztes ist sie als in sich reflektierte. So ist das Gesetztsein *Reflexionsbestimmung*.

Die Reflexionsbestimmung ist von der Bestimmtheit des Seins, der Qualität, unterschieden; diese ist unmittelbare Beziehung auf Anderes überhaupt; auch das Gesetztsein ist Beziehung auf Anderes, aber auf das Reflektiertsein in sich. Die Negation als Qualität ist Negation als *seiend*; das Sein macht ihren Grund und [ihr] Element aus. Die Reflexionsbestimmung hingegen hat zu diesem Grunde das Reflektiertsein in sich selbst. Das Gesetztsein fixiert sich zur Bestimmung eben darum, weil die Reflexion die Gleichheit mit sich selbst in ihrem Negiertsein ist; ihr Negiertsein ist daher selbst Reflexion in sich. Die Bestimmung besteht hier nicht durch das Sein, sondern durch ihre Gleichheit mit sich. Weil das Sein, das die Qualität trägt, das der Negation ungleiche ist, so ist die Qualität in sich selbst ungleich, daher übergehendes, im Anderen verschwindendes Moment. Hingegen die Reflexionsbestimmung ist das Gesetztsein *als* Negation, Negation, die zu ihrem Grunde das Negiertsein hat, also sich in sich selbst nicht ungleich ist, somit *wesentliche*, nicht übergehende Bestimmtheit. Die *Sichselbst-Gleichheit der Reflexion*, welche das Negative nur als Negatives, als Aufgehobenes oder Gesetztes hat, ist es, welche demselben Bestehen gibt.

Um dieser Reflexion in sich willen erscheinen die Reflexionsbestimmungen als freie, im Leeren ohne Anziehung oder Abstoßung gegeneinander schwebende *Wesenheiten*. In ihnen hat sich die Bestimmtheit durch die Beziehung auf sich befestigt und unendlich fixiert. Es ist das Bestimmte, das sein Übergehen und sein bloßes Gesetztsein sich unterworfen oder seine Reflexion in Anderes in Re|flexion in sich umgebogen hat. Diese Bestimmungen machen hierdurch den bestimmten Schein aus, wie er im Wesen ist, den wesentlichen Schein. Aus diesem Grunde ist die bestimmende Reflexion die außer sich gekommene Reflexion; die Gleichheit des Wesens mit sich selbst ist in die Negation verloren, die das Herrschende ist.

Es sind also an der Reflexionsbestimmung zwei Seiten, die zunächst sich unterscheiden. Erstlich ist sie das Gesetztsein, die Negation als solche; zweitens ist sie die Reflexion in sich. Nach dem Gesetztsein ist sie die Negation als Negation; dies ist somit bereits ihre Einheit mit sich selbst. Aber sie ist dies nur erst an sich, oder sie ist das Unmittelbare als sich an ihm aufhebend, als das Andere seiner selbst. – Insofern ist die Reflexion in sich bleibendes Bestimmen. Das Wesen geht darin nicht außer sich; die Unterschiede sind schlechthin gesetzt, in das Wesen zurückgenommen. Aber nach der anderen Seite sind sie nicht gesetzte, sondern in sich selbst reflektiert; die Negation als Negation ist in Gleichheit mit ihr selbst, nicht in ihr Anderes, nicht in ihr Nichtsein reflektiert.

3. Indem nun die Reflexionsbestimmung sowohl reflektierte Beziehung in sich selbst als auch Gesetztsein ist, so erhellt unmittelbar daraus ihre Natur näher. Als Gesetztsein nämlich ist sie die Negation als solche, ein Nichtsein gegen ein Anderes, nämlich gegen die absolute Reflexion in sich oder gegen das Wesen. Aber als Beziehung auf sich ist sie in sich reflektiert. – Diese ihre Reflexion und jenes Gesetztsein sind verschieden; ihr Gesetztsein ist vielmehr ihr Aufgehobensein; ihr Reflektiertsein in sich aber ist ihr Bestehen. Insofern es nun also das Gesetztsein ist, das zugleich Reflexion in sich selbst ist, so ist die Reflexionsbestimmtheit die Beziehung auf ihr Anderssein an ihr selbst. – Sie ist nicht als eine seiende, ruhende Bestimmtheit, welche bezogen würde auf ein Anderes, so daß das Bezogene und dessen Beziehung verschieden voneinander sind, jenes ein Insichseiendes, ein Etwas, welches sein Anderes und seine Beziehung auf dieses Andere von sich ausschließt. Sondern die Reflexionsbestimmung ist an ihr selbst die bestimmte Seite und die Beziehung dieser bestimmten Seite als bestimmter, das heißt, auf ihre Negation. – Die Qualität geht durch ihre Beziehung in anderes über; in ihrer Be-

ziehung beginnt ihre Veränderung. Die Reflexionsbestimmung hingegen hat ihr Anderssein in sich zurückgenommen. Sie ist Gesetztsein, Negation, welche aber die Beziehung auf anderes in sich zurückbeugt, und Negation, die sich selbst gleich, die Einheit ihrer selbst und ihres Anderen und nur dadurch Wesenheit ist. Sie ist also Gesetztsein, Negation, aber als Reflexion in sich ist sie zugleich das Aufgehobensein dieses Gesetztseins, unendliche Beziehung auf sich. |

Zweites Kapitel
Die Wesenheiten
oder
die Reflexions-Bestimmungen

Die Reflexion ist bestimmte Reflexion; somit ist das Wesen bestimmtes Wesen, oder es ist Wesenheit.

Die Reflexion ist das Scheinen des Wesens in sich selbst. Das Wesen als unendliche Rückkehr in sich ist nicht unmittelbare, sondern negative Einfachheit; es ist eine Bewegung durch unterschiedene Momente, absolute Vermittlung mit sich. Aber es scheint in diese seine Momente; sie sind daher selbst in sich reflektierte Bestimmungen.

Das Wesen ist zuerst einfache Beziehung auf sich selbst: reine Identität. Dies ist seine Bestimmung, nach der es vielmehr Bestimmungslosigkeit ist.

Zweitens, die eigentliche Bestimmung ist der Unterschied, und zwar teils als äußerlicher oder gleichgültiger Unterschied, die Verschiedenheit überhaupt, teils aber als entgegengesetzte Verschiedenheit oder als Gegensatz.

Drittens, als Widerspruch reflektiert sich der Gegensatz in sich selbst und geht in seinen Grund zurück.

Anmerkung

Die Reflexionsbestimmungen pflegten sonst in die Form von Sätzen aufgenommen zu werden, worin von ihnen ausgesagt wurde, daß sie von allem gelten. Diese Sätze galten als die allgemeinen Denkgesetze, die allem Denken zum Grunde liegen, an ihnen selbst absolut und unbeweisbar seien, aber von jedem Denken, wie es ihren Sinn fasse, unmittelbar und unwidersprochen als wahr anerkannt und angenommen werden.

So wird die wesentliche Bestimmung der *Identität* in dem Satze ausgesprochen: *Alles ist sich selbst gleich*, A = A. Oder negativ: A kann nicht zugleich A und nicht A sein.

Es ist zunächst nicht abzusehen, warum nur diese einfachen Bestimmungen der Reflexion in diese besondere Form gefaßt werden sollen und nicht auch die anderen | Kategorien, wie alle Bestimmtheiten der Sphäre des Seins. Es ergäben sich die Sätze z.B.: Alles *ist*, Alles hat ein *Dasein* usf., oder: Alles hat eine *Qualität*, *Quantität* usw. Denn Sein, Dasein usf. sind als logische Bestimmungen überhaupt Prädikate von *allem*. Die Kategorie ist ihrer Etymologie und der Definition des Aristoteles nach dasjenige, was von dem Seienden gesagt, behauptet wird. – Allein eine Bestimmtheit des Seins ist wesentlich ein Übergehen ins Entgegengesetzte; die negative einer jeden Bestimmtheit ist so notwendig als sie selbst; als unmittelbaren Bestimmtheiten steht jeder die andere unmittelbar gegenüber. Wenn diese Kategorien daher in solche Sätze gefaßt werden, so kommen ebensosehr die entgegengesetzten Sätze zum Vorschein; beide bieten sich mit gleicher Notwendigkeit dar und haben als unmittelbare Behauptungen wenigstens gleiches Recht. Der eine erforderte dadurch einen Beweis gegen den anderen, und diesen Behauptungen könnte daher nicht mehr der Charakter von unmittelbar wahren und unwidersprechlichen Sätzen des Denkens zukommen.

Die Reflexionsbestimmungen dagegen sind nicht von qualitativer Art. Sie sind sich auf sich beziehende und damit der Bestimmtheit gegen Anderes zugleich entnommene Bestimmungen. Ferner, indem es Bestimmtheiten sind, welche *Beziehungen* an sich selbst sind, so enthalten sie insofern die Form des Satzes schon in sich. Denn der Satz unterscheidet sich vom Urteil vornehmlich dadurch, daß in jenem der *Inhalt die Beziehung* selbst ausmacht oder daß er eine *bestimmte Beziehung ist*. Das Urteil dagegen verlegt den Inhalt in das Prädikat als eine allgemeine Bestimmtheit, die für sich und von ihrer Beziehung, der einfachen **Kopula**, unterschieden ist. Wenn ein Satz in ein Urteil verwandelt werden soll, so wird der bestimmte Inhalt, wenn er z. B. in einem Zeitworte liegt, in ein Partizip verwandelt, um auf diese Art die Bestimmung selbst und ihre Beziehung auf ein Subjekt zu trennen. Den Reflexionsbestimmungen dagegen als in sich reflektiertem Gesetztsein liegt die Form des Satzes selbst nahe. – Allein indem sie als allgemeine Denkgesetze ausgesprochen werden, so bedürfen sie noch eines Subjektes ihrer Beziehung, und dieses Subjekt ist: Alles, oder ein A, was ebensoviel als Alles und Jedes Sein bedeutet.

Einesteils ist diese Form von Sätzen etwas Überflüssiges; die Reflexionsbestimmungen sind an und für sich zu betrachten. Ferner haben diese Sätze die schiefe Seite, das Sein, alles Etwas, zum Subjekt zu haben. Sie erwecken damit das Sein wieder und sprechen die Reflexionsbestimmungen, die Identität usf. von dem Etwas als eine Qualität aus, die es an ihm habe, nicht in spekulativem Sinne, sondern daß Etwas als Subjekt in einer solchen Qualität bleibe als seiendes, nicht daß es in die Identität usf. als in seine Wahrheit und sein Wesen übergegangen sei. |

Endlich aber haben die Reflexionsbestimmungen zwar die Form, sich selbst gleich und daher unbezogen auf anderes und ohne Entgegensetzung zu sein; aber wie sich aus ihrer näheren Betrachtung ergeben wird – oder wie unmittelbar an ihnen als der Identität, der Verschiedenheit, der Entgegensetzung erhellt –, sind sie bestimmte gegeneinander, sie sind also durch ihre Form der Reflexion dem Übergehen und dem Widerspruch nicht entnommen. Die mehreren Sätze, die als absolute Denkgesetze aufgestellt werden, sind daher, näher betrachtet, einander entgegengesetzt, sie widersprechen einander und heben sich gegenseitig auf. – Wenn alles identisch mit sich ist, so ist es nicht verschieden, nicht entgegengesetzt, hat keinen Grund. Oder wenn angenommen wird, es gibt nicht zwei gleiche Dinge, d.h. alles ist voneinander verschieden, so ist A nicht gleich A, so ist A auch nicht entgegengesetzt usf. Die Annahme eines jeden von diesen Sätzen läßt die Annahme der anderen nicht zu. – Die gedankenlose Betrachtung derselben zählt sie nacheinander auf, so daß sie in keiner Beziehung aufeinander erscheinen; sie hat bloß ihr Reflektiertsein in sich im Sinne, ohne ihr anderes

Moment, das Gesetztsein oder ihre Bestimmtheit als solche zu beachten, welche sie in den Übergang und in ihre Negation fortreißt.

A. Die Identität

1. Das Wesen ist die einfache Unmittelbarkeit als aufgehobene Unmittelbarkeit. Seine Negativität ist sein Sein; es ist sich selbst gleich in seiner absoluten Negativität, durch die das Anderssein und die Beziehung auf Anderes schlechthin an sich selbst in die reine Sichselbstgleichheit verschwunden ist. Das Wesen ist also einfache Identität mit sich.

Diese Identität mit sich ist die Unmittelbarkeit der Reflexion. Sie ist nicht diejenige Gleichheit mit sich, welche das Sein oder auch das Nichts ist, sondern die Gleichheit mit sich, welche als sich zur Einheit herstellende ist, nicht ein Wiederherstellen aus einem Anderen, sondern dieses reine Herstellen aus und in sich selbst: die wesentliche Identität. Sie ist insofern nicht abstrakte Identität oder nicht durch ein relatives Negieren entstanden, das außerhalb ihrer vorgegangen wäre und das Unterschiedene nur von ihr abgetrennt, übrigens aber dasselbe außer ihr als seiend gelassen hätte vor wie nach. Sondern das Sein und alle Bestimmtheit des Seins hat sich nicht relativ, sondern an sich selbst aufgehoben; und diese einfache Negativität des Seins an sich ist die Identität selbst.

Sie ist insofern noch überhaupt dasselbe als das Wesen. |

Anmerkung 1

Das Denken, das sich in der äußeren Reflexion hält und von keinem anderen Denken weiß als der äußeren Reflexion, kommt nicht dazu, die Identität, wie sie soeben gefaßt worden ist, oder das Wesen, was dasselbe ist, zu erkennen. Solches Denken hat immer nur die abstrakte Identität vor sich und außer und neben derselben den Unterschied. Es meint, die Vernunft sei weiter nichts als ein Webstuhl, auf dem sie den Zettel, etwa die Identität, und dann den Eintrag, den Unterschied, äußerlich miteinander verbinde und verschlinge; oder auch wieder analysierend itzt die Identität besonders herausziehe, und *dann auch wieder* den Unterschied *daneben* erhalte, itzt ein Gleichsetzen und *dann auch wieder* ein Ungleichsetzen sei: – ein Gleichsetzen, indem man vom Unterschied, – ein Ungleichsetzen, indem man vom Gleichsetzen *abstrahiere*. – Man muß diese Versicherungen und Meinungen von dem, was die Vernunft tue, ganz beiseitegestellt lassen, indem sie gewissermaßen bloß *historische* sind und vielmehr die Betrachtung von allem, was ist, *an ihm* selbst zeigt, daß es in seiner Gleichheit mit sich sich ungleich und widersprechend und in seiner Verschiedenheit, in seinem Widerspruch, mit sich identisch und an ihm selbst diese Bewegung des Übergehens einer dieser Bestimmungen in die andere ist, und dies darum, weil jede an ihr selbst das Gegenteil ihrer selbst ist. Der Begriff der Identität, einfache, sich auf sich beziehende Negativität zu sein, ist nicht ein Produkt der äußeren Reflexion, sondern hat sich an dem Sein selbst ergeben. Da hingegen jene Identität, die außer dem Unterschied, und der Unterschied, der außer der Identität sei, Produkte der äußeren Reflexion und der Abstraktion sind, die sich willkürlicherweise auf diesem Punkte der gleichgültigen Verschiedenheit festhält.

2. Diese Identität ist zunächst das Wesen selbst, noch keine Bestimmung desselben, die ganze Reflexion, nicht ein unterschiedenes Moment derselben. Als absolute Negation ist sie die Negation, die unmittelbar sich selbst negiert: ein Nichtsein und Unterschied, der in seinem Entstehen verschwindet, oder ein Unterscheiden, wodurch nichts unterschieden wird, sondern das unmittelbar in sich selbst zusammenfällt. Das Unterscheiden ist das Setzen des Nichtseins als des Nichtseins des Anderen. Aber das Nichtsein des Anderen ist Aufheben des Anderen und somit des Unterscheidens selbst. So ist aber das Unterscheiden hier vorhanden als sich auf sich beziehende Negativität, als ein Nichtsein, das das Nichtsein seiner selbst ist, ein Nichtsein, das sein Nichtsein nicht an einem Anderen, | sondern an sich selbst hat. Es ist also der sich auf sich beziehende, der reflektierte Unterschied vorhanden oder [der] reine, *absolute Unterschied*.

Oder die Identität ist die Reflexion in sich selbst, welche dies nur ist als innerliches Abstoßen, und dieses Abstoßen ist es als

Reflexion in sich, unmittelbar sich in sich zurücknehmendes Abstoßen. Sie ist somit die Identität als der mit sich identische Unterschied. Der Unterschied ist aber nur identisch mit sich, insofern er nicht die Identität, sondern absolute Nichtidentität ist. Absolut aber ist die Nichtidentität, insofern sie nichts von ihr anderes enthält, sondern nur sich selbst, das heißt, insofern sie absolute Identität mit sich ist.

Die Identität ist also an ihr selbst absolute Nichtidentität. Aber sie ist auch die Bestimmung der Identität dagegen. Denn als Reflexion in sich setzt sie sich als ihr eigenes Nichtsein; sie ist das Ganze, aber als Reflexion setzt sie sich als ihr eigenes Moment, als Gesetztsein, aus welchem sie die Rückkehr in sich ist. So als ihr Moment ist sie erst die Identität als solche als Bestimmung der einfachen Gleichheit mit sich selbst, gegen den absoluten Unterschied.

Anmerkung 2

Ich werde in dieser Anmerkung die Identität als den Satz der Identität näher betrachten, der als das erste Denkgesetz aufgeführt zu werden pflegt.

Dieser Satz in seinem positiven Ausdruck A = A ist zunächst nichts weiter als der Ausdruck der leeren Tautologie. Es ist daher richtig bemerkt worden, daß dieses Denkgesetz ohne Inhalt sei und nicht weiterführe. So ist [es] die leere Identität, an welcher diejenigen festhangen bleiben, welche sie als solche für etwas Wahres nehmen und immer vorzubringen pflegen, die Identität sei nicht die Verschiedenheit, sondern die Identität und die Verschiedenheit seien verschieden. Sie sehen nicht, daß sie schon hierin selbst sagen, daß die Identität ein Verschiedenes ist; denn sie sagen, die Identität sei verschieden von der Verschiedenheit; indem dies zugleich als die Natur der Identität zugegeben werden muß, so liegt darin, daß die Identität nicht äußerlich, sondern an ihr selbst, in ihrer Natur dies sei, verschieden zu sein. – Ferner aber, indem sie an dieser unbewegten Identität festhalten, welche ihren Gegensatz an der Verschiedenheit hat, so sehen sie nicht, daß sie hiermit dieselbe zu einer einseitigen Bestimmtheit machen, die als solche keine Wahrheit hat. Es wird zugegeben, daß der Satz der Identität nur eine einseitige Bestimmtheit ausdrücke, daß er nur die *formelle*, eine *abstrakte, unvollständige Wahrheit* enthalte. – In diesem richtigen Urteil liegt aber unmittelbar, *daß die Wahrheit nur in der* | *Einheit der Identität mit der Verschiedenheit vollständig* ist und somit nur in dieser Einheit bestehe. Indem behauptet wird, daß jene Identität unvollkommen ist, so schwebt diese Totalität, an der gemessen die Identität unvollkommen ist, als das Vollkommene dem Gedanken vor; indem aber auf der anderen Seite die Identität als absolut getrennt von der Verschiedenheit festgehalten und in dieser Trennung als ein Wesentliches, Geltendes, Wahres genommen wird, so ist in diesen widerstreitenden Behauptungen nichts zu sehen als der Mangel, diese Gedanken, daß die Identität als abstrakte wesentlich und daß sie als solche ebenso unvollkommen ist, zusammenzubringen, der Mangel des Bewußtseins über die negative Bewegung, als welche in diesen Behauptungen die Identität selbst dargestellt wird. – Oder indem sich so ausgedrückt wird, die Identität sei *wesentliche Identität als Trennung* von der Verschiedenheit oder *in der Trennung von der Verschiedenheit*, so ist dies unmittelbar die ausgesprochene Wahrheit derselben, daß sie darin besteht, *Trennung* als solche zu sein oder *in der Trennung* wesentlich, das ist, *nichts für sich*, sondern *Moment der Trennung* zu sein.

Was nun die sonstige Beglaubigung der absoluten *Wahrheit des Satzes* der Identität betrifft, so wird sie insofern auf die *Erfahrung* gegründet, als sich auf die Erfahrung jedes Bewußtseins berufen wird, daß es, wie man ihm diesen Satz, A ist A, *ein Baum ist ein Baum*, ausspreche, es denselben unmittelbar zugebe und darin befriedigt sei, daß der Satz als unmittelbar klar durch sich selbst keiner anderen Begründung und [keines] Beweises bedürfe.

Einesteils ist diese Berufung auf die Erfahrung, daß allgemein jedes Bewußtsein ihn anerkenne, bloße Redensart. Denn man will nicht sagen, daß man das Experiment mit dem abstrakten Satze A = A an jedem Bewußtsein gemacht habe. Es ist insofern weiter nicht Ernst mit jener Berufung auf wirklich gemachte Erfahrung, sondern sie ist nur die *Versicherung*, daß, wenn man die Erfahrung machte, sich das Resultat des allgemeinen

Anerkennens ergeben würde. – Wäre aber nicht der abstrakte Satz als solcher, sondern der Satz in konkreter Anwendung gemeint, aus der jener erst entwickelt werden sollte, so bestünde die Behauptung von seiner Allgemeinheit und Unmittelbarkeit darin, daß jedes Bewußtsein und selbst in jeder seiner Äußerungen ihn zugrunde lege oder daß er implicite in jeder liege. Allein das Konkrete und die Anwendung ist ja eben die Beziehung des einfachen Identischen auf ein von ihm verschiedenes Mannigfaltiges. Als Satz ausgedrückt wäre das Konkrete zunächst ein synthetischer Satz. Aus dem Konkreten selbst oder seinem synthetischen Satze würde die Abstraktion den Satz der Identität wohl durch Analyse herausbringen können; aber in der Tat hätte sie die Erfahrung nicht gelassen, wie sie ist, sondern verändert; denn die Erfahrung enthielt vielmehr die | Identität in Einheit mit der Verschiedenheit, und ist die unmittelbare Widerlegung von der Behauptung, daß die abstrakte Identität als solche etwas Wahres sei, denn das gerade Gegenteil, nämlich die Identität nur vereinigt mit der Verschiedenheit, kommt in jeder Erfahrung vor.

Auf der anderen Seite wird aber auch die Erfahrung mit dem reinen Satze der Identität nur zu oft gemacht, und es zeigt sich in dieser Erfahrung klar genug, wie die Wahrheit, die er enthält, angesehen wird. Wenn nämlich z. B. auf die Frage: Was ist eine Pflanze?, die Antwort gegeben wird: eine Pflanze ist – eine Pflanze, so wird die Wahrheit eines solchen Satzes von der ganzen Gesellschaft, an der sie erprobt wird, zugleich zugegeben und zugleich ebenso einstimmig gesagt werden, daß damit Nichts gesagt ist. Wenn einer den Mund auftut und anzugeben verspricht, was Gott sei, nämlich Gott sei – Gott, so findet sich die Erwartung getäuscht, denn sie sah einer verschiedenen Bestimmung entgegen; und wenn dieser Satz absolute Wahrheit ist, wird solche absolute Rednerei sehr gering geachtet; es wird nichts für langweiliger und lästiger gehalten werden als eine nur dasselbe wiederkäuende Unterhaltung, als solches Reden, das doch Wahrheit sein soll.

Näher diese Wirkung der Langeweile bei solcher Wahrheit betrachtet, so macht der Anfang: die Pflanze ist –, Anstalten, etwas zu sagen, eine weitere Bestimmung vorzubringen. Indem aber nur dasselbe wiederkehrt, so ist vielmehr das Gegenteil geschehen, es ist Nichts herausgekommen. Solches identische Reden widerspricht sich also selbst. Die Identität, statt an ihr die Wahrheit und absolute Wahrheit zu sein, ist daher vielmehr das Gegenteil; statt das unbewegte Einfache zu sein, ist sie das Hinausgehen über sich in die Auflösung ihrer selbst.

Es liegt also in der Form des Satzes, in der die Identität ausgedrückt ist, mehr als die einfache, abstrakte Identität; es liegt diese reine Bewegung der Reflexion darin, in der das Andere nur als Schein, als unmittelbares Verschwinden auftritt; A ist, ist ein Beginnen, dem ein Verschiedenes vorschwebt, zu dem hinausgegangen werde; aber es kommt nicht zu dem Verschiedenen: A ist – A; die Verschiedenheit ist nur ein Verschwinden; die Bewegung geht in sich selbst zurück. – Die Form des Satzes kann als die verborgene Notwendigkeit angesehen werden, noch das Mehr jener Bewegung zu der abstrakten Identität hinzuzufügen. – So kommt auch ein A oder eine Pflanze oder sonst ein Substrat hinzu, das als ein unnützer Inhalt keine Bedeutung hat; aber er macht die Verschiedenheit aus, die sich zufälligerweise beizugesellen scheint. Wenn statt des A und jedes anderen Substrates die Identität selbst genommen wird – die Identität ist die Identität –, so ist ebenso zugegeben, daß statt dieser gleichfalls jedes andere Substrat genommen werden könne. Wenn sich daher einmal darauf berufen werden soll, was die Erscheinung zeigt, so zeigt sie dies, daß in dem Ausdruck der Identität auch un|mittelbar die Verschiedenheit vorkommt, – oder bestimmter nach dem Obigen, daß diese Identität das Nichts, daß sie die Negativität, der absolute Unterschied von sich selbst ist.

Der andere Ausdruck des Satzes der Identität: A kann nicht zugleich A und Nicht-A sein, hat negative Form; er heißt der Satz des Widerspruchs. Es pflegt darüber, wie die Form der Negation, wodurch sich dieser Satz vom vorigen unterscheidet, an die Identität komme, keine Rechtfertigung gegeben zu werden. – Diese Form liegt aber darin, daß die Identität als die reine Bewegung der Reflexion die einfache Negativität ist, welche der angeführte zweite Ausdruck des Satzes entwickelter enthält. Es ist A ausgesprochen und ein Nicht-A, das Rein-Andere des A, aber es zeigt sich nur, um zu verschwinden. Die Identität ist also in diesem Satze ausgedrückt, – als Negation der Negation. A und Nicht-A sind unterschieden, diese Unterschiedenen sind auf ein und dasselbe A bezogen. Die Identität ist also als diese Unterschiedenheit in einer Beziehung oder als der einfache Unterschied an ihnen selbst hier dargestellt.

Es erhellt hieraus, daß der Satz der Identität selbst und noch mehr der Satz des Widerspruchs nicht bloß analytischer, sondern synthetischer Natur ist. Denn der letztere enthält in seinem Ausdruck nicht nur die leere, einfache Gleichheit mit sich, sondern nicht allein das Andere derselben überhaupt, sondern sogar die absolute Ungleichheit, den Widerspruch an sich. Der Satz der Identität selbst aber enthält, wie an ihm gezeigt wurde, die Reflexionsbewegung, die Identität als Verschwinden des Andersseins.

Was sich also aus dieser Betrachtung ergibt, ist, daß erstens der Satz der Identität oder des Widerspruchs, wie er nur die abstrakte Identität im Gegensatz gegen den Unterschied als Wahres ausdrücken soll, kein Denkgesetz, sondern vielmehr das Gegenteil davon ist; zweitens, daß diese Sätze mehr, als mit ihnen gemeint wird, nämlich dieses Gegenteil, den absoluten Unterschied selbst, enthalten.

B. Der Unterschied

1. Der absolute Unterschied

Der Unterschied ist die Negativität, welche die Reflexion in sich hat, das Nichts, das durch das identische Sprechen gesagt wird, das wesentliche Moment der Identität selbst, die zugleich als Negativität ihrer selbst, sich bestimmt und unterschieden vom Unterschied ist. |

1. Der Unterschied ist der Unterschied an und für sich, der absolute Unterschied, der Unterschied des Wesens. – Er ist der Unterschied an und für sich, nicht Unterschied durch ein Äußerliches, sondern sich auf sich beziehender, also einfacher Unterschied. – Es ist wesentlich,

den absoluten Unterschied als *einfachen* zu fassen. Im absoluten Unterschied des A und *Nicht-A* voneinander ist es das *einfache Nicht*, was als solches denselben ausmacht. Der Unterschied selbst ist einfacher Begriff. *Darin*, drückt man sich aus, sind zwei Dinge *unterschieden*, daß sie usf. – * *Darin*, das heißt, in einer und derselben Rücksicht, in demselben Bestimmungsgrund. Er ist der *Unterschied der Reflexion*, nicht das *Anderssein des Daseins*. Ein Dasein und ein anderes Dasein sind gesetzt als außereinanderfallend, jedes der gegeneinander bestimmten Dasein hat ein *unmittelbares Sein* für sich. Das *Andere des Wesens* dagegen ist das Andere an und für sich, nicht das Andere als eines anderen außer ihm Befindlichen, die einfache Bestimmtheit an sich. Auch in der Sphäre des Daseins erwies sich das Anderssein und die Bestimmtheit von dieser Natur, einfache Bestimmtheit, identischer Gegensatz zu sein; aber diese Identität zeigte sich nur als das *Übergehen* einer Bestimmtheit in die andere. Hier in der Sphäre der Reflexion tritt der Unterschied als reflektierter auf, der so gesetzt ist, wie er an sich ist.

2. Der Unterschied an sich ist der auf sich beziehende Unterschied; so ist er die Negativität seiner selbst, der Unterschied nicht von einem Anderen, sondern *seiner von sich selbst*; er ist nicht er selbst, sondern sein Anderes. Das Unterschiedene aber vom Unterschied ist die Identität. Er ist also er selbst und die Identität. Beide zusammen machen den Unterschied aus; er ist das Ganze und sein Moment. – Es kann ebenso gesagt werden, der Unterschied als einfacher ist kein Unterschied; er ist dies erst in Beziehung auf die Identität; aber vielmehr enthält er als Unterschied ebenso sie und diese Beziehung selbst. – Der Unterschied ist das Ganze und sein eigenes *Moment*, wie die Identität ebensosehr ihr Ganzes und ihr Moment ist. – Dies ist als die wesentliche Natur der Reflexion und als *bestimmter Urgrund aller Tätigkeit und Selbstbewegung* zu betrachten. – Unterschied wie die Identität machen sich zum *Moment* oder zum *Gesetztsein*, weil sie als Reflexion die negative Beziehung auf sich selbst sind.

Der Unterschied, so als Einheit seiner und der Identität, ist *an sich selbst bestimmter* Unterschied. Er ist nicht Übergehen in ein Anderes, nicht Beziehung auf Anderes außer ihm;

er hat sein Anderes, die Identität an ihm selbst, so wie diese, indem sie in die Bestimmung des Unterschiedes getreten, nicht in ihn als ihr Anderes sich verloren hat, sondern in ihm sich erhält, seine Reflexion in sich und sein Moment ist. |

3. Der Unterschied hat die beiden Momente, Identität und Unterschied; beide sind so ein *Gesetztsein*, Bestimmtheit. Aber in diesem Gesetztsein ist jedes *Beziehung auf sich selbst*. Das eine, die Identität, ist unmittelbar selbst das Moment der Reflexion in sich; ebenso ist aber das andere, der Unterschied, Unterschied an sich, der reflektierte Unterschied. Der Unterschied, indem er zwei solche Momente hat, die selbst die Reflexionen in sich sind, ist *Verschiedenheit*.

2. *Die Verschiedenheit*

1. Die Identität *zerfällt* an ihr selbst in Verschiedenheit, weil sie als absoluter Unterschied in sich selbst sich als das Negative ihrer setzt, und diese ihre Momente, sie selbst und das Negative ihrer, Reflexionen in sich, identisch mit sich sind; oder eben weil sie ihr Negieren unmittelbar selbst aufhebt und in ihrer *Bestimmung in sich reflektiert ist*. Das Unterschiedene *besteht* als gegeneinander gleichgültig Verschiedenes, weil es identisch mit sich ist, weil die Identität seinen Boden und [sein] Element ausmacht; oder das Verschiedene ist das, was es ist, eben nur in seinem Gegenteil, der Identität.

Die Verschiedenheit macht das Anderssein als solches der Reflexion aus. Das Andere des Daseins hat das unmittelbare *Sein* zu seinem Grunde, in welchem das Negative besteht. In der Reflexion aber macht die Identität mit sich, die reflektierte Unmittelbarkeit, das Bestehen des Negativen und die Gleichgültigkeit desselben aus.

Die Momente des Unterschiedes sind die Identität und der Unterschied selbst. Verschiedene sind sie als in sich selbst reflektierte, *sich auf sich beziehende*; so sind sie *in der Bestimmung der Identität*, Beziehungen nur auf sich; die Identität ist nicht bezogen auf den Unterschied, noch ist der Unterschied bezogen auf die Identität; indem so jedes dieser Momente nur auf sich bezogen ist, sind sie *nicht bestimmt* gegeneinander. – Weil sie nun auf diese Weise nicht an ihnen selbst Unterschiedene sind, so ist der *Unterschied* ihnen *äußerlich*. Die Verschiedenen verhalten sich also nicht als Identität und Unterschied zueinander, sondern nur als *Verschiedene* überhaupt, die gleichgültig gegeneinander und gegen ihre Bestimmtheit sind.

2. In der Verschiedenheit als der Gleichgültigkeit des Unterschiedes ist sich überhaupt die *Reflexion äußerlich* geworden; der Unterschied ist nur ein *Gesetztsein* oder als aufgehobener, aber er ist selbst die ganze Reflexion. – Dies näher betrachtet, so sind beide, die Identität und der Unterschied, wie sich soeben bestimmt hat, Reflexionen; jedes [ist] Einheit seiner selbst und seines Anderen, jedes ist das Ganze. Damit aber ist die Bestimmtheit, *nur* Identität oder *nur* Unterschied zu sein, ein Aufgehobenes. Sie sind darum keine Qualitäten, weil ihre Be|stimmtheit durch die Reflexion in sich zugleich nur als Negation ist. Es ist also dieses Gedoppelte vorhanden, die *Reflexion in sich* als solche und die Bestimmtheit als Negation oder das *Gesetztsein*. Das Gesetztsein ist die sich äußerliche Reflexion; es ist die Negation als Negation, hiermit *an sich* zwar die sich auf sich beziehende Negation und Reflexion in sich, aber nur an sich; es ist die Beziehung darauf als auf ein Äußerliches.

Die Reflexion an sich und die äußere Reflexion sind somit die zwei Bestimmungen, in die sich die Momente des Unterschiedes, Identität und Unterschied, setzten. Sie sind diese Momente selbst, insofern sie sich nunmehr bestimmt haben. – *Die Reflexion an sich* ist die Identität, aber bestimmt, gleichgültig gegen den Unterschied zu sein, nicht den Unterschied gar nicht zu haben, sondern sich als mit sich identisch gegen ihn zu verhalten; sie ist die *Verschiedenheit*. Es ist die Identität, die sich so in sich reflektiert hat, daß sie eigentlich die *eine* Reflexion der beiden Momente in sich ist, beide sind Reflexionen in sich. Die Identität ist diese eine Reflexion beider, die den Unterschied nur als einen gleichgültigen an ihr hat und Verschiedenheit überhaupt ist. – Die *äußere Reflexion* dagegen ist der *bestimmte* Unterschied derselben nicht als absolute Reflexion in sich, sondern als Bestimmung, wogegen die an sich seiende Reflexion gleichgültig ist; seine beiden Momente, die Identität und der Unterschied selbst, sind so äußerlich gesetzte, nicht an und für sich seiende Bestimmungen.

Diese äußerliche Identität nun ist die Gleichheit, und der äußerliche Unterschied die Ungleichheit. – Die Gleichheit ist zwar Identität, aber nur als ein Gesetztsein, eine Identität, die nicht an und für sich ist. – Ebenso die Ungleichheit ist Unterschied, aber als ein äußerlicher, der nicht an und für sich der Unterschied des Ungleichen selbst ist. Ob Etwas einem anderen Etwas gleich ist oder nicht, geht weder das eine noch das andere an; jedes derselben ist nur auf sich bezogen, ist an und für sich selbst, was es ist; die Identität oder Nichtidentität als Gleichheit und Ungleichheit ist die Rücksicht eines Dritten, die außer ihnen fällt.

3. Die äußere Reflexion bezieht das Verschiedene auf die Gleichheit und Ungleichheit. Diese Beziehung, das Vergleichen, geht von der Gleichheit zur Ungleichheit und von dieser zu jener herüber und hinüber. Aber dieses herüber- und hinübergehende Beziehen der Gleichheit und Ungleichheit ist diesen Bestimmungen selbst äußerlich; auch werden sie nicht aufeinander, sondern jede für sich nur auf ein Drittes bezogen. Jede tritt in dieser Abwechslung unmittelbar für sich hervor. – Die äußerliche Reflexion ist als solche sich selbst äußerlich; der bestimmte Unterschied ist der negierte absolute Unterschied; er ist somit nicht einfach, nicht die Reflexion in sich, sondern diese hat er außer ihm; seine Momente fallen daher auseinander und beziehen sich auch als gegeneinander äußerliche, auf die ihnen gegenüberstehende Reflexion in sich. |

An der sich entfremdeten Reflexion kommen also die Gleichheit und Ungleichheit als gegeneinander selbst unbezogene hervor, und sie trennt sie, indem sie sie auf ein und dasselbe bezieht durch die Insoferns, Seiten und Rücksichten. Die Verschiedenen, die das eine und dasselbe sind, worauf beide, die Gleichheit und Ungleichheit bezogen werden, sind also nach der einen Seite einander gleich, nach der anderen Seite aber ungleich, und insofern sie gleich sind, insofern sind sie nicht ungleich. Die Gleichheit bezieht sich nur auf sich, und die Ungleichheit ist ebenso nur Ungleichheit.

Durch diese ihre Trennung voneinander aber heben sie sich

nur auf. Gerade was den Widerspruch und die Auflösung von ihnen abhalten soll, daß nämlich etwas einem anderen in einer Rücksicht gleich, in einer anderen aber ungleich sei, – dieses Auseinanderhalten der Gleichheit und Ungleichheit ist ihre Zerstörung. Denn beide sind Bestimmungen des Unterschiedes; sie sind Beziehungen aufeinander, das eine, zu sein, was das andere nicht ist; gleich ist nicht ungleich, und ungleich ist nicht gleich; und beide haben wesentlich diese Beziehung und außer ihr keine Bedeutung; als Bestimmungen des Unterschiedes ist jedes das, was es ist, als unterschieden von seinem Anderen. Durch ihre Gleichgültigkeit aber gegeneinander ist die Gleichheit nur bezogen auf sich, die Ungleichheit ist ebenso eine eigene Rücksicht und Reflexion für sich; jede ist somit sich selbst gleich; der Unterschied ist verschwunden, da sie keine Bestimmtheit gegeneinander haben; oder jede ist hiermit nur Gleichheit.

Diese gleichgültige Rücksicht oder der äußerliche Unterschied hebt somit sich selbst auf und ist die Negativität seiner an sich selbst. Er ist diejenige Negativität, welche in dem Vergleichen dem Vergleichenden zukommt. Das Vergleichende geht von der Gleichheit zur Ungleichheit und von dieser zu jener zurück, läßt also das eine im anderen verschwinden und ist in der Tat die negative Einheit beider. Sie ist zunächst jenseits des Verglichenen sowie jenseits der Momente der Vergleichung als ein subjektives, außerhalb ihnen fallendes Tun. Aber diese negative Einheit ist in der Tat die Natur der Gleichheit und Ungleichheit selbst, wie sich ergeben hat. Eben die selbständige Rücksicht, die eine jede ist, ist vielmehr die ihre Unterschiedenheit und damit sie selbst aufhebende Beziehung auf sich.

Nach dieser Seite, als Momente der äußeren Reflexion und als sich selbst äußerlich, verschwinden die Gleichheit und Ungleichheit in ihre Gleichheit zusammen. Aber diese ihre negative Einheit ist ferner auch an ihnen gesetzt; sie haben nämlich die an sich seiende Reflexion außer ihnen oder sind die Gleichheit und Ungleichheit eines Dritten, eines Anderen, als sie selbst sind. So ist das Gleiche nicht das Gleiche seiner selbst, und das Ungleiche als das Ungleiche nicht seiner selbst, sondern eines ihm Ungleichen ist selbst das Gleiche. Das

Gleiche und das Ungleiche ist also das *Ungleiche seiner selbst*. Jedes ist somit diese Reflexion, | die Gleichheit, daß sie sie selbst und die Ungleichheit, die Ungleichheit, daß sie sie selbst und die Gleichheit ist.

Gleichheit und Ungleichheit machten die Seite des *Gesetztseins* gegen das Verglichene oder das Verschiedene aus, das sich als die *an sich seiende* Reflexion gegen sie bestimmt hatte. Aber dieses hat damit seine Bestimmtheit gegen sie ebenfalls verloren. Eben die Gleichheit und Ungleichheit, die Bestimmungen der äußerlichen Reflexion, sind die nur an sich seiende Reflexion, welche das Verschiedene als solches sein sollte, sein nur unbestimmter Unterschied. Die *an sich seiende* Reflexion ist die Beziehung auf sich ohne Negation, die abstrakte Identität mit sich, damit eben das Gesetztsein selbst. – Das bloß Verschiedene geht also durch das Gesetztsein über in die negative Reflexion. Das Verschiedene ist der bloß gesetzte Unterschied, also der Unterschied, der keiner ist, also die Negation seiner an ihm selbst. So die Gleichheit und Ungleichheit selbst, das Gesetztsein, geht durch die Gleichgültigkeit oder die an sich seiende Reflexion zurück in die negative Einheit mit sich, in die Reflexion, welche der Unterschied der Gleichheit und Ungleichheit an sich selbst ist. Die Verschiedenheit, deren *gleichgültige* Seiten ebensosehr schlechthin nur *Momente* als einer negativen Einheit sind, ist der *Gegensatz*.

Anmerkung

Die Verschiedenheit wird wie die Identität in einem eigenen Satze ausgedrückt. Übrigens bleiben diese beide Sätze in der gleichgültigen Verschiedenheit gegeneinander gehalten, so daß jeder für sich gilt ohne Rücksicht auf den anderen.

Alle Dinge sind verschieden, oder: *Es gibt nicht zwei Dinge, die einander gleich sind*. – Dieser Satz ist in der Tat dem Satze der Identität entgegengesetzt, denn er sagt aus: A ist ein Verschiedenes, also A ist auch nicht A; oder A ist einem anderen ungleich, so ist es nicht A überhaupt, sondern vielmehr ein bestimmtes A. An die Stelle des A im identischen Satze kann jedes andere Substrat gesetzt, aber A als Ungleiches nicht mehr mit jedem anderen vertauscht werden. Es soll zwar nicht ein Verschiedenes *von sich*, sondern nur *von anderem* sein; aber diese Verschiedenheit ist seine eigene Bestimmung. Als mit sich identisches A ist es das Unbestimmte; aber als Bestimmtes ist es das Gegenteil hiervon, es hat nicht mehr nur die Identität mit sich, sondern auch eine Negation, somit eine Verschiedenheit seiner selbst von sich an ihm.

Daß alle Dinge verschieden sind voneinander, ist ein sehr überflüssiger Satz, denn im Plural der Dinge liegt unmittelbar die Mehrheit und die ganz unbestimmte Verschiedenheit. – Der Satz aber: Es gibt nicht zwei Dinge, die einander vollkommen gleich sind, drückt mehr, nämlich die *bestimmte* Verschiedenheit | aus. Zwei Dinge sind nicht bloß zwei – die numerische Vielheit ist nur die Einerleiheit –, sondern sie sind *durch eine Bestimmung* verschieden. Der Satz, daß es nicht zwei Dinge gibt, die einander gleich sind, fällt dem Vorstellen, – auch nach der Anekdote an einem Hofe auf, wo ihn Leibniz vorgebracht und die Damen veranlaßt haben soll, unter Baumblättern zu suchen, ob sie nicht zwei gleiche finden. – Glückliche * Zeiten für die Metaphysik, wo man sich am Hofe mit ihr beschäftigte und wo es keiner anderen Anstrengung bedurfte, ihre Sätze zu prüfen, als Baumblätter zu vergleichen! – Der Grund, daß jener Satz auffallend ist, liegt in dem Gesagten, daß *zwei* oder die numerische Mehrheit noch keine *bestimmte* Verschiedenheit enthält und daß die Verschiedenheit als solche in ihrer Abstraktion zunächst gleichgültig gegen die Gleichheit und Ungleichheit ist. Das Vorstellen, indem es auch zur Bestimmung übergeht, nimmt diese Momente selbst als gegeneinander gleichgültige auf, so daß das eine ohne das andere, *die bloße Gleichheit* der Dinge *ohne die Ungleichheit* zur Bestimmung hinreiche oder daß die Dinge verschieden seien, wenn sie auch nur numerisch Viele, verschiedene überhaupt, nicht ungleiche sind. Der Satz der Verschiedenheit hingegen drückt aus, daß die Dinge durch die Ungleichheit voneinander verschieden sind, daß ihnen die Bestimmung der Ungleichheit sosehr zukomme als die der Gleichheit, denn erst beide zusammen machen den bestimmten Unterschied aus.

Dieser Satz nun, daß allen Dingen die Bestimmung der Ungleichheit zukommt, bedürfte eines Beweises; er kann nicht als unmittelbarer Satz aufgestellt werden, denn die gewöhnliche

Weise des Erkennens selbst fordert für die Verknüpfung verschiedener Bestimmungen in einem synthetischen Satze einen Beweis oder das Aufzeigen eines Dritten, worin sie vermittelt sind. Dieser Beweis müßte den Übergang der Identität in die Verschiedenheit und dann den Übergang dieser in die bestimmte Verschiedenheit, in die Ungleichheit dartun. Dies pflegt aber nicht geleistet zu werden; es ergab sich darin, daß die Verschiedenheit oder der äußerliche Unterschied in Wahrheit in sich reflektierter, Unterschied an ihm selbst ist, daß das gleichgültige Bestehen des Verschiedenen das bloße Gesetztsein und damit nicht äußerlicher, gleichgültiger Unterschied, sondern *eine* Beziehung der beiden Momente ist.

Es liegt darin auch die Auflösung und Nichtigkeit des *Satzes der Verschiedenheit*. Zwei Dinge sind nicht vollkommen gleich; so sind sie gleich und ungleich zugleich; gleich schon darin, daß sie Dinge oder zwei überhaupt sind, denn jedes ist ein Ding und ein Eins so gut als das andere, jedes also dasselbe, was das andere; ungleich aber sind sie durch die Annahme. Es ist somit die Bestimmung vorhanden, daß beide Momente, die Gleichheit und die Ungleichheit, in *einem und demselben* verschieden oder daß der außereinanderfallende Unterschied zugleich eine und dieselbe Beziehung ist. Somit ist sie in *Entgegensetzung* übergegangen. |

Das *Zugleich* der beiden Prädikate wird zwar durch das *Insofern* auseinandergehalten; daß zwei Dinge *insofern* sie gleich, *insofern* nicht ungleich, oder nach einer *Seite* und *Rücksicht* gleich, nach der anderen *Seite* und *Rücksicht* aber ungleich sind. Damit wird die Einheit der Gleichheit und Ungleichheit aus dem Dinge entfernt und, was seine eigene und die Reflexion der Gleichheit und Ungleichheit an sich wäre, als eine dem Dinge äußerliche Reflexion festgehalten. Diese ist es aber somit, die *in einer und derselben* Tätigkeit die zwei Seiten der Gleichheit und Ungleichheit unterscheidet, somit in einer Tätigkeit beide enthält, die eine in die andere scheinen läßt und reflektiert. – Die gewöhnliche Zärtlichkeit für die Dinge aber, die nur dafür sorgt, daß diese sich nicht widersprechen, vergißt hier wie sonst, daß damit der Widerspruch nicht aufgelöst, sondern nur anderswohin, in die subjektive oder äußere Reflexion überhaupt geschoben wird und daß diese in der Tat die beiden Momente, welche durch diese Entfernung und Versetzung als bloßes Gesetztsein ausgesprochen werden, als aufgehobene und aufeinander bezogene in einer Einheit enthält.

3. Der Gegensatz

Im Gegensatz ist die bestimmte Reflexion, der Unterschied vollendet. Er ist die Einheit der Identität und der Verschiedenheit; seine Momente sind in einer Identität verschiedene; so sind sie entgegengesetzte.

Die Identität und der Unterschied sind die Momente des Unterschiedes, innerhalb seiner selbst gehalten; sie sind reflektierte Momente seiner Einheit. Gleichheit und Ungleichheit aber sind die entäußerte Reflexion; ihre Identität mit sich ist nicht nur die Gleichgültigkeit eines jeden gegen das von ihm Unterschiedene, sondern gegen das An-und-Fürsichsein als solches, eine Identität mit sich gegen die in sich reflektierte; sie ist also die nicht in sich reflektierte Unmittelbarkeit. Das Gesetztsein der Seiten der äußerlichen Reflexion ist daher ein Sein, so wie ihr Nichtgesetztsein ein Nichtsein.

Die Momente des Gegensatzes näher betrachtet, so sind sie das in sich reflektierte Gesetztsein oder Bestimmung überhaupt. Das Gesetztsein ist die Gleichheit und Ungleichheit; sie beide, in sich reflektiert, machen die Bestimmungen des Gegensatzes aus. Ihre Reflexion in sich besteht darin, daß jedes an ihm selbst die Einheit der Gleichheit und Ungleichheit ist. Die Gleichheit ist nur in der Reflexion, welche nach der Ungleichheit vergleicht, somit durch ihr anderes gleichgültiges Moment vermittelt; ebenso die Ungleichheit ist nur in derselben reflektierenden Beziehung, in welcher die Gleichheit ist. – Jedes dieser Momente ist also in seiner Bestimmtheit das Ganze. Es ist das Ganze, insofern es auch sein anderes Moment enthält; aber | dieses sein anderes ist ein gleichgültig seiendes; so enthält jedes die Beziehung auf sein Nichtsein und ist nur die Reflexion in sich oder das Ganze als sich wesentlich auf sein Nichtsein beziehend.

Diese in sich reflektierte *Gleichheit* mit sich, die in ihr selbst die Beziehung auf die Ungleichheit enthält, ist das *Positive*; so die *Ungleichheit*, die in ihr selbst die Beziehung auf ihr Nichtsein, die Gleichheit enthält, ist das *Negative*. – Oder beide sind das *Gesctztsein*; insofern nun die unterschiedene Bestimmtheit als unterschiedene *bestimmte Beziehung* des Gesetztseins *auf sich* genommen wird, so ist der Gegensatz einesteils das *Gesetztsein* in seine *Gleichheit mit sich* reflektiert, andernteils dasselbe in seine Ungleichheit mit sich reflektiert: das *Positive* und *Negative*. – Das *Positive* ist das Gesetztsein als in die Gleichheit mit sich reflektiert; aber das Reflektierte ist das Gesetztsein, das ist, die Negation als Negation; so hat diese Reflexion in sich die Beziehung auf das Andere zu ihrer Bestimmung. Das *Negative* ist das Gesetztsein als in die Ungleichheit reflektiert; aber das Gesetztsein ist die Ungleichheit selbst; so ist diese Reflexion somit die Identität der Ungleichheit mit sich selbst und absolute Beziehung auf sich. – Beide also, das in die Gleichheit mit sich reflektierte Gesetztsein hat die Ungleichheit und das in die Ungleichheit mit sich reflektierte Gesetztsein hat auch die Gleichheit an ihm.

Das Positive und das Negative sind so die selbständig gewordenen Seiten des Gegensatzes. Sie sind selbständig, indem sie die Reflexion des *Ganzen* in sich sind, und sie gehören dem Gegensatz an, insofern es die *Bestimmtheit* ist, die als Ganzes in sich reflektiert ist. Um ihrer Selbständigkeit willen machen sie den *an sich* bestimmten Gegensatz aus. Jedes ist es selbst und sein Anderes, dadurch hat jedes *seine Bestimmtheit* nicht an einem Anderen, sondern *an ihm selbst*. – Jedes bezieht sich auf sich selbst, nur als sich beziehend auf sein Anderes. Dies hat die doppelte Seite: jedes ist Beziehung auf sein Nichtsein als Aufheben dieses Andersseins in sich; so ist sein Nichtsein nur ein Moment in ihm. Aber andernteils ist hier das Gesetztsein ein Sein, ein gleichgültiges Bestehen geworden; das Andere seiner, das jedes enthält, ist daher auch als Nichtsein dessen, in welchem es nur als Moment enthalten sein soll. Jedes ist daher nur, insofern sein *Nichtsein ist*, und zwar in einer identischen Beziehung.

Die Bestimmungen, welche das Positive und Negative konstituieren, bestehen also darin, daß das Positive und das Negative *erstens* absolute *Momente* des Gegensatzes sind; ihr Bestehen ist untrennbar Eine Reflexion; es ist Eine Vermittlung, in welcher jedes durch das Nichtsein seines Anderen, damit durch sein Anderes oder sein eigenes Nichtsein ist. – So sind sie *Entgegengesetzte* überhaupt; oder *jedes* ist nur das Entgegengesetzte des Anderen; das eine ist noch nicht positiv und das andere noch nicht negativ, sondern beide sind negativ gegeneinander. | Jedes ist so überhaupt *erstens, insofern das Andere ist;* es ist durch das Andere, durch sein eigenes Nichtsein, das, was es ist; es ist nur *Gesetztsein; zweitens,* es ist, *insofern das Andere nicht ist;* es ist durch das Nichtsein des Anderen das, was es ist; es ist *Reflexion in sich.* – Dieses beides ist aber die *eine* Vermittlung des Gegensatzes überhaupt, in der sie überhaupt nur *Gesetzte sind.*

Aber *ferner,* dieses bloße Gesetztsein ist in sich reflektiert überhaupt; das Positive und Negative ist nach diesem Moment *der äußeren Reflexion gleichgültig* gegen jene erste Identität, worin sie nur Momente sind; oder indem jene erste Reflexion die eigene Reflexion des Positiven und Negativen in sich selbst, jedes sein Gesetztsein an ihm selbst ist, so ist jedes gleichgültig gegen diese seine Reflexion in sein Nichtsein, gegen sein eigenes Gesetztsein. Die beiden Seiten sind so bloß verschiedene, und insofern ihre Bestimmtheit, positiv und negativ zu sein, ihr Gesetztsein gegeneinander ausmacht, so ist jede nicht an ihr selbst so bestimmt, sondern ist nur Bestimmtheit überhaupt; jeder Seite kommt daher zwar eine der Bestimmtheiten von Positivem und Negativem zu, aber sie können verwechselt werden, und jede Seite ist von der Art, daß sie ebensogut als positiv wie als negativ genommen werden kann.

Aber das Positive und Negative ist *drittens* nicht nur ein Gesetztes noch bloß ein Gleichgültiges, sondern ihr *Gesetztsein* oder die *Beziehung auf das Andere in einer Einheit, die nicht sie selbst sind,* ist in jedes *zurückgenommen.* Jedes ist an ihm selbst positiv und negativ; das Positive und Negative ist die Reflexionsbestimmung an und für sich; erst in dieser Reflexion des Entgegengesetzten in sich ist es positiv und negativ. Das Positive hat die Beziehung auf das

Andere, in der die Bestimmtheit des Positiven ist, an ihm selbst; ebenso das Negative ist nicht Negatives als gegen ein Anderes, sondern hat die Bestimmtheit, wodurch es negativ ist, gleichfalls in ihm selbst.

So ist jedes selbständige, für sich seiende Einheit mit sich. Das Positive ist wohl ein Gesetztsein, aber so, daß für es das Gesetztsein nur Gesetztsein als aufgehobenes ist. Es ist das Nichtentgegengesetzte, der aufgehobene Gegensatz, aber als Seite des Gegensatzes selbst. – Als positiv ist zwar etwas bestimmt in Beziehung auf ein Anderssein, aber so, daß seine Natur dies ist, nicht ein Gesetztes zu sein; es ist die das Anderssein negierende Reflexion in sich. Aber das Andere seiner, das Negative, ist selbst nicht mehr Gesetztsein oder Moment, sondern ein selbständiges Sein; so ist die negierende Reflexion des Positiven in sich bestimmt, dieses sein Nichtsein von sich auszuschließen.

So das Negative als absolute Reflexion ist nicht das unmittelbare Negative, sondern dasselbe als aufgehobenes Gesetztsein: das Negative an und für sich, das | positiv auf sich selbst beruht. Als Reflexion in sich negiert es seine Beziehung auf Anderes; sein Anderes ist das Positive, ein selbständiges Sein; – seine negative Beziehung darauf ist daher, es aus sich auszuschließen. Das Negative ist das für sich bestehende Entgegengesetzte gegen das Positive, das die Bestimmung des aufgehobenen Gegensatzes ist: der auf sich beruhende ganze Gegensatz, entgegengesetzt dem mit sich identischen Gesetztsein.

Das Positive und Negative ist hiermit nicht nur an sich positiv und negativ, sondern an und für sich. An sich sind sie es, insofern von ihrer ausschließenden Beziehung auf Anderes abstrahiert und sie nur nach ihrer Bestimmung genommen werden. An sich ist etwas positiv oder negativ, indem es nicht bloß gegen Anderes so bestimmt sein soll. Aber das Positive oder Negative nicht als Gesetztsein und damit nicht als Entgegengesetztes, ist es jedes das Unmittelbare, Sein und Nichtsein. Das Positive und Negative sind aber die Momente des Gegensatzes, das Ansichsein derselben macht nur die Form ihres Reflektiertseins in sich aus. Es ist etwas an sich positiv, außer der Beziehung auf das Negative; und es ist etwas an sich negativ, außer der Beziehung auf das Positive; in dieser Bestimmung wird bloß an dem abstrakten Moment dieses Reflektiertseins festgehalten. Allein das ansichseiende Positive oder Negative heißt wesentlich, daß entgegengesetzt zu sein nicht bloß Moment sei, noch der Vergleichung angehöre, sondern die eigene Bestimmung der Seiten des Gegensatzes ist. An sich positiv oder negativ sind sie also nicht außer der Beziehung auf Anderes, sondern daß diese Beziehung, und zwar als ausschließende, die Bestimmung oder das Ansichsein derselben ausmacht; hierin sind sie es also zugleich an und für sich.

Anmerkung

Es ist hier der Begriff des Positiven und Negativen anzuführen, wie er in der Arithmetik vorkommt. Er wird darin als bekannt vorausgesetzt; weil er aber nicht in seinem bestimmten Unterschied aufgefaßt wird, entgeht er nicht unauflösbaren Schwierigkeiten und Verwicklungen. Es haben sich soeben die beiden realen Bestimmungen des Positiven und Negativen ergeben – außer dem einfachen Begriff ihrer Entgegensetzung –, daß nämlich das erste Mal ein nur verschiedenes, unmittelbares Dasein zugrunde liegt, dessen einfache Reflexion in sich unterschieden wird von seinem Gesetztsein, der Entgegensetzung selbst. Dieses gilt daher nur als nicht an und für sich seiend und dem Verschiedenen zwar zuvorkommend, so daß jedes ein Entgegengesetztes überhaupt ist, aber auch gleichgültig dagegen für sich besteht und es einerlei ist, welches der | beiden entgegengesetzten Verschiedenen als positiv oder als negativ betrachtet werde. – Das andere Mal aber ist das Positive das an sich selbst Positive, das Negative das an sich selbst Negative, so daß das Verschiedene nicht gleichgültig dagegen, sondern diese seine Bestimmung an und für sich ist. – Diese beiden Formen des Positiven und Negativen kommen gleich in den ersten Bestimmungen vor, in denen sie in der Arithmetik gebraucht werden.

Das +a und −a sind zuerst entgegengesetzte Größen überhaupt; a ist die beiden zum Grunde liegende, ansichseiende Einheit, das gegen die Entgegensetzung selbst Gleichgültige, das hier ohne weiteren Begriff als tote Grundlage dient. Das $-a$ ist zwar als das Negative, das $+a$ als das Positive bezeichnet, aber das eine ist so gut ein Entgegengesetztes als das andere.

Ferner ist a nicht nur die einfache zum Grunde liegende Einheit, sondern als $+a$ und $-a$ ist sie die Reflexion dieser Entgegengesetzten in sich; es sind zwei verschiedene a vorhanden, und es ist gleichgültig, welches von beiden man als das positive oder negative bezeichnen will; beide haben ein besonderes Bestehen und sind positiv.

Nach jener ersten Seite ist $+y-y=0$; oder in $-8+3$ sind die 3 Positiven Negative im 8. Die Entgegengesetzten heben sich in ihrer Verbindung auf. Eine Stunde Wegs nach Osten gemacht und ebensoviel zurück nach Westen hebt den erst gemachten Weg auf; soviel Schulden, um soviel weniger Vermögen, und soviel Vermögen vorhanden ist, soviel hebt sich von den Schulden auf. Die Stunde Wegs nach Osten ist zugleich nicht der positive Weg an sich, noch der nach Westen der negative Weg; sondern diese Richtungen sind gleichgültig gegen diese Bestimmtheit des Gegensatzes; nur eine dritte außer ihnen fallende Rücksicht macht die eine zur positiven, die andere zur negativen. So auch die Schulden sind nicht an und für sich das Negative; sie sind es nur in Beziehung auf den Schuldner, für den Gläubiger sind sie sein positives Vermögen; sie sind eine Summe Geld, oder was es sei, von einem gewissen Wert, das nach außerhalb seiner fallenden Rücksichten Schulden oder Vermögen ist.

Die Entgegengesetzten heben sich zwar in ihrer Beziehung auf, so daß das Resultat gleich Null ist; aber es ist in ihnen auch ihre identische Beziehung vorhanden, die gegen den Gegensatz selbst gleichgültig ist; so machen sie Eines aus. Wie soeben von der Summe Geld erinnert worden, die nur Eine Summe ist, oder das a, das nur Ein a ist im $+a$ und $-a$; auch der Weg, der nur ein Stück Wegs ist, nicht zwei Wege, deren einer nach Osten, der andere nach Westen ginge. So auch eine Ordinate y, die dasselbe ist, auf dieser oder jener Seite der Achse genommen; insofern ist $+y-y=y$; sie ist nur die Ordinate, es ist nur Eine Bestimmung und [Ein] Gesetz derselben. |

Ferner aber sind die Entgegengesetzten nicht nur Ein Gleichgültiges, sondern auch zwei Gleichgültige. Sie sind nämlich als Entgegengesetzte auch in sich Reflektierte und bestehen so als Verschiedene.

So sind in −8+3 überhaupt elf Einheiten vorhanden; +y, −y sind Ordinaten auf der entgegengesetzten Seite der Achse, wo jede ein gegen diese Grenze und gegen ihren Gegensatz gleichgültiges Dasein ist; so ist +y−y=2y. – Auch der nach Osten und nach Westen zurückgelegte Weg ist die Summe einer zweifachen Bemühung oder die Summe von zwei Zeitperioden. Ebenso ist in der Staatsökonomie ein Quantum von Geld oder von Wert nicht nur dieses Eine Quantum als Mittel der Subsistenz, sondern es ist ein verdoppeltes; es ist Mittel der Subsistenz sowohl für den Gläubiger als den Schuldner. Das Staatsvermögen berechnet sich nicht bloß als Summe des baren Geldes und des sonstigen Wertes von den Immobilien und Mobilien, der im Staate vorhanden ist, noch weniger aber als Summe, die übrigbliebe nach Abzug des passiven Vermögens vom aktiven, sondern das Kapital, wenn seine aktive und passive Bestimmung sich auch zur Null reduzierten, bleibt erstens positives Kapital als +a−a=a; aber zweitens, indem es auf vielfältige Weise passives, verliehenes und wieder verliehenes ist, ist es dadurch ein sehr vervielfältigtes Mittel.

Nicht nur aber sind die entgegengesetzten Größen einerseits bloß entgegengesetzte überhaupt, andererseits reale oder gleichgültige. Sondern obzwar das Quantum selbst das gleichgültig begrenzte Sein ist, so kommt doch an ihm auch das an sich Positive und das an sich Negative vor. Das a z. B., insofern es kein Zeichen hat, gilt dafür, daß es als Positives zu nehmen sei, wenn es zu bezeichnen ist. Wenn es nur überhaupt ein Entgegengesetztes werden sollte, so könnte es ebensogut als −a genommen werden. Aber das positive Zeichen wird ihm unmittelbar gegeben, weil das Positive für sich die eigentümliche Bedeutung des Unmittelbaren als mit sich Identischen gegen die Entgegensetzung hat.

Ferner, indem positive und negative Größen addiert oder subtrahiert werden, gelten sie als solche, die für sich positiv und negativ seien und es nicht bloß durch die Beziehung des Addierens oder Subtrahierens auf diese äußerliche Weise werden. In 8−(−3) heißt das erste Minus entgegengesetzt gegen 8, das zweite Minus aber (-3) gilt als Entgegengesetztes *an sich*, außer dieser Beziehung.

Näher tritt dies bei der Multiplikation und Division hervor; hier ist das Positive wesentlich als das *Nichtentgegengesetzte*, das Negative hingegen als das Entgegengesetzte zu nehmen, nicht beide Bestimmungen auf gleiche Weise nur als Entgegengesetzte überhaupt. Indem die Lehrbücher in den Beweisen, wie sich die Zeichen in diesen beiden Rechnungsarten verhalten, bei dem Begriff | der entgegengesetzten Größen überhaupt stehenbleiben, so sind diese Beweise unvollständig und verwickeln sich in Widersprüche. – Plus und Minus erhalten aber bei der Multiplikation und Division die bestimmtere Bedeutung von Positivem und Negativem an sich, weil das Verhältnis der Faktoren, Einheit und Anzahl gegeneinander zu sein, nicht ein bloßes Verhältnis des Mehrens und Minderns ist wie bei dem Addieren und Subtrahieren, sondern ein qualitatives, womit auch Plus und Minus die qualitative Bedeutung des Positiven und Negativen erhält. – Ohne diese Bestimmung und bloß aus dem Begriff entgegengesetzter Größen kann leicht die schiefe Folgerung gezogen werden, daß, wenn $-a \cdot +a = -a^2$ ist, umgekehrt $+a \cdot -a = +a^2$ gebe. Indem der eine Faktor die Anzahl und der andere die Einheit, und zwar der voranstehende wie gewöhnliche die erstere bedeutet, so unterscheiden sich die beiden Ausdrücke $-a \cdot +a$ und $+a \cdot -a$ dadurch, daß im ersteren $+a$ die Einheit und $-a$ die Anzahl und im anderen es umgekehrt ist. Es pflegt nun beim ersteren gesagt zu werden, wenn ich $+a$ nehmen soll $-a$ mal, so nehme ich $+a$ nicht bloß a mal, sondern zugleich auf die ihm entgegengesetzte Weise, $+a$ mal $-a$; also da es Plus ist, so habe ich es negativ zu nehmen, und das Produkt ist $-a^2$. – Wenn aber im zweiten Falle $-a$ zu nehmen ist $+a$ mal, so soll $-a$ gleichfalls nicht $-a$ mal genommen werden, sondern in der ihm entgegengesetzten Bestimmung nämlich $+a$ mal. Nach dem Räsonnement des ersten Falles folgt also, daß das Produkt $+a^2$ sein müsse. – Ebenso bei der Division.

Diese Konsequenz ist notwendig, insofern Plus und Minus nur als entgegengesetzte Größen überhaupt genommen werden; dem Minus wird im ersten Falle die Kraft zugeschrieben, das Plus zu verändern; aber im anderen sollte Plus nicht dieselbe Kraft über Minus haben, ungeachtet es so gut eine entgegengesetzte Größebestimmung ist als dieses. In der Tat hat Plus diese Kraft nicht, denn es ist hier nach seiner qualitativen Bestimmung gegen Minus zu nehmen, indem die Faktoren ein qualitatives Verhältnis zueinander haben. Insofern ist also das Negative hier das an sich Entgegengesetzte als solches, das Positive aber ist das Unbestimmte, Gleichgültige überhaupt; es ist wohl auch das Negative, aber des Anderen, nicht an ihm selbst. – Eine Bestimmung als Negation kommt also allein durch das Negative herein, nicht durch das Positive.

So ist denn auch $-a \cdot -a = +a^2$ darum, weil das negative a nicht bloß auf die entgegengesetzte Weise (so würde es zu nehmen sein mit $-a$ multipliziert), sondern weil es negativ genommen werden soll. Die Negation der Negation aber ist das Positive. |

C. Der Widerspruch

1. Der Unterschied überhaupt enthält seine beiden Seiten als Momente; in der Verschiedenheit fallen sie gleichgültig auseinander; im Gegensatz als solchem sind sie Seiten des Unterschiedes, eines nur durchs andere bestimmt, somit nur Momente; aber sie sind ebensosehr bestimmt an ihnen selbst, gleichgültig gegeneinander und sich gegenseitig ausschließend: die selbständigen Reflexionsbestimmungen.

Die eine ist das Positive, die andere das Negative, aber jene als das an ihm selbst Positive, diese als das an ihm selbst Negative. Die gleichgültige Selbständigkeit für sich hat jedes dadurch, daß es die Beziehung auf sein anderes Moment an ihm selbst hat; so ist es der ganze in sich geschlossene Gegensatz. – Als dieses Ganze ist jedes vermittelt durch sein Anderes mit sich und enthält dasselbe. Aber es ist ferner durch das Nichtsein seines Anderen mit sich vermittelt; so ist es für sich seiende Einheit und schließt das Andere aus sich aus.

Indem die selbständige Reflexionsbestimmung in derselben Rücksicht, als sie die andere enthält und dadurch selbständig ist, die andere ausschließt, so schließt sie in ihrer Selbständigkeit ihre eigene Selbständigkeit aus sich aus; denn diese besteht darin, die ihr andere Bestimmung in sich zu enthalten und dadurch allein nicht Beziehung auf ein Äußerliches zu sein, aber ebensosehr unmittelbar darin, sie selbst zu sein und die ihr negative Bestimmung von sich auszuschließen. Sie ist so der *Widerspruch*.

Der Unterschied überhaupt ist schon der Widerspruch *an sich*; denn er ist die *Einheit* von solchen, die nur sind, insofern sie *nicht eins* sind, – und die *Trennung* solcher, die nur sind als *in derselben Beziehung* Getrennte. Das Positive und Negative aber sind der *gesetzte* Widerspruch, weil sie als negative Einheiten selbst das Setzen ihrer [sind] und darin jedes das Aufheben seiner und das Setzen seines Gegenteils ist. – Sie machen die bestimmende Reflexion als *ausschließende* aus; weil das Ausschließen *ein* Unterscheiden und jedes der Unterschiedenen als Ausschließendes selbst das ganze Ausschließen ist, so schließt jedes in ihm selbst sich aus.

Die beiden selbständigen Reflexionsbestimmungen für sich betrachtet, so ist das Positive das *Gesetztsein als in die Gleichheit mit sich* reflektiert; das Gesetztsein, das nicht Beziehung auf ein Anderes ist, das Bestehen also, insofern das Gesetztsein *aufgehoben* und *ausgeschlossen* ist. Damit aber macht sich das Positive zur *Beziehung eines Nichtseins*, – zu einem *Gesetztsein*. – | So ist der Widerspruch, daß es als das Setzen der Identität mit sich durch *Ausschließen* des Negativen sich selbst zum *Negativen* von einem macht, also zu dem Anderen, das es von sich ausschließt. Dieses ist als Ausgeschlossenes frei von dem Ausschließenden gesetzt, hiermit als in sich reflektiert und selbst ausschließend. So ist die ausschließende Reflexion Setzen des Positiven als ausschließend das Andere, so daß dieses Setzen unmittelbar das Setzen seines Anderen, es Ausschließenden ist.

Dies ist der absolute Widerspruch des Positiven, aber er ist unmittelbar der absolute Widerspruch des Negativen; das Setzen beider ist Eine Reflexion. – Das Negative für sich betrachtet gegen das Positive ist das Gesetztsein *als in die Ungleichheit mit sich* reflektiert, das Negative als Negatives.

Aber das Negative ist selbst das Ungleiche, das Nichtsein eines Anderen; somit ist die Reflexion in seine Ungleichheit vielmehr seine Beziehung auf sich selbst. – Die Negation überhaupt ist das Negative als Qualität oder unmittelbare Bestimmtheit; das Negative aber als Negatives, [so] ist es bezogen auf das Negative seiner, auf sein Anderes. Wird dieses Negative nur als identisch mit dem ersten genommen, so ist es, wie auch das erstere, nur unmittelbar; sie werden so nicht genommen als Andere gegeneinander, somit nicht als Negative; das Negative ist überhaupt nicht ein Unmittelbares. – Indem nun ferner aber ebensosehr jedes dasselbe ist, was das Andere, so ist diese Beziehung der Ungleichen ebensosehr ihre identische Beziehung.

Dies ist also derselbe Widerspruch, der das Positive ist, nämlich Gesetztsein oder Negation als Beziehung auf sich. Aber das Positive ist nur an sich dieser Widerspruch, das Negative dagegen der gesetzte Widerspruch; denn in seiner Reflexion in sich, an und für sich Negatives oder als Negatives identisch mit sich zu sein, hat es die Bestimmung, daß es Nichtidentisches, Ausschließen der Identität sei. Es ist dies, gegen die Identität identisch mit sich zu sein, hiermit durch seine ausschließende Reflexion sich selbst von sich auszuschließen.

Das Negative ist also die ganze, als Entgegensetzung auf sich beruhende Entgegensetzung, der absolute sich nicht auf Anderes beziehende Unterschied; er schließt als Entgegensetzung die Identität von sich aus, aber somit sich selbst, denn als Beziehung auf sich bestimmt er sich als die Identität selbst, die er ausschließt.

2. Der Widerspruch löst sich auf.

In der sich selbst ausschließenden Reflexion, die betrachtet wurde, hebt das Positive und das Negative jedes in seiner Selbständigkeit sich selbst auf; jedes ist schlechthin das Übergehen oder vielmehr das sich Übersetzen seiner in sein Gegenteil. Dieses rastlose Verschwinden der Entgegengesetzten in ihnen selbst ist die nächste Einheit, welche durch den Widerspruch zustande kommt; sie ist die Null. |

Der Widerspruch enthält aber nicht bloß das Negative, sondern auch das Positive; oder die sich selbst ausschließende Reflexion ist zugleich setzende Reflexion; das Resultat des Widerspruchs ist nicht nur Null. – Das Positive und Negative machen das Gesetztsein der Selbständigkeit aus; die Negation ihrer durch sie selbst hebt das Gesetztsein der Selbständigkeit auf. Dies ist es, was in Wahrheit im Widerspruch zugrunde geht.

Die Reflexion in sich, wodurch die Seiten des Gegensatzes sich zu selbständigen Beziehungen auf sich machen, ist zunächst ihre Selbständigkeit als unterschiedener Momente; sie sind so nur an sich diese Selbständigkeit, denn sie sind noch entgegengesetzte, und daß sie es an sich sind, macht ihr Gesetztsein aus. Aber ihre ausschließende Reflexion hebt dies Gesetztsein auf, macht sie zu fürsichseienden Selbständigen, zu solchen, die nicht nur an sich, sondern durch ihre negative Beziehung auf ihr Anderes selbständig sind; ihre Selbständigkeit ist auf diese Weise auch gesetzt. Aber ferner machen sie sich durch dieses ihr Setzen zu einem Gesetztsein. Sie richten sich zugrunde, indem sie sich bestimmen als das mit sich Identische, aber darin vielmehr als das Negative, als ein mit sich Identisches, das Beziehung auf Anderes ist.

Allein diese ausschließende Reflexion ist näher betrachtet nicht nur diese formelle Bestimmung. Sie ist ansichseiende Selbständigkeit und ist das Aufheben dieses Gesetztseins und durch dieses Aufheben erst fürsichseiende und in der Tat selbständige Einheit. Durch das Aufheben des Andersseins oder Gesetztseins ist zwar wieder das Gesetztsein, das Negative eines Anderen, vorhanden. Aber in der Tat ist diese Negation nicht wieder nur erste unmittelbare Beziehung auf Anderes, nicht Gesetztsein als aufgehobene Unmittelbarkeit, sondern als aufgehobenes Gesetztsein. Die ausschließende Reflexion der Selbständigkeit, indem sie ausschließend ist, macht sich zum Gesetztsein, aber ist ebensosehr Aufheben ihres Gesetztseins. Sie ist aufhebende Beziehung auf sich; sie hebt darin erstens das Negative auf, und zweitens setzt sie sich als Negatives, und dies ist erst dasjenige Negative, das sie aufhebt; im Aufheben des Negativen setzt und hebt sie zugleich es auf. Die ausschließende Bestimmung selbst ist auf diese Weise sich das Andere, dessen Negation sie ist; das Aufheben dieses Gesetztseins ist daher nicht wieder Gesetztsein als das Negative eines Anderen, sondern ist das Zusammengehen mit sich selbst, das positive Einheit mit sich ist. Die Selbständigkeit ist so durch *ihre eigene* Negation in sich zurückkehrende Einheit, indem sie durch die Negation *ihres* Gesetztseins in sich zurückkehrt. Sie ist die Einheit des Wesens, durch die Negation nicht eines Anderen, sondern ihrer selbst identisch mit sich zu sein.

3. Nach dieser positiven Seite, daß die Selbständigkeit im Gegensatz als ausschließende Reflexion sich zum Gesetztsein macht und es ebensosehr auf|hebt, Gesetztsein zu sein, ist der Gegensatz nicht nur *zugrunde*, sondern *in seinen Grund* zurückgegangen. – Die ausschließende Reflexion des selbständigen Gegensatzes macht ihn zu einem Negativen, nur Gesetzten; sie setzt dadurch ihre zunächst selbständigen *Bestimmungen*, das Positive und Negative, zu solchen herab, welche *nur Bestimmungen* sind; und indem so das Gesetztsein zum Gesetztsein gemacht wird, ist es überhaupt in seine Einheit mit sich zurückgekehrt; es ist das *einfache Wesen*, aber das Wesen als *Grund*. Durch das Aufheben der sich an sich selbst widersprechenden Bestimmungen des Wesens ist dieses wiederhergestellt, jedoch mit der Bestimmung, ausschließende Reflexionseinheit zu sein, – einfache Einheit, welche sich selbst als Negatives bestimmt, aber in diesem Gesetztsein unmittelbar sich selbst gleich und mit sich zusammengegangen ist.

Zunächst *geht* also der selbständige Gegensatz durch seinen Widerspruch in den Grund *zurück*; jener ist das Erste, Unmittelbare, von dem angefangen wird, und der aufgehobene Gegensatz oder das aufgehobene Gesetztsein ist selbst ein Gesetztsein. Somit *ist das Wesen als Grund ein Gesetztsein, ein Gewordenes*. Aber umgekehrt hat sich nur dies gesetzt, daß der Gegensatz oder das Gesetztsein ein Aufgehobenes, nur als Gesetztsein ist. Das Wesen ist also als Grund so ausschließende Reflexion, daß es sich selbst zum Gesetztsein macht, daß der Gegensatz, von dem vorhin der Anfang gemacht wurde und der das Unmittelbare war, die nur gesetzte, bestimmte Selbständigkeit des Wesens ist und daß er nur das sich an ihm selbst Aufhebende, das Wesen aber das in seiner Bestimmtheit in sich reflektierte ist. Das Wesen schließt als Grund *sich* von sich selbst aus, er setzt *sich*; sein Gesetztsein – welches das Ausgeschlossene ist – ist nur als Gesetztsein, als Identität des Negativen mit sich selbst. Dieses Selbständige ist das Negative, *gesetzt* als Negatives: ein sich selbst Widersprechendes, das daher unmittelbar im Wesen als seinem Grunde bleibt.

Der aufgelöste Widerspruch ist also der Grund, das Wesen als Einheit des Positiven und Negativen. Im Gegensatz ist die Bestimmung zur Selbständigkeit gediehen; der Grund aber ist diese vollendete Selbständigkeit; das Negative ist in ihm selbständiges Wesen, aber als Negatives; so ist er ebensosehr das Positive als das in dieser Negativität mit sich Identische. Der Gegensatz und sein Widerspruch ist daher im Grunde so sehr aufgehoben als erhalten. Der Grund ist das Wesen als die positive Identität mit sich, aber die sich zugleich als die Negativität auf sich bezieht, sich also bestimmt und zum ausgeschlossenen Gesetztsein macht; dieses Gesetztsein aber ist das ganze selbständige Wesen, und das Wesen ist Grund, als in dieser einer Negation identisch mit sich selbst und positiv. Der sich widersprechende selbständige Gegensatz war also bereits selbst der Grund; es kam nur die Bestimmung der Einheit mit sich selbst hinzu, welche dadurch hervortritt, | daß die selbständigen Entgegengesetzten jedes sich selbst aufhebt, und sich zu dem Anderen seiner macht, somit zugrunde geht, aber darin zugleich nur mit sich selbst zusammengeht, also in seinem Untergang, das ist, in seinem Gesetztsein oder in der Negation vielmehr erst das in sich reflektierte, mit sich identische Wesen ist.

Anmerkung 1

Das Positive und Negative ist dasselbe. Dieser Ausdruck gehört der *äußeren Reflexion* an, insofern sie mit diesen beiden Bestimmungen eine *Vergleichung* anstellt. Es ist aber nicht eine äußere Vergleichung, welche zwischen denselben ebensowenig als zwischen anderen Kategorien anzustellen ist, sondern sie sind an ihnen selbst zu betrachten, d.h. es ist zu betrachten, was ihre eigene Reflexion ist. An dieser aber hat es sich gezeigt, daß jedes wesentlich das Scheinen seiner im Anderen und selbst das Setzen seiner als des Anderen ist.

Das Vorstellen, insofern es das Positive und Negative nicht

betrachtet, wie sie an und für sich sind, kann aber allerdings an das Vergleichen verwiesen werden, um [auf] das Haltlose dieser Unterschiedenen, die von ihm als fest einander gegenüber angenommen sind, aufmerksam zu werden. Eine geringe Erfahrung in dem reflektierenden Denken wird es schon wahrnehmen, daß, wenn etwas als positiv bestimmt worden, indem man nun von dieser Grundlage weiter geht, sich dasselbe unmittelbar unter der Hand in Negatives verkehrt hat und umgekehrt das negative Bestimmte in Positives, daß das reflektierende Denken sich in diesen Bestimmungen verwirrt und sich widersprechend wird. Die Unbekanntschaft mit der Natur derselben ist der Meinung, diese Verwirrung sei etwas Unrechtes, das nicht geschehen soll und schreibt sie einem subjektiven Fehler zu. Dieses Übergehen bleibt in der Tat auch bloße Verwirrung, insofern das Bewußtsein über die Notwendigkeit der Verwandlung nicht vorhanden ist. – Es ist aber, auch für die äußere Reflexion, eine einfache Betrachtung, daß fürs erste das Positive nicht ein unmittelbar Identisches ist, sondern teils ein Entgegengesetztes gegen das Negative und daß es nur in dieser Beziehung Bedeutung hat, also das Negative selbst in seinem Begriff liegt, teils aber, daß es an ihm selbst die sich auf sich beziehende Negation des bloßen Gesetztseins oder des Negativen, also selbst die absolute Negation in sich ist. – Ebenso das Negative, das dem Positiven gegenübersteht, hat nur Sinn in dieser Beziehung auf dieses sein Anderes; es enthält also dasselbe in seinem Begriff. Das Negative hat aber auch ohne Beziehung auf das Positive ein eigenes Bestehen; es ist mit sich identisch; so ist es aber selbst das, was das Positive sein sollte. |

Vornehmlich wird der Gegensatz vom Positiven und Negativen in dem Sinne genommen, daß jenes (ob es gleich seinem Namen auch das Poniertsein, Gesetztsein ausdrückt) ein Objektives sein soll, dieses aber ein Subjektives, welches nur einer äußeren Reflexion angehöre, das an und für sich seiende Objektive nichts angehe und ganz und gar nicht für dasselbe vorhanden sei. In der Tat, wenn das Negative nichts anderes als die Abstraktion einer subjektiven Willkür oder eine Bestimmung einer äußerlichen Vergleichung ausdrückt, so ist es freilich für das objektive Positive nicht vorhanden, d.h. dieses ist nicht an ihm selbst auf eine solche leere Abstraktion bezogen; aber dann ist ihm die Bestimmung, daß es ein Positives sei, gleichfalls nur äußerlich. – So gilt, um ein Beispiel von dem fixen Gegensatz dieser Reflexionsbestimmungen anzuführen, das *Licht* überhaupt für das nur Positive, die *Finsternis* aber für das nur Negative. Aber das Licht hat in seiner unendlichen Expansion und der Kraft seiner aufschließenden und belebenden Wirksamkeit wesentlich die Natur absoluter Negativität. Die Finsternis dagegen, als Unmannigfaltiges oder der sich nicht selbst in sich unterscheidende Schoß der Erzeugung, ist das einfache mit sich Identische, das Positive. Sie wird als das nur Negative in dem Sinne genommen, daß sie als bloße Abwesenheit des Lichtes für dasselbe ganz und gar nicht vorhanden sei, – so daß dieses, indem es sich auf sie bezieht, sich nicht auf ein Anderes, sondern rein auf sich selbst beziehen, also diese nur vor ihm verschwinden soll. Aber bekanntlich wird das Licht durch die Finsternis zum Grau getrübt; und außer dieser bloß quantitativen Veränderung erleidet es auch die qualitative, durch die Beziehung darauf zur Farbe bestimmt zu werden. – So ist z. B. auch die *Tugend* nicht ohne Kampf; sie ist vielmehr der höchste, vollendete Kampf; so ist sie nicht nur das Positive, sondern absolute Negativität; sie ist auch nicht nur in *Vergleichung* mit dem Laster Tugend, sondern ist an *ihr selbst* Entgegensetzung und Bekämpfung. Oder das *Laster* ist nicht nur *der Mangel* der Tugend – auch die Unschuld ist dieser Mangel – und nicht nur für eine äußere Reflexion von der Tugend unterschieden, sondern an sich selbst ihr entgegengesetzt, es ist *böse*. Das Böse besteht in dem Beruhen auf sich gegen das Gute; es ist die positive Negativität. Die Unschuld aber, als Mangel sowohl des Guten als des Bösen, ist gleichgültig gegen beide Bestimmungen, weder positiv noch negativ. Aber zugleich ist dieser Mangel auch als Bestimmtheit zu nehmen, und einerseits ist sie als die positive Natur von Etwas zu betrachten, als sie sich andererseits auf ein Entgegengesetztes bezieht, und alle Naturen aus ihrer Unschuld, aus ihrer gleichgültigen Identität mit sich, heraustreten, sich durch sich selbst auf ihr Anderes beziehen und dadurch zugrunde richten oder, im positiven Sinne, in ihren | Grund zurückgehen. – Auch die *Wahrheit* ist das Positive als das mit dem Objekt übereinstimmende Wissen, aber sie ist nur diese Gleichheit mit sich, insofern das Wissen sich negativ gegen das Andere verhalten, das Objekt durchdrungen und die Negation, die es ist, aufgehoben hat. Der Irrtum ist ein Positives als eine Meinung des nicht an und für sich Seienden, die sich weiß und behauptet. Die Unwissenheit aber ist entweder das gegen Wahrheit und Irrtum Gleichgültige, somit weder als positiv noch als negativ bestimmt, und die Bestimmung derselben als ein Mangel gehört der äußeren Reflexion an, oder aber als objektiv, als eigene Bestimmung einer Natur, ist sie der Trieb, der gegen sich gerichtet ist: ein Negatives, das eine positive Richtung in sich enthält. – Es ist eine der wichtigsten Erkenntnisse, diese Natur der betrachteten Reflexionsbestimmungen, daß ihre Wahrheit nur in ihrer Beziehung aufeinander und damit darin besteht, daß jede in ihrem Begriffe selbst die andere enthält, einzusehen und festzuhalten; ohne diese Erkenntnis läßt sich eigentlich kein Schritt in der Philosophie tun.

Anmerkung 2

Die Bestimmung der Entgegensetzung ist gleichfalls zu einem Satze gemacht worden, dem sogenannten Satze des ausgeschlossenen Dritten.

Etwas ist entweder A oder NichtA; es gibt kein Drittes.

Dieser Satz enthält zuerst, daß alles ein Entgegengesetztes ist, ein entweder als positiv oder als negativ Bestimmtes. – Ein wichtiger Satz, der darin seine Notwendigkeit hat, daß die Identität in Verschiedenheit und diese in Entgegensetzung übergeht. Allein er pflegt nicht in diesem Sinne verstanden zu werden, sondern soll gewöhnlich so viel heißen, daß einem Dinge von allen Prädikaten entweder dieses Prädikat selbst oder sein Nichtsein zukomme. Das Entgegengesetzte bedeutet hier bloß den Mangel oder vielmehr die Unbestimmtheit; und der Satz ist so unbedeutend, daß es nicht der Mühe [wert] ist, ihn zu sagen. Wenn die Bestimmungen süß, grün, viereckig genommen – und es sollen alle Prädikate genommen werden – und nun vom Geiste gesagt wird, er sei entweder süß oder nicht süß, grün oder nicht grün usf., so ist dies eine Trivialität, die zu nichts führt. Die Bestimmtheit, das Prädikat, wird auf etwas bezogen; das Etwas ist bestimmt, sagt der Satz aus; nun soll er wesentlich dies enthalten, daß die Bestimmtheit sich näher bestimme, zur Bestimmtheit *an sich*, zur Entgegensetzung werde. Statt dessen geht er aber in jenem trivialen Sinne von der Bestimmtheit nur über zu ihrem Nichtsein überhaupt, zurück zur Unbestimmtheit.

Der Satz des ausgeschlossenen Dritten unterscheidet sich ferner vom oben betrachteten Satze der Identität oder des Widerspruchs, der so hieß: Es gibt nicht | etwas, das *zugleich* A *und* NichtA ist. Er enthält, daß es nicht etwas *gebe*, welches *weder* A *noch* NichtA, daß es nicht ein Drittes gebe, das gegen den Gegensatz gleichgültig sei. In der Tat aber *gibt es* in diesem Satze selbst das Dritte, das gleichgültig gegen den Gegensatz ist, nämlich A selbst ist darin vorhanden. Dieses A ist weder +A noch −A und ebensowohl auch +A als −A. – Das Etwas, das entweder +A oder Nicht A sein sollte, ist hiermit auf +A sowohl als NichtA bezogen; und wieder, indem es auf A bezogen ist, solle es *nicht* auf NichtA bezogen sein, so wie *nicht* auf A, indem es auf NichtA bezogen ist. Das Etwas selbst ist also das Dritte, welches ausgeschlossen sein sollte. Indem die entgegengesetzten Bestimmungen im Etwas ebensosehr gesetzt als in diesem Setzen aufgehobene sind, so ist das Dritte, das hier die Gestalt eines toten Etwas hat, tiefer genommen, die Einheit der Reflexion, in welche als in den Grund die Entgegensetzung zurückgeht.

Anmerkung 3

Wenn nun die ersten Reflexionsbestimmungen, die Identität, die Verschiedenheit und die Entgegensetzung, in einem Satze aufgestellt worden, so sollte noch vielmehr diejenige, in welche sie als in ihre Wahrheit übergehen, nämlich der *Widerspruch*, in einen Satz gefaßt und gesagt werden: *Alle Dinge sind an sich selbst widersprechend*, und zwar in dem Sinne, daß dieser Satz gegen die übrigen vielmehr die Wahrheit und das Wesen der Dinge ausdrücke. – Der Widerspruch, der an der Entgegensetzung hervortritt, ist nur das entwickelte Nichts, das in der Identität enthalten ist und in dem Ausdruck vorkam, daß der Satz der Identität *Nichts* sage. Diese Negation bestimmt sich weiter zur Verschiedenheit und zur Entgegensetzung, welche nun der gesetzte Widerspruch ist.

Es ist aber eines der Grundvorurteile der bisherigen Logik und des gewöhnlichen Vorstellens, als ob der Widerspruch nicht eine so wesenhafte und immanente Bestimmung sei als die Identität; ja wenn von Rangordnung die Rede und beide Bestimmungen als getrennte festzuhalten wären, so wäre der Widerspruch für das Tiefere und Wesenhaftere zu nehmen. Denn die Identität ihm gegenüber ist nur die Bestimmung des einfachen Unmittelbaren, des toten Seins; er aber ist die Wurzel aller Bewegung und Lebendigkeit; nur insofern etwas in sich selbst einen Widerspruch hat, bewegt es sich, hat Trieb und Tätigkeit.

Der Widerspruch wird gewöhnlich fürs erste von den Dingen, von dem Seienden und Wahren überhaupt, entfernt; es wird behauptet, *daß es nichts Widersprechendes gebe*. Er wird fürs andere dagegen in die subjektive Reflexion | geschoben, die durch ihre Beziehung und Vergleichung ihn erst setze. Aber auch in dieser Reflexion sei er nicht eigentlich vorhanden, denn das *Widersprechende* könne nicht *vorgestellt* noch *gedacht* werden. Er gilt überhaupt, sei es am Wirklichen oder in der denkenden Reflexion, für eine Zufälligkeit, gleichsam für eine Abnormität und vorübergehenden Krankheitsparoxysmus.

Was nun die Behauptung betrifft, daß es den Widerspruch nicht *gebe*, daß er nicht ein Vorhandenes sei, so brauchen wir uns um eine solche Versicherung nicht zu bekümmern; eine absolute Bestimmung des Wesens muß sich in aller Erfahrung finden, in allem Wirklichen wie in jedem Begriff. Oben beim *Unendlichen*, das der Widerspruch ist, wie er in der Sphäre des Seins sich zeigt, ist das Gleiche bereits erinnert worden. Die gemeine Erfahrung aber spricht es selbst aus, daß es wenigstens *eine Menge* widersprechender Dinge, widersprechender Einrichtungen *usf. gebe*, deren Widerspruch nicht bloß in einer äußerlichen Reflexion, sondern in ihnen selbst vorhanden ist. Er ist aber ferner nicht bloß als eine Abnormität zu nehmen, die nur hier und da vorkäme, sondern ist das Negative in seiner wesenhaften Bestimmung, das Prinzip aller Selbstbewegung, die in nichts weiter besteht als in einer Darstellung desselben.

Die äußerliche sinnliche Bewegung selbst ist sein unmittelbares Dasein. Es bewegt sich etwas nur, nicht indem es in diesem Itzt hier ist und in einem anderen Itzt dort, sondern indem es in einem und demselben Itzt hier und nicht hier, indem es in diesem Hier zugleich ist und nicht ist. Man muß den alten Dialektikern die Widersprüche zugeben, die sie in der Bewegung aufzeigen, aber daraus folgt nicht, daß darum die Bewegung nicht ist, sondern vielmehr daß die Bewegung der *daseiende* Widerspruch selbst ist.

Ebenso ist die innere, die eigentliche Selbstbewegung, *der Trieb* überhaupt (Appetit oder Nisus der Monade, die Entelechie des absolut einfachen Wesens) nichts anderes, als daß Etwas *in sich selbst* und *der Mangel, das Negative seiner selbst*, in einer und derselben Rücksicht ist. Die abstrakte Identität mit sich ist noch keine Lebendigkeit, sondern daß das Positive an sich selbst die Negativität ist, dadurch geht es außer sich und setzt sich in Veränderung. Etwas ist also lebendig, nur insofern es den Widerspruch in sich enthält, und zwar diese Kraft ist, den Widerspruch in sich zu fassen und auszuhalten. Wenn aber ein Existierendes nicht in seiner positiven Bestimmung zugleich über seine negative überzugreifen und eine in der anderen festzuhalten, den Widerspruch nicht in ihm selbst zu haben vermag, so ist es nicht die lebendige Einheit selbst, nicht Grund, sondern geht in dem Widerspruche zugrunde. – Das *spekulative Denken* besteht nur darin, daß das Denken den Widerspruch und in ihm sich selbst festhält, nicht aber, daß es sich, wie es dem Vorstellen geht, von ihm beherrschen und durch ihn sich seine Bestimmungen nur in andere oder in nichts auflösen läßt. |

Wenn in der Bewegung, dem Triebe und dergleichen der Widerspruch in die *Einfachheit* dieser Bestimmungen für das Vorstellen verhüllt ist, so stellt sich hingegen in den *Verhältnisbestimmungen* der Widerspruch unmittelbar dar. Die trivialsten Beispiele, von oben und unten, rechts und links, Vater und Sohn und so fort ins Unendliche, enthalten alle den Gegensatz in einem. Oben ist, was *nicht* unten ist; oben *ist* bestimmt nur dies, nicht unten zu sein, und *ist* nur, *insofern* ein unten ist und umgekehrt; in der einen Bestimmung liegt ihr Gegenteil. Vater ist das Andere des Sohnes, und Sohn das Andere des Vaters, und jedes ist nur als dieses Andere des Anderen; und zugleich ist die eine Bestimmung nur in Beziehung auf die andere; ihr Sein ist ein Bestehen. Der Vater ist außer der Beziehung auf Sohn auch etwas für sich, aber so ist er nicht Vater, sondern ein Mann überhaupt; wie oben und unten, rechts und links auch in sich reflektierte, außer der Beziehung etwas sind, aber nur Orte überhaupt. – Die Entgegengesetzten enthalten insofern den Widerspruch, als sie in derselben Rücksicht sich negativ aufeinander beziehende oder sich gegenseitig aufhebende und gegeneinander gleichgültige sind. Die Vorstellung, indem sie zum Momente der Gleichgültigkeit der Bestimmungen übergeht, vergißt darin ihre negative Einheit und behält sie somit nur als Verschiedene überhaupt, in welcher Bestimmung rechts nicht mehr rechts, links nicht mehr links usf. ist. Indem sie aber rechts und links in der Tat vor sich hat, so hat sie diese Bestimmungen vor sich als sich negierend, die eine in der anderen, und in dieser Einheit zugleich sich nicht negierend, sondern jede gleichgültig für sich seiend.

Das Vorstellen hat daher wohl allenthalben den Widerspruch zu seinem Inhalt, kommt aber nicht zum Bewußtsein desselben; es bleibt äußerliche Reflexion, die von der Gleichheit zur Ungleichheit oder von der negativen Beziehung zum Reflektiertsein der Unterschiedenen in sich übergeht. Sie hält diese beiden Bestimmungen einander äußerlich gegenüber und hat nur sie, nicht aber das Übergehen, welches das Wesentliche ist und den Widerspruch enthält, im Sinne. – Die geistreiche Reflexion, um diese hier zu erwähnen, besteht dagegen im Auffassen und Aussprechen des Widerspruchs. Ob sie zwar den Begriff der Dinge und ihrer Verhältnisse nicht ausdrückt und nur Vorstellungsbestimmungen zu ihrem Material und Inhalt hat, so bringt sie dieselben in eine Beziehung, die ihren Widerspruch enthält und durch diesen hindurch ihren Begriff scheinen läßt. – Die denkende Vernunft aber spitzt sozusagen den abgestumpften Unterschied des Verschiedenen, die bloße Mannigfaltigkeit der Vorstellung, zum wesentlichen Unterschied, zum Gegensatz zu. Die Mannigfaltigen werden erst, auf die Spitze des Widerspruchs getrieben, regsam und lebendig gegeneinander und erhalten in ihm die Negativität, welche die inwohnende Pulsation der Selbstbewegung und Lebendigkeit ist. |

Es ist schon über den ontologischen Beweis vom Dasein Gottes erinnert worden, daß die darin zugrunde gelegte Bestimmung der Inbegriff aller Realitäten ist. Von dieser Bestimmung pflegt zuerst gezeigt zu werden, daß sie möglich sei, weil sie keinen Widerspruch enthalte, indem die Realität nur als Realität ohne Schranken genommen werde. Es wurde erinnert, daß damit jener Inbegriff zum einfachen unbestimmten Sein oder, wenn die Realitäten in der Tat als mehrere Bestimmte genommen werden, zum Inbegriff aller Negationen wird. Näher den Unterschied der Realität genommen, so wird er aus der Verschiedenheit zum Gegensatz und damit zum Widerspruch und der Inbegriff aller Realitäten überhaupt zum absoluten Widerspruch in sich selbst. Der gewöhnliche **horror,** den das vorstellende, nicht spekulative Denken, wie die Natur vor dem **vacuum,** vor dem Widerspruch hat, verwirft diese Konsequenz; denn es bleibt bei der einseitigen Betrachtung der Auflösung des Widerspruchs in nichts stehen und erkennt die positive Seite desselben nicht, nach welcher er absolute Tätigkeit und absoluter Grund wird.

Es ist überhaupt aus der Betrachtung der Natur des Widerspruchs hervorgegangen, daß es für sich noch sozusagen kein Schaden, Mangel oder Fehler einer Sache ist, wenn an ihr ein Widerspruch aufgezeigt werden kann. Vielmehr, jede Bestimmung, jedes Konkrete, jeder Begriff ist wesentlich eine Einheit unterschiedener und unterscheidbarer Momente, die durch den bestimmten, wesentlichen Unterschied in widersprechende übergehen. Dieses Widersprechende löst sich allerdings in nichts auf, es geht in seine negative Einheit zurück. Das Ding, das Subjekt, der Begriff ist nun eben diese negative Einheit selbst; es ist ein an sich selbst Widersprechendes, aber ebensosehr der aufgelöste Widerspruch; es ist der Grund, der seine Bestimmungen enthält und trägt. Das Ding, das Subjekt oder der Begriff ist als in seiner Sphäre in sich reflektiert sein aufgelöster Widerspruch, aber seine ganze Sphäre ist auch wieder eine bestimmte, verschiedene; so ist sie eine endliche, und dies heißt eine widersprechende. Von diesem höheren Widerspruch ist nicht sie selbst die Auflösung, sondern hat eine höhere Sphäre zu ihrer negativen Einheit, zu ihrem Grunde. Die endlichen Dinge in ihrer gleichgültigen Mannigfaltigkeit sind daher überhaupt dies, widersprechend an sich selbst, *in sich gebrochen zu sein und in ihren Grund zurückzugehen.* – Wie weiterhin betrachtet wer- * den wird, so besteht der wahre Schluß von einem Endlichen und Zufälligen auf ein absolut-notwendiges Wesen nicht darin, daß von dem Endlichen und Zufälligen als dem *zum Grunde liegenden* und *liegen bleibenden Sein,* sondern daß, was auch unmittelbar in der *Zufälligkeit* liegt, von einem nur fallenden, *sich an sich selbst widersprechenden Sein* aus auf ein Absolut-Notwendiges geschlossen oder daß vielmehr aufgezeigt wird, das zufällige Sein gehe an sich selbst in seinen Grund | zurück, worin es sich aufhebt, – ferner daß es durch dieses Zurückgehen den Grund nur so setze, daß es sich selbst vielmehr zum Gesetzten macht. Im gewöhnlichen Schließen erscheint das *Sein* des Endlichen als Grund des Absoluten; darum weil Endliches *ist,* ist das Absolute. Die Wahrheit aber ist, daß darum, weil das Endliche der an sich selbst widersprechende Gegensatz, weil es *nicht ist,* das Absolute ist. In jenem Sinne lautet der Satz des Schlusses so: Das *Sein* des Endlichen ist das *Sein* des Absoluten; in diesem Sinne aber so: Das *Nichtsein* des Endlichen ist das *Sein* des Absoluten. |

Drittes Kapitel.
Der Grund

Das Wesen bestimmt sich selbst als Grund.

Wie das *Nichts* zuerst mit dem *Sein* in einfacher unmittelbarer Einheit, so ist auch hier zuerst die einfache Identität des Wesens mit seiner absoluten Negativität in unmittelbarer Einheit. Das Wesen ist nur diese seine Negativität, welche die reine Reflexion ist. Es ist diese reine Negativität als die Rückkehr des Seins in sich; so ist es *an sich* oder für uns *bestimmt* als der Grund, in dem sich das Sein auflöst. Aber diese Bestimmtheit ist nicht *durch es selbst* gesetzt; oder es ist nicht Grund, eben insofern es diese seine Bestimmtheit nicht selbst gesetzt hat. Seine Reflexion aber besteht darin, sich als das, was es an sich ist, als Negatives zu setzen und sich zu bestimmen. Das Positive und Negative machen die wesenhafte Bestimmung aus, in die es als in seine Negation verloren ist. Diese selbständigen Reflexions-Bestimmungen heben sich auf, und die zugrunde gegangene Bestimmung ist die wahrhafte Bestimmung des Wesens.

Der Grund ist daher selbst eine der Reflexionsbestimmungen des Wesens, aber die letzte, vielmehr nur die Bestimmung, daß sie aufgehobene Bestimmung ist. Die Reflexionsbestimmung, indem sie zugrunde geht, erhält ihre wahrhafte Bedeutung, der absolute Gegenstoß ihrer in sich selbst zu sein, nämlich daß das Gesetztsein, das dem Wesen zukommt, nur als aufgehobenes Gesetztsein ist, und umgekehrt, daß nur das sich aufhebende Gesetztsein das Gesetztsein des Wesens ist. Das Wesen, indem es sich als Grund bestimmt, bestimmt sich als das Nichtbestimmte, und nur das Aufheben seines Bestimmtseins ist sein Bestimmen. – In diesem Bestimmtsein als dem sich selbst aufhebenden, ist es nicht aus anderem herkommendes, sondern in seiner Negativität mit sich identisches Wesen.

Insofern von der Bestimmung aus als dem Ersten, Unmittelbaren zum Grunde fortgegangen wird (durch die Natur der Bestimmung selbst, die durch sich zugrunde geht), so ist der Grund zunächst ein durch jenes Erste Bestimmtes. Allein dieses Bestimmen ist einesteils als Aufheben des Bestimmens die nur wiederhergestellte, gereinigte oder geoffenbarte Identität des Wesens, welche die Reflexions|bestimmung an sich ist; – anderenteils ist diese negierende Bewegung als Bestimmen erst das Setzen jener Reflexionsbestimmtheit, welche als die unmittelbare erschien, die aber nur von der sich selbst ausschließenden Reflexion des Grundes gesetzt und hierin als nur Gesetztes oder Aufgehobenes gesetzt ist. – So kommt das Wesen, indem es sich als Grund bestimmt, nur aus sich her. Als Grund also setzt es sich als Wesen, und daß es sich als Wesen setzt, darin besteht sein Bestimmen. Dieses Setzen ist die Reflexion des Wesens, die in ihrem Bestimmen sich selbst aufhebt, nach jener Seite Setzen, nach dieser das Setzen des Wesens, somit beides in einem Tun ist.

Die Reflexion ist die *reine Vermittlung* überhaupt, der Grund ist die *reale Vermittlung* des Wesens mit sich. Jene, die Bewegung des Nichts durch Nichts zu sich selbst zurück, ist das Scheinen *seiner* in einem *Anderen*; aber weil der Gegensatz in dieser Reflexion noch keine Selbständigkeit hat, so ist weder jenes erste, das Scheinende, ein Positives noch das *Andere*, in dem es scheint, ein Negatives. Beide sind Substrate, eigentlich nur der Einbildungskraft; sie sind noch nicht sich auf sich selbst Beziehende. Die reine Vermittlung ist nur *reine Beziehung*, ohne Bezogene. Die bestimmende Reflexion setzt zwar solche, die identisch mit sich, aber zugleich nur *bestimmte Beziehungen* sind. Der Grund dagegen ist die reale Vermittlung, weil er die Reflexion als aufgehobene Reflexion enthält; er ist das *durch sein Nichtsein in sich zurückkehrende und sich setzende* Wesen. Nach diesem Moment der aufgehobenen Reflexion erhält das Gesetzte die Bestimmung der *Unmittelbarkeit*, eines solchen, das außer der Beziehung oder seinem Scheine identisch mit sich ist. Dieses Unmittelbare ist das durch das Wesen wiederhergestellte *Sein*: das Nichtsein der Reflexion, durch das das Wesen sich vermittelt. In sich kehrt das Wesen zurück als negierendes; es gibt sich also in seiner Rückkehr in sich die Bestimmtheit, die eben darum das mit sich identische Negative, das aufgehobene Gesetztsein und somit ebensosehr *seiendes* als die Identität des Wesens mit sich als Grund ist.

Der Grund ist zuerst *absoluter Grund*, in dem das Wesen zunächst als *Grundlage* überhaupt für die Grundbeziehung ist; näher bestimmt er sich aber als *Form* und *Materie* und gibt sich einen *Inhalt*.

Zweitens ist er *bestimmter Grund* als Grund von einem bestimmten Inhalt; indem die Grundbeziehung sich in ihrer Realisierung überhaupt äußerlich wird, geht sie in die *bedingende* Vermittlung über.

Drittens, der Grund setzt eine Bedingung voraus; aber die Bedingung setzt ebensosehr den Grund voraus; das Unbedingte ist ihre Einheit, die *Sache an sich*, die durch die Vermittlung der bedingenden Beziehung in die Existenz übergeht. |

Anmerkung

Der Grund ist wie die anderen Reflexionsbestimmungen in einem Satze ausgedrückt worden: *Alles hat seinen zureichenden Grund.* – Dies heißt im allgemeinen nichts anderes als: Was *ist*, ist nicht als *seiendes Unmittelbares*, sondern als *Gesetztes* zu betrachten; es ist nicht bei dem unmittelbaren Dasein oder bei der Bestimmtheit überhaupt stehenzubleiben, sondern davon zurückzugehen in seinen Grund, in welcher Reflexion es als Aufgehobenes und in seinem An- und Fürsichsein ist. In dem Satze des Grundes wird also die Wesentlichkeit der Reflexion in sich gegen das bloße Sein ausgesprochen. – Daß der Grund *zureichend* sei, ist eigentlich sehr überflüssig hinzuzusetzen, denn es versteht sich von selbst; das, für was der Grund nicht zureicht, hätte keinen Grund, aber alles soll einen Grund haben. Allein *Leibniz*, dem das Prinzip des zureichenden Grundes vornehmlich am Herzen lag und * der es sogar zum Grundsatz seiner ganzen Philosophie machte, verband damit einen tieferen Sinn und wichtigeren Begriff, als gewöhnlich damit verbunden wird, indem man nur bei dem unmittelbaren Ausdruck stehenbleibt; obgleich der Satz auch nur in diesem Sinne schon für wichtig anzusehen ist, daß nämlich das Sein als solches in seiner Unmittelbarkeit für das Unwahre und wesentlich für ein Gesetztes, der Grund aber für das wahrhafte Unmittelbare erklärt wird. Leibniz aber stellte das *Zureichende* des Grundes vornehmlich der Kausalität in ihrem strengen Sinne als der mechanischen Wirkungsweise entgegen. Indem diese eine äußerlich ihrem Inhalt nach auf Eine Bestimmtheit beschränkte Tätigkeit überhaupt ist, so treten die durch sie gesetzten Bestimmungen *äußerlich* und *zufällig* in eine *Verbindung*; die Teilbestimmungen werden durch ihre Ursachen begriffen; aber die *Beziehung* derselben, welche das Wesentliche einer Existenz ausmacht, ist nicht in den Ursachen des Mechanismus enthalten. Diese Beziehung, das Ganze als wesentliche Einheit, liegt nur im *Begriff*, im *Zweck*. Für diese Einheit sind die mechanischen Ursachen nicht zureichend, weil ihnen nicht der Zweck als die Einheit der Bestimmungen zugrunde liegt. Unter dem zureichenden Grunde hat Leibniz daher einen solchen verstanden, der auch für diese Einheit zureichte, daher nicht die bloßen Ursachen, sondern die Endursachen in sich begriffe. Diese Bestimmung des Grundes gehört aber noch nicht hierher; der teleologische Grund ist ein Eigentum des Begriffs und der Vermittlung durch denselben, welche die Vernunft ist. |

A. Der absolute Grund

a. Form und Wesen

Die Reflexionsbestimmung, insofern sie in den Grund zurückgeht, ist ein erstes, ein unmittelbares Dasein überhaupt, von dem angefangen wird. Aber das Dasein hat nur noch die Bedeutung des Gesetztseins und setzt wesentlich einen Grund voraus in dem Sinne, daß es ihn vielmehr nicht setzt, daß dieses Setzen ein Aufheben seiner selbst, das Unmittelbare vielmehr das Gesetzte und der Grund das Nichtgesetzte ist. Wie es sich ergeben hat, ist dieses Voraussetzen, das auf das Setzende rückschlagende Setzen; der Grund ist als das aufgehobene Bestimmtsein nicht das Unbestimmte, sondern das durch sich selbst bestimmte Wesen, aber als unbestimmt oder als aufgehobenes Gesetztsein Bestimmtes. Er ist das Wesen, das in seiner Negativität mit sich identisch ist. *

Die Bestimmtheit des Wesens als Grund wird hiermit die gedoppelte, des Grundes und des Begründeten. Sie ist erstens das Wesen als Grund, bestimmt, das Wesen zu sein gegen das Gesetztsein als Nichtgesetztsein. Zweitens ist sie das Begründete, das Unmittelbare, das aber nicht an und für sich ist, das Gesetztsein als Gesetztsein. Dieses ist somit gleichfalls mit sich identisch, aber die Identität des Negativen mit sich. Das mit sich identische Negative und das mit sich identische Positive ist nun eine und dieselbe Identität. Denn der Grund ist Identität des Positiven oder selbst auch des Gesetztseins mit sich; das Begründete ist das Gesetztsein als Gesetztsein, diese seine Reflexion in sich aber ist die Identität des Grundes. – Diese einfache Identität ist also nicht selbst der Grund, denn der Grund ist das Wesen gesetzt, als das Nichtgesetzte gegen das Gesetztsein. Sie ist, als die Einheit dieser bestimmten Identität (des Grundes) und der negativen Identität (des Begründeten), das Wesen überhaupt, unterschieden von seiner Vermittlung.

Diese Vermittlung, mit den vorhergehenden Reflexionen verglichen, aus denen sie herkommt, ist erstlich nicht die reine Reflexion, als welche nicht vom Wesen unterschieden ist und das Negative, damit auch die Selbständigkeit der Bestimmungen noch nicht an ihr hat. Im Grunde als der aufgehobenen Reflexion aber haben diese Bestimmungen ein Bestehen. – Auch ist sie nicht die bestimmende Reflexion, deren Bestimmungen wesentliche Selbständigkeit haben; denn diese | ist im Grunde zugrunde gegangen, in dessen Einheit sind sie nur gesetzte. – Diese Vermittlung des Grundes ist daher die Einheit der reinen und der bestimmenden Reflexion; ihre Bestimmungen oder das Gesetzte hat Bestehen, und umgekehrt, das Bestehen derselben ist ein Gesetztes. Weil dieses ihr Bestehen selbst ein Gesetztes ist oder Bestimmtheit hat, so sind sie somit von ihrer einfachen Identität unterschieden und machen die Form aus gegen das Wesen.

Das Wesen hat eine Form und Bestimmungen derselben. Erst als Grund hat es eine feste Unmittelbarkeit oder ist Substrat. Das Wesen als solches ist eines mit seiner Reflexion und ununterschieden ihre Bewegung selbst. Es ist daher nicht das Wesen, welches sie durchläuft; auch ist es nicht dasjenige, von dem sie als von einem Ersten anfängt. Dieser Umstand erschwert die Darstellung der Reflexion überhaupt; denn man kann eigentlich nicht sagen, das Wesen geht in sich selbst zurück, das Wesen scheint in sich, weil es nicht vor oder in seiner Bewegung ist und diese keine Grundlage hat, an der sie sich verläuft. Ein Bezogenes tritt erst im Grund nach dem Moment der aufgehobenen Reflexion hervor. Das Wesen als das bezogene Substrat aber ist das bestimmte Wesen; um dieses Gesetztseins willen hat es wesentlich die Form an ihm. – Die Formbestimmungen dagegen sind nun die Bestimmungen als an dem Wesen; es liegt ihnen zugrunde als das Unbestimmte, das in seiner Bestimmung gleichgültig gegen sie ist; sie haben an ihm ihre Reflexion in sich. Die Reflexionsbestimmungen sollten ihr Bestehen an ihnen selbst haben und selbständig sein; aber ihre Selbständigkeit ist ihre Auflösung; so haben sie dieselbe an einem Anderen; aber diese Auflösung ist selbst diese Identität mit sich oder der Grund des Bestehens, den sie sich geben.

Der Form gehört überhaupt alles *Bestimmte* an; es ist Formbestimmung, insofern es ein Gesetztes, hiermit von einem *solchen, dessen* Form es ist, Unterschiedenes ist; die Bestimmtheit als *Qualität* ist eins mit ihrem Substrat, dem Sein; das Sein ist das unmittelbar Bestimmte, das von seiner Bestimmtheit noch nicht unterschieden – oder das in ihr noch nicht in sich reflektiert, so wie diese daher eine seiende, noch nicht eine gesetzte ist. – Die Formbestimmungen des Wesens sind ferner als die Reflexionsbestimmtheiten, ihrer näheren Bestimmtheit nach, die oben betrachteten Momente der Reflexion: die *Identität* und der *Unterschied*, dieser teils als Verschiedenheit, teils als *Gegensatz*. Ferner aber gehört auch die *Grundbeziehung* dazu, insofern sie zwar die aufgehobene Reflexionsbestimmung, aber dadurch das Wesen zugleich als Gesetztes ist. Dagegen gehört zur Form nicht die Identität, welche der Grund in sich hat, nämlich daß das Gesetztsein als aufgehobenes und das Gesetztsein als solches – der Grund und das Begründete – Eine Reflexion ist, welche das *Wesen* als *einfache Grundlage* ausmacht, die das *Bestehen* der Form ist. Allein dieses Bestehen ist im Grunde *gesetzt*; oder dieses Wesen ist selbst wesentlich als bestimmtes; somit | ist es auch wieder das Moment der Grundbeziehung und Form. – Dies ist die absolute Wechselbeziehung der Form und des Wesens, daß dieses einfache Einheit des Grundes und des Begründeten, darin aber eben selbst bestimmt oder Negatives ist und sich als Grundlage von der Form unterscheidet, aber so zugleich selbst Grund und Moment der Form wird.

Die Form ist daher das vollendete Ganze der Reflexion; sie enthält auch diese Bestimmung derselben, aufgehobene zu sein; daher ist sie ebensosehr als sie eine Einheit ihres Bestimmens ist, auch *bezogen* auf ihr Aufgehobensein, *auf ein Anderes*, das nicht selbst Form, sondern *an dem* sie sei. Als die *wesentliche*, sich auf sich selbst beziehende Negativität gegen dieses einfache Negative ist sie das *Setzende* und *Bestimmende*; das einfache Wesen hingegen ist die unbestimmte und untätige Grundlage, an welcher die Formbestimmungen das Bestehen oder die Reflexion in sich haben. – Bei dieser Unterscheidung des Wesens und der Form pflegt die äußere Reflexion stehenzubleiben; sie ist notwendig, aber dieses Unterscheiden selbst ist ihre Einheit, so wie diese Grundeinheit das sich von sich abstoßende und zum Gesetztsein machende Wesen ist. Die Form ist die absolute Negativität selbst oder die negative absolute Identität mit sich, wodurch eben das Wesen nicht Sein, sondern Wesen ist. Diese Identität, abstrakt genommen, ist das Wesen gegen die Form, so wie die Negativität, abstrakt genommen als das Gesetztsein, die einzelne Formbestimmung ist. Die Bestimmung aber, wie sie sich gezeigt hat, ist in ihrer Wahrheit die totale, sich auf sich beziehende Negativität, die somit als diese Identität das einfache Wesen an ihr selbst ist. Die Form hat daher an ihrer eigenen Identität das Wesen wie das Wesen an seiner negativen Natur die absolute Form. Es kann also nicht gefragt werden, wie die Form zum Wesen hinzukomme, denn sie ist nur das Scheinen desselben in sich selbst, die eigene ihm inwohnende Reflexion. Die Form ebenso an ihr selbst ist die in sich zurückkehrende Reflexion oder das identische Wesen; in ihrem Bestimmen macht sie die Bestimmung zum Gesetztsein als Gesetztsein. – Sie bestimmt also nicht das Wesen, als ob sie wahrhaft vorausgesetzt, getrennt vom Wesen sei, denn so ist sie die unwesentliche, rastlos zugrunde gehende Reflexionsbestimmung; hiermit ist sie so selbst vielmehr der Grund ihres Aufhebens oder die identische Beziehung ihrer Bestimmungen. Die Form bestimmt das Wesen, heißt also, die Form in ihrem Unterscheiden hebt dieses Unterscheiden selbst auf und ist die Identität mit sich, welche das Wesen als das Bestehen der Bestimmung ist; sie ist der Widerspruch, in ihrem Gesetztsein aufgehoben zu sein und an diesem Aufgehobensein das Bestehen zu haben: somit der Grund als das im Bestimmt- oder Negiertsein mit sich identische Wesen. |

Diese Unterschiede der Form und des Wesens sind daher nur Momente der einfachen Formbeziehung selbst. Aber sie sind näher zu betrachten und festzuhalten. Die bestimmende Form bezieht sich auf sich als aufgehobenes Gesetztsein, sie bezieht sich damit auf ihre Identität als auf ein Anderes. Sie setzt sich als aufgehoben; sie setzt damit ihre Identität voraus; das Wesen ist nach diesem Moment das Unbestimmte, dem die Form ein Anderes ist. So ist es nicht das Wesen, das die absolute Reflexion an ihm selbst ist, sondern bestimmt als die formlose Identität; es ist die Materie.

b. Form und Materie

[1.] Das Wesen wird zur Materie, indem seine Reflexion sich bestimmt, zu demselben als zu dem formlosen Unbestimmten sich zu verhalten. Die Materie ist also die einfache unterschiedslose Identität, welche das Wesen ist, mit der Bestimmung, das Andere der Form zu sein. Sie ist daher die eigentliche Grundlage oder Substrat der Form, weil sie die Reflexion in sich der Formbestimmungen oder das Selbständige ausmacht, auf das sie sich als auf ihr positives Bestehen beziehen.

Wenn von allen Bestimmungen, aller Form eines Etwas abstrahiert wird, so bleibt die unbestimmte Materie übrig. Die Materie ist ein schlechthin Abstraktes. (– Man kann die Materie nicht sehen, fühlen usf. – was man sieht, fühlt ist eine bestimmte Materie, d.h. eine Einheit der Materie und der Form.) Diese Abstraktion, aus der die Materie hervorgeht, ist aber nicht nur ein äußerliches Wegnehmen und Aufheben der Form, sondern die Form reduziert sich durch sich selbst, wie sich ergeben hat, zu dieser einfachen Identität.

Ferner setzt die Form eine Materie voraus, auf welche sie sich bezieht. Aber darum finden sich beide nicht äußerlich und zufällig einander gegenüber; weder die Materie noch die Form ist aus sich selbst oder, in anderer Sprache, ewig. Die Materie ist das gegen die Form Gleichgültige, aber diese Gleichgültigkeit ist die Bestimmtheit der Identität mit sich, in welche als in ihre Grundlage die Form zurückgeht. Die Form setzt die Materie voraus, eben darin, daß sie sich als Aufgehobenes setzt, somit sich auf diese ihre Identität als auf ein Anderes bezieht. Umgekehrt ist die Form von der Materie vorausgesetzt; denn diese ist nicht das einfache Wesen, das unmittelbar selbst die absolute Reflexion ist, sondern dasselbe bestimmt als das Positive, nämlich das nur ist als aufgehobene Negation. – Aber von der anderen Seite, weil die Form sich nur als Materie setzt, inso|fern sie sich selbst aufhebt, somit dieselbe *voraussetzt*, ist die Materie auch bestimmt als *grundloses* Bestehen. Ebenso ist die Materie nicht bestimmt als der Grund der Form; sondern, indem die Materie sich setzt als die abstrakte Identität der aufgehobenen Formbestimmung, ist sie nicht die Identität als Grund, und die Form insofern gegen sie grundlos. Form und Materie sind somit bestimmt, die eine wie die andere, nicht gesetzt durch einander, nicht Grund voneinander zu sein. Die Materie ist vielmehr die Identität des Grundes und des Begründeten als Grundlage, welche dieser Formbeziehung gegenübersteht. Diese ihr gemeinschaftliche Bestimmung der Gleichgültigkeit ist die Bestimmung der Materie als solcher und macht auch die Beziehung beider aufeinander aus. Ebenso die Bestimmung der Form, die Beziehung als Unterschiedener zu sein, ist auch das andere Moment des Verhaltens beider zueinander. – Die Materie, das als gleichgültig Bestimmte, ist das *Passive* gegen die Form als *Tätiges*. Diese ist als das sich auf sich beziehende Negative der Widerspruch in sich selbst, das sich Auflösende, sich von sich Abstoßende und Bestimmende. Sie bezieht sich auf die Materie, und sie ist *gesetzt*, sich auf dieses ihr Bestehen als auf ein Anderes zu beziehen. Die Materie hingegen ist gesetzt, sich nur auf sich selbst zu beziehen und gleichgültig gegen Anderes zu sein; aber sie bezieht sich *an sich* auf die Form; denn sie enthält die aufgehobene Negativität und ist nur Materie durch diese Bestimmung. Sie bezieht sich auf sie nur darum als auf ein *Anderes*, weil die Form nicht an ihr gesetzt, weil sie dieselbe nur *an sich* ist. Sie enthält die Form in sich verschlossen und ist die absolute Empfänglichkeit für sie nur darum, weil sie dieselbe absolut in ihr hat, weil dies ihre an sich seiende Bestimmung ist. Die *Materie* muß *daher formiert* werden, und die *Form* muß sich *materialisieren*, sich an der Materie die Identität mit sich oder das Bestehen geben.

2. Die Form bestimmt daher die Materie, und die Materie wird von der Form bestimmt. – Weil die Form selbst die absolute Identität mit sich ist, also die Materie in sich enthält, ebenso weil die Materie in ihrer reinen Abstraktion oder ab-

soluten Negativität die Form in ihr selbst hat, so ist die Tätigkeit der Form auf die Materie und das Bestimmtwerden dieser durch jene vielmehr nur *das Aufheben des Scheines* ihrer *Gleichgültigkeit* und Unterschiedenheit. Diese Beziehung des Bestimmens ist so die Vermittlung jeder der beiden mit sich durch ihr eigenes Nichtsein, – aber diese beiden Vermittlungen sind Eine Bewegung und die Wiederherstellung ihrer ursprünglichen Identität – die Erinnerung ihrer Entäußerung.

Zuerst setzen Form und Materie sich gegenseitig *voraus*. Wie sich ergeben hat, heißt dies soviel: die *eine* wesentliche Einheit ist negative Beziehung auf sich selbst, so entzweit sie sich in die wesentliche Identität, bestimmt als die gleichgültige Grundlage, und in den wesentlichen Unterschied oder Negativität als die | bestimmende Form. Jene Einheit des Wesens und der Form, die sich als Form und Materie gegenübersetzen, ist *der absolute Grund*, der sich *bestimmt*. Indem sie sich zu einem Verschiedenen macht, wird die Beziehung um der zugrunde liegenden Identität der Verschiedenen willen zur gegenseitigen Voraussetzung.

Zweitens, die Form als selbständig ist ohnehin der sich selbst aufhebende Widerspruch; aber sie ist auch als solcher gesetzt, denn sie ist zugleich selbständig und zugleich wesentlich auf ein Anderes bezogen; – sie hebt sich somit auf. Da sie selbst zweiseitig ist, so hat auch dieses Aufheben die gedoppelte Seite: *erstlich*, sie hebt *ihre Selbständigkeit* auf, sie macht sich zu einem *Gesetzten*, zu einem das an einem Anderen ist, und dieses ihr Anderes ist die Materie. *Zweitens*, sie hebt ihre Bestimmtheit gegen die Materie, ihre Beziehung auf dieselbe, somit ihr *Gesetztsein* auf und gibt sich dadurch *Bestehen*. Indem sie ihr Gesetztsein aufhebt, so ist diese ihre Reflexion die eigene Identität, in welche sie übergeht; indem sie aber diese Identität zugleich entäußert und als Materie sich gegenübersetzt, so ist jene Reflexion des Gesetztseins in sich als Vereinigung mit einer Materie, an der sie Bestehen erhält; sie geht also in dieser Vereinigung ebensosehr mit der Materie *als einem Anderen* – nach der ersten Seite, daß sie sich zu einem Gesetzten macht – als auch darin *mit ihrer eigenen Identität* zusammen.

Die Tätigkeit der Form also, wodurch die Materie bestimmt wird, besteht in einem negativen Verhalten der Form gegen sich selbst. Aber umgekehrt verhält sie sich damit auch negativ gegen die Materie; allein dieses Bestimmtwerden der Materie ist ebensosehr die eigene Bewegung der Form selbst. Diese ist frei von der Materie, aber sie hebt diese ihre Selbständigkeit auf; aber ihre Selbständigkeit ist die Materie selbst, denn an dieser hat sie ihre wesentliche Identität. Indem sie sich also zum Gesetzten macht, so ist dies ein und dasselbe, daß sie die Materie zu einem Bestimmten macht. – Aber von der anderen Seite betrachtet, ist die eigene Identität der Form zugleich sich entäußert, und die Materie ihr Anderes; insofern wird die Materie auch nicht bestimmt dadurch, daß die Form ihre eigene Selbständigkeit aufhebt. Allein die Materie ist nur selbständig der Form gegenüber; indem das Negative sich aufhebt, hebt sich auch das Positive auf. Indem die Form also sich aufhebt, so fällt auch die Bestimmtheit der Materie weg, welche sie gegen die Form hat, nämlich das unbestimmte Bestehen zu sein.

Dies, was als *Tätigkeit der Form* erscheint, ist ferner ebensosehr *die eigene Bewegung der Materie* selbst. Die *ansich*seiende Bestimmung oder das Sollen der Materie ist ihre absolute Negativität. Durch diese bezieht sich die Materie schlechthin nicht nur auf die Form als auf ein Anderes, sondern dieses Äußere ist die Form, welche sie selbst als verschlossen in sich enthält. Die Materie | ist derselbe Widerspruch an sich, welchen die Form enthält, und dieser Widerspruch ist wie seine Auflösung nur einer. Die Materie ist aber in sich selbst widersprechend, weil sie als die unbestimmte Identität mit sich zugleich die absolute Negativität ist; sie hebt sich daher an ihr selbst auf, und ihre Identität zerfällt in ihrer Negativität, und diese erhält an jener ihr Bestehen. Indem also die Materie von der Form als von einem Äußeren bestimmt wird, so erreicht damit sie ihre Bestimmung, und die Äußerlichkeit des Verhaltens sowohl für die Form als für die Materie besteht darin, daß jede oder vielmehr ihre ursprüngliche Einheit in ihrem Setzen zugleich *voraussetzend* ist, wodurch die Beziehung auf sich zugleich Beziehung auf sich als Aufgehobenes oder Beziehung auf sein Anderes ist.

Drittens, durch diese Bewegung der Form und Materie ist ihre ursprüngliche Einheit einerseits hergestellt, andererseits nunmehr eine *gesetzte*. Die Materie bestimmt ebensowohl sich selbst, daß dieses Bestimmen ein für sie äußerliches Tun der Form ist; umgekehrt, die Form bestimmt ebensosehr nur sich oder hat die Materie, die von ihr bestimmt wird, an ihr selbst, als sie in ihrem Bestimmen sich gegen ein Anderes verhält; und beides, das Tun der Form und die Bewegung der Materie ist dasselbe, nur daß jenes ein Tun ist, d.h. die Negativität als gesetzte, dies aber Bewegung oder Werden, die Negativität als *ansichseiende* Bestimmung. Das Resultat ist daher die Einheit des Ansichseins und des Gesetztseins. Die Materie ist als solche bestimmt oder hat notwendig eine Form, und die Form ist schlechthin materielle, bestehende Form.

Die Form, insofern sie eine Materie als das ihr Andere voraussetzt, ist *endlich*. Sie ist nicht Grund, sondern nur das Tätige. Ebenso ist die Materie, insofern sie die Form als ihr Nichtsein voraussetzt, die *endliche* Materie, sie ist ebensowenig Grund ihrer Einheit mit der Form, sondern nur die Grundlage für die Form. Aber sowohl diese endliche Materie als die endliche Form hat keine Wahrheit; jede bezieht sich auf die andere, oder nur ihre Einheit ist ihre Wahrheit. In diese Einheit gehen diese beiden Bestimmungen zurück und heben darin ihre Selbständigkeit auf; sie erweist sich damit als ihr Grund. Die Materie ist daher nur insofern Grund ihrer Formbestimmung, als sie nicht Materie als Materie, sondern die absolute Einheit des Wesens und der Form ist; ebenso die Form ist nur Grund des Bestehens ihrer Bestimmungen, insofern sie dieselbe eine Einheit ist. Aber diese eine Einheit als die absolute Negativität und, bestimmter, als ausschließende Einheit ist in ihrer Reflexion voraussetzend; oder es ist Ein Tun, im Setzen sich als Gesetztes in der Einheit zu erhalten und sich von sich selbst abzustoßen, sich auf sich als sich und sich auf sich als auf ein Anderes zu beziehen. Oder das Bestimmtwerden der Materie durch die Form ist die Vermittlung des Wesens als Grund mit sich in einer Einheit, durch sich selbst und durch die Negation seiner selbst. |

Die formierte Materie oder die Bestehen habende Form ist nun nicht nur jene absolute Einheit des Grundes mit sich, sondern auch die *gesetzte* Einheit. Die betrachtete Bewegung ist es, in welcher der absolute Grund seine Momente zugleich als sich aufhebende und somit als gesetzte dargestellt hat. Oder die wiederhergestellte Einheit hat in ihrem Zusammengehen mit sich sich ebensosehr von sich selbst abgestoßen und sich bestimmt; denn ihre Einheit ist als durch Negation zustande gekommen auch negative Einheit. Sie ist daher die Einheit der Form und der Materie als ihre Grundlage, aber als ihre bestimmte Grundlage, welche formierte Materie aber gegen Form und Materie zugleich als gegen Aufgehobene und Unwesentliche gleichgültig ist. Sie ist der Inhalt.

c. *Form und Inhalt*

Die Form steht zuerst dem Wesen gegenüber; so ist sie Grundbeziehung überhaupt, und ihre Bestimmungen [sind] der Grund und das Begründete. Alsdenn steht sie der Materie gegenüber; so ist sie bestimmende Reflexion, und ihre Bestimmungen sind die Reflexionsbestimmung selbst und das Bestehen derselben. Endlich steht sie dem Inhalt gegenüber, so sind ihre Bestimmungen wieder sie selbst und die Materie. Was vorher das mit sich Identische war, zuerst der Grund, dann das Bestehen überhaupt und zuletzt die Materie, tritt unter die Herrschaft der Form und ist wieder eine ihrer Bestimmungen.

Der Inhalt hat erstlich eine Form und eine Materie, die ihm angehören und wesentlich sind; er ist ihre Einheit. Aber indem diese Einheit zugleich bestimmte oder gesetzte Einheit ist, so steht er der Form gegenüber; diese macht das Gesetztsein aus und ist gegen ihn das Unwesentliche. Er ist daher gleichgültig gegen sie; sie begreift sowohl die Form als solche als auch die Materie; und er hat also eine Form und eine Materie, deren Grundlage er ausmacht und die ihm als bloßes Gesetztsein sind.

Der Inhalt ist zweitens das in Form und Materie Identische, so daß diese nur gleichgültige äußerliche Bestimmungen wären. Sie sind das Gesetztsein überhaupt, das aber in dem Inhalt in seine Einheit oder seinen Grund zurückgegangen ist. Die Identität des Inhalts mit sich selbst ist daher das eine Mal jene gegen die Form gleichgültige Identität; das andere Mal aber ist sie die Identität *des Grundes*. Der Grund ist in dem Inhalt zunächst verschwunden; der Inhalt aber ist zugleich die negative Reflexion der Formbestimmungen in sich; seine Einheit, welche zunächst nur die gegen die Form gleichgültige ist, ist daher auch die formelle Einheit oder die *Grundbeziehung* als solche. Der Inhalt hat daher diese zu seiner *wesentlichen* Form, und der *Grund* umgekehrt hat einen *Inhalt*. |

Der Inhalt des Grundes ist also der in seine Einheit mit sich zurückgekehrte Grund; der Grund ist zunächst das Wesen, das in seinem Gesetztsein mit sich identisch ist; als verschieden und gleichgültig gegen sein Gesetztsein ist es die unbestimmte [Identität], die Materie; aber als Inhalt ist es zugleich die formierte Identität, und diese Form wird darum Grundbeziehung, weil die Bestimmungen ihres Gegensatzes im Inhalt auch als negierte gesetzt sind. – Der Inhalt ist ferner *bestimmt* an ihm selbst, nicht nur wie die Materie als das Gleichgültige überhaupt, sondern als die formierte Materie, so daß die Bestimmungen der Form ein materielles, gleichgültiges Bestehen haben. Einerseits ist der Inhalt die wesentliche Identität des Grundes mit sich in seinem Gesetztsein, andererseits die gesetzte Identität gegen die Grundbeziehung; dieses Gesetztsein, das als Formbestimmung an dieser Identität ist, ist dem freien Gesetztsein, das heißt, der Form als ganzer Beziehung von Grund und Begründetem gegenüber; diese Form ist das totale in sich zurückkehrende Gesetztsein, jene daher nur das Gesetztsein als unmittelbares, die *Bestimmtheit* als solche.

Der Grund hat sich damit überhaupt zum bestimmten Grunde gemacht, und die Bestimmtheit selbst ist die gedoppelte: erstens der Form und zweitens des Inhaltes. Jene ist seine Bestimmtheit, dem Inhalt überhaupt äußerlich zu sein, der gegen diese Beziehung gleichgültig ist. Diese ist die Bestimmtheit des Inhaltes, den der Grund hat.

B. Der bestimmte Grund

a. Der formelle Grund

Der Grund hat einen bestimmten Inhalt. Die Bestimmtheit des Inhaltes ist, wie sich ergeben, die *Grundlage* für die Form, das einfache *Unmittelbare* gegen *die Vermittlung* der Form. Der Grund ist negativ sich auf sich beziehende Identität, welche sich dadurch zum *Gesetztsein* macht; sie bezieht sich negativ auf *sich*, indem sie identisch in dieser ihrer Negativität mit sich ist; diese Identität ist die Grundlage oder der Inhalt, der auf diese Weise die gleichgültige oder positive Einheit der Grundbeziehung ausmacht und das *Vermittelnde* derselben ist.

In diesem Inhalt ist zunächst die Bestimmtheit des Grundes und des Begründeten gegeneinander verschwunden. Die Vermittlung ist aber ferner *negative* Einheit. Das Negative als an jener gleichgültigen Grundlage ist die *unmittel | bare Bestimmtheit* derselben, wodurch der Grund einen bestimmten Inhalt hat. Alsdenn aber ist das Negative die negative Beziehung der Form auf sich selbst. Das Gesetzte einerseits hebt sich selbst auf und geht in seinen Grund zurück; der Grund aber, die wesentliche Selbständigkeit, bezieht sich negativ auf sich selbst und macht sich zum Gesetzten. Diese negative Vermittlung des Grundes und des Begründeten ist die eigentümliche Vermittlung der Form als solcher: *die formelle Vermittlung*. Die beiden Seiten der Form nun, weil die eine in die andere übergeht, setzen sich damit gemeinschaftlich *in einer Identität* als aufgehobene; sie setzen dieselbe hierdurch zugleich *voraus*. Sie ist der bestimmte Inhalt, auf den sich also die formelle Vermittlung als auf das positive Vermittelnde durch sich selbst bezieht. Er ist das Identische beider, und indem sie unterschieden, jedes aber in seinem Unterschied die Beziehung auf das Andere ist, ist er das Bestehen derselben, *eines jeden als das Ganze* selbst.

Hiernach ergibt sich, daß im bestimmten Grunde dies vorhanden ist: *erstens*, ein bestimmter *Inhalt* wird nach *zwei Seiten* betrachtet, das eine Mal insofern er als *Grund*, das andere Mal insofern er als *Begründetes* gesetzt ist. Er selbst ist gleichgültig gegen diese Form; er ist in beiden überhaupt nur Eine Bestimmung. *Zweitens* ist der Grund selbst sosehr Moment der Form als das durch ihn Gesetzte; dies ist ihre *Identität der Form nach*. Es ist gleichgültig, welche von beiden Bestimmungen zum Ersten gemacht wird, von dem als dem Gesetzten zum Anderen als zum Grunde oder von dem als dem Grunde zum Anderen als zum Gesetzten übergegangen wird. Das Begründete, für sich betrachtet, ist das Aufheben seiner selbst; damit macht es sich einerseits zum Gesetzten und ist zugleich Setzen des Grundes. Dieselbe Bewegung ist der Grund als solcher; er macht sich zum Gesetzten, dadurch wird er Grund von etwas, das heißt, darin ist er sowohl als Gesetztes wie auch erst als Grund vorhanden. Daß ein Grund ist, davon ist das Gesetzte der Grund, und umgekehrt ist hiermit der Grund Gesetztes. Die Vermittlung fängt ebensosehr von dem einen als von dem anderen an, jede Seite ist so sehr Grund als Gesetztes, und jede die ganze Vermittlung oder die ganze Form. – Diese ganze Form ist ferner selbst als das mit sich Identische die *Grundlage* der Bestimmungen, welche die beiden Seiten des Grundes und des Begründeten sind; Form und Inhalt sind so selbst eine und dieselbe Identität.

Um dieser Identität des Grundes und Begründeten willen, sowohl dem Inhalt als der Form nach, ist der Grund *zureichend* (das Zureichende auf dieses Verhältnis eingeschränkt); *es ist nichts im Grunde, was nicht im Begründeten ist, so wie nichts im Begründeten, was nicht im Grunde ist*. Wenn nach einem Grunde gefragt wird, will man *dieselbe* Bestimmung, die der *Inhalt* ist, *doppelt* sehen, das eine Mal in der Form des Gesetzten, das andere Mal in der des in sich reflektierten Daseins, der Wesentlichkeit. |

Insofern nun im bestimmten Grunde Grund und Begründetes beide die ganze Form [sind] und ihr Inhalt zwar ein bestimmter, aber einer und derselbe ist, so ist der Grund in seinen beiden Seiten noch nicht real bestimmt, sie haben keinen verschiedenen Inhalt; die Bestimmtheit ist erst einfache, noch nicht an die Seiten übergegangene Bestimmtheit; es ist der bestimmte Grund erst in seiner reinen Form, der *formelle Grund*, vorhanden. – Weil der Inhalt nur diese einfache Bestimmtheit ist, die nicht die Form der Grundbeziehung an ihr selbst hat, so ist sie der mit sich identische Inhalt, gegen die Form gleichgültig und diese ihm äußerlich; er ist ein Anderes als sie.

Anmerkung

Wenn die Reflexion über bestimmte Gründe sich an diejenige Form des Grundes hält, welche sich hier ergeben hat, so bleibt die Angabe eines Grundes ein bloßer Formalismus und leere Tautologie, welche denselben Inhalt in der Form der Reflexion in sich, der Wesentlichkeit, ausdrückt, der schon in der Form des unmittelbaren, als gesetzt betrachteten Daseins vorhanden ist. Ein solches Angeben von Gründen ist deswegen von derselben Leerheit begleitet als das Reden nach dem Satze der Identität. Die Wissenschaften, vornehmlich die physikalischen, sind mit den Tautologien dieser Art angefüllt, welche gleichsam ein Vorrecht der Wissenschaft ausmachen. – Es wird z. B. als der Grund, daß die Planeten sich um die Sonne bewegen, die anziehende Kraft der Erde und Sonne gegeneinander angegeben. Es ist damit dem Inhalt nach nichts anderes ausgesprochen, als was das Phänomen, nämlich die Beziehung dieser Körper aufeinander in ihrer Bewegung enthält, nur in der Form von in sich reflektierter Bestimmung, von Kraft. Wenn danach gefragt wird, was die anziehende Kraft für eine Kraft sei, so ist die Antwort, daß sie die Kraft ist, welche macht, daß sich die Erde um die Sonne bewegt; das heißt, sie hat durchaus denselben Inhalt als das Dasein, dessen Grund sie sein soll; die Beziehung der Erde und der Sonne in Rücksicht der Bewegung ist die identische Grundlage des Grundes und des Begründeten. – Wenn eine Kristallisationsform dadurch erklärt wird, daß sie ihren Grund in dem besonderen Arrangement habe, in das die Moleküle zueinander treten, so ist die daseiende Kristallisation dieses Arrangement selbst, welches als Grund ausgedrückt wird. Im gewöhnlichen Leben gelten diese Ätiologien, auf welche die Wissenschaften das Privilegium haben, für das, was sie sind, für ein tautologisches, leeres Gerede. Wenn auf die Frage, warum dieser Mensch in die Stadt reise, der Grund angegeben wird, weil in der Stadt sich eine anziehende Kraft befinde, die | ihn dahin treibe, so gilt diese Art des Antwortens für abgeschmackt, die in den Wissenschaften sanktioniert ist. –

Leibniz warf der *Newtonischen* anziehenden Kraft vor, daß sie eine solche verborgene Qualität sei, als die Scholastiker zum Behuf des Erklärens gebrauchten. Man müßte ihr eher das Gegenteil zum Vorwurf machen, daß sie eine *zu bekannte* Qualität sei; denn sie hat keinen anderen Inhalt als die Erscheinung selbst. – Wodurch sich diese Erklärungsweise eben empfiehlt, ist ihre große Deutlichkeit und Begreiflichkeit; denn es ist nichts deutlicher und begreiflicher, als daß z. B. eine Pflanze ihren Grund in einer vegetativen, d. h. Pflanzen hervorbringenden Kraft habe. – Eine *okkulte* Qualität könnte sie nur in dem Sinne genannt werden, als der Grund einen *anderen Inhalt* haben soll, als das zu Erklärende; ein solcher ist nicht angegeben; insofern ist jene zum Erklären gebrauchte Kraft allerdings ein verborgener Grund, als ein Grund, wie er gefordert wird, *nicht* angegeben ist. Es wird durch diesen Formalismus sowenig etwas erklärt, als die Natur einer Pflanze erkannt wird, wenn ich sage, daß sie eine Pflanze ist; bei aller Deutlichkeit dieses Satzes, oder daß sie ihren Grund in einer Pflanzen hervorbringenden Kraft habe, kann man dies deswegen eine sehr *okkulte* Erklärungsweise nennen.

Zweitens, der Form nach kommen in dieser Erklärungsweise die beiden *entgegengesetzten Richtungen der Grundbeziehung* vor, ohne in ihrem bestimmten Verhältnis erkannt zu sein. Der Grund ist einesteils Grund als die in sich reflektierte Inhaltsbestimmung des Daseins, das er begründet, andernteils ist er das Gesetzte. Er ist das, woraus das Dasein begriffen werden soll; *umgekehrt* aber wird *von diesem auf ihn geschlossen* und er aus dem Dasein begriffen. Das Hauptgeschäft dieser Reflexion besteht nämlich darin, aus dem Dasein die Gründe zu finden, das heißt, das unmittelbare Dasein in die Form des Reflektiertseins umzusetzen; der Grund, statt an und für sich und selbständig zu sein, ist somit vielmehr das Gesetzte und Abgeleitete. Weil er nun durch dieses Verfahren nach dem Phänomen eingerichtet ist und seine Bestimmungen auf diesem beruhen, so fließt dieses freilich ganz glatt und mit günstigem Winde aus seinem Grunde aus. Aber die Erkenntnis ist hierdurch nicht vom Flecke gekommen; sie treibt sich in einem Unterschied der Form herum, den dieses Verfahren selbst umkehrt und aufhebt. Eine der

Hauptschwierigkeiten, sich in die Wissenschaften einzustudieren, worin dieses Verfahren herrschend ist, beruht deswegen auf dieser Verkehrtheit der Stellung, das als Grund vorauszuschicken, was in der Tat abgeleitet ist und, indem zu den Folgen fortgegangen wird, in ihnen in der Tat erst den Grund jener sein sollenden Gründe anzugeben. Es wird in der Darstellung mit den Gründen angefangen, sie werden als Prinzipien | und erste Begriffe in die Luft hingestellt; sie sind einfache Bestimmungen, ohne alle Notwendigkeit an und für sich selbst; das Folgende soll auf sie gegründet werden. Wer daher in dergleichen Wissenschaften eindringen will, muß damit anfangen, sich jene Gründe zu inkulkieren: ein Geschäft, das der Vernunft sauer ankommt, weil sie Grundloses als Grundlage gelten lassen soll. Am besten kommt derjenige fort, der sich ohne vieles Nachdenken die Prinzipien als gegebene gefallen läßt und sie von nun an als Grundregeln seines Verstandes gebraucht. Ohne diese Methode kann man den Anfang nicht gewinnen; ebensowenig läßt sich ohne sie ein Fortgang machen. Dieser aber hindert sich nun dadurch, daß in ihnen der Gegenstoß der Methode zum Vorschein kommt, die im Folgenden das Abgeleitete aufzeigen will, das aber in der Tat erst die Gründe zu jenen Voraussetzungen enthält. Ferner, weil das Folgende sich als das Dasein zeigt, aus welchem der Grund abgeleitet wurde, so gibt dieses Verhältnis, in dem das Phänomen aufgeführt wird, ein Mißtrauen gegen die Darstellung desselben; denn es zeigt sich nicht in seiner Unmittelbarkeit ausgedrückt, sondern als Beleg des Grundes. Weil aber dieser hinwieder aus jenem hergeleitet ist, verlangt man es vielmehr in seiner Unmittelbarkeit zu sehen, um den Grund aus ihm beurteilen zu können. Man weiß daher in solcher Darstellung, worin das eigentlich Begründende als Abgeleitetes vorkommt, nicht, weder wie man mit dem Grunde noch wie man mit dem Phänomen daran ist. Die Ungewißheit wird dadurch vermehrt, besonders wenn der Vortrag nicht streng konsequent, sondern mehr ehrlich ist, daß sich allenthalben Spuren und Umstände des Phänomens verraten, die auf mehreres und oft ganz anderes hindeuten, als bloß in den Prinzipien enthalten ist. Die Verwirrung wird endlich noch größer, indem reflektierte und bloß hypothetische Bestimmungen mit unmittelbaren Bestimmungen des Phänomens selbst vermischt werden, wenn jene auf eine Art ausgesprochen sind, als ob sie der unmittelbaren Erfahrung angehörten. So kann wohl mancher, der mit ehrlichem Glauben zu diesen Wissenschaften hinzutritt, der Meinung sein, die Moleküle, die leeren Zwischenräume, die Fliehkraft, der Äther, der vereinzelnte Lichtstrahl, die elektrische, magnetische *Materie* und noch eine Menge dergleichen seien Dinge oder Verhältnisse, die nach der Art, wie von ihnen als unmittelbaren Daseinsbestimmungen gesprochen wird, in der Tat *in der Wahrnehmung* vorhanden seien. Sie dienen als erste Gründe für anderes, werden als Wirklichkeiten ausgesprochen und zuversichtlich angewendet; man läßt sie auf guten Glauben hin dafür gelten, ehe man inne wird, daß sie vielmehr aus dem, was sie begründen sollen, geschlossene Bestimmungen, von einer unkritischen Reflexion abgeleitete Hypothesen und Erdichtungen sind. In der Tat befindet man sich in einer Art von Hexenkreis, worin Bestimmungen des Daseins und Bestimmungen der Reflexion, Grund und Begründetes, Phänomene und Phantome in unaus|geschiedener Gesellschaft durcheinander laufen und gleichen Rang miteinander genießen.

Bei dem formellen Geschäft dieser Erklärungsweise aus Gründen hört man zugleich auch wieder, alles Erklärens aus den wohlbekannten Kräften und Materien ungeachtet, sagen, daß wir *das innere Wesen* dieser Kräfte und Materien selbst *nicht kennen*. Es ist hierin nur das Geständnis zu sehen, daß dieses Begründen sich selbst völlig ungenügend ist, daß es selbst etwas ganz anderes fordere als solche Gründe. Es ist dann nur nicht abzusehen, wozu sich denn diese Bemühung mit diesem Erklären gemacht, warum nicht das andere gesucht oder jenes Erklären wenigstens beiseite getan und bei den einfachen Tatsachen stehengeblieben wird.

b. Der reale Grund

Die Bestimmtheit des Grundes ist, wie sich gezeigt hat, einesteils Bestimmtheit der *Grundlage* oder Inhaltsbestimmung, anderenteils das Anderssein in der *Grundbeziehung* selbst, nämlich die Unterschiedenheit ihres Inhaltes und der

Form; die Beziehung von Grund und Begründetem verläuft sich als eine äußerliche Form an dem Inhalt, der gegen diese Bestimmungen gleichgültig ist. – In der Tat aber sind beide einander nicht äußerlich; denn der Inhalt ist dies, die Identität des Grundes mit sich selbst im Begründeten und des Begründeten im Grunde zu sein. Die Seite des Grundes hat sich gezeigt, selbst ein Gesetztes, und die Seite des Begründeten, selbst Grund zu sein; jede ist an ihr selbst diese Identität des Ganzen. Weil sie aber zugleich der Form angehören und ihre bestimmte Unterschiedenheit ausmachen, so ist jede in ihrer Bestimmtheit die Identität des Ganzen mit sich. Jede hat somit einen gegen die andere verschiedenen Inhalt. – Oder von Seite des Inhaltes betrachtet, weil er die Identität als [die] der Grundbeziehung mit sich ist, hat er wesentlich diesen Formunterschied an ihm selbst und ist als Grund ein anderer denn als Begründetes.

Darin nun, daß Grund und Begründetes einen verschiedenen Inhalt haben, hat die Grundbeziehung aufgehört, eine formale zu sein; der Rückgang in den Grund und das Hervorgehen aus ihm zum Gesetzten ist nicht mehr die Tautologie; der Grund ist realisiert. Man verlangt daher, wenn man nach einem Grund fragt, eigentlich für den Grund eine andere Inhaltsbestimmung als diejenige ist, nach deren Grund man fragt.

Diese Beziehung bestimmt sich nun weiter. Insofern nämlich ihre beiden Seiten verschiedener Inhalt sind, sind sie gleichgültig gegeneinander; jede ist eine unmittelbare, mit sich identische Bestimmung. Ferner, als Grund und Begründetes aufeinander bezogen, ist der Grund das in dem Anderen als in seinem Gesetztsein | in sich reflektierte; der Inhalt also, welchen die Seite des Grundes hat, ist ebenso im Begründeten; dieses als das Gesetzte hat nur in jenem seine Identität mit sich und sein Bestehen. Außer diesem Inhalte des Grundes hat aber das Begründete nunmehr auch seinen eigentümlichen und ist somit die Einheit von einem zweifachen Inhalt. Diese nun ist zwar als Einheit Unterschiedener deren negative Einheit, aber weil es gegeneinander gleichgültige Inhaltsbestimmungen sind, ist sie nur ihre leere, an ihr selbst inhaltslose Beziehung, nicht ihre Vermittlung: ein Eins oder Etwas als äußerliche Verknüpfung derselben.

Es ist also in der realen Grundbeziehung das Doppelte vorhanden, einmal die Inhaltsbestimmung, welche Grund ist, in dem Gesetztsein mit sich selbst kontinuiert, so daß sie das einfach Identische des Grundes und Begründeten ausmacht; das Begründete enthält so den Grund vollkommen in sich, ihre Beziehung ist unterschiedslos wesentliche Gediegenheit. Was im Begründeten zu diesem einfachen Wesen noch hinzukommt, ist daher nur eine unwesentliche Form, äußerliche Inhaltsbestimmungen, die als solche vom Grunde frei und eine unmittelbare Mannigfaltigkeit sind. Von diesem Unwesentlichen ist also jenes Wesentliche nicht der Grund, noch ist es Grund von der Beziehung beider aufeinander in dem Begründeten. Es ist ein positiv Identisches, das dem Begründeten inwohnt, aber sich darin in keinen Formunterschied setzt, sondern als sich auf sich selbst beziehender Inhalt gleichgültige positive Grundlage ist. – Fürs andere ist das mit dieser Grundlage im Etwas verknüpfte ein gleichgültiger Inhalt, aber als die unwesentliche Seite. Die Hauptsache ist die Beziehung der Grundlage und der unwesentlichen Mannigfaltigkeit. Diese Beziehung aber, weil die bezogenen Bestimmungen gleichgültiger Inhalt sind, ist auch nicht Grund; eine[s] ist zwar als wesentlicher, das andere nur als unwesentlicher oder gesetzter Inhalt bestimmt, aber als sich auf sich beziehender Inhalt ist beiden diese Form äußerlich. Das Eins des Etwas, das ihre Beziehung ausmacht, ist deswegen nicht Formbeziehung, sondern nur ein äußerliches Band, das den unwesentlichen mannigfaltigen Inhalt nicht als gesetzten enthält; es ist also gleichfalls nur Grundlage.

Der Grund, wie er als realer sich bestimmt, zerfällt hiermit um der Inhaltsverschiedenheit willen, die seine Realität ausmacht, in äußerliche Bestimmungen. Die beiden Beziehungen, der wesentliche Inhalt als die einfache unmittelbare Identität des Grundes und des Begründeten und dann das Etwas als die Beziehung des unterschiedenen Inhaltes, sind zwei verschiedene Grundlagen; die mit sich identische Form des Grundes, daß dasselbe das eine Mal als Wesentliches, das andere Mal als Gesetztes sei, ist verschwunden; die Grundbeziehung ist so sich selbst äußerlich geworden.

Es ist daher nun ein äußerlicher Grund, welcher verschiedenen Inhalt in Verknüpfung bringt und es bestimmt, welcher der Grund und welcher das durch | ihn Gesetzte sei; in dem beiderseitigen Inhalt selbst liegt diese Bestimmung nicht. Der reale Grund ist daher Beziehung auf Anderes, einerseits des Inhaltes auf anderen Inhalt, andererseits der Grundbeziehung selbst (der Form) auf Anderes, nämlich auf ein Unmittelbares, nicht durch sie Gesetztes.

Anmerkung

Die formelle Grundbeziehung enthält nur einen Inhalt für Grund und Begründetes; in dieser Identität liegt ihre Notwendigkeit, aber zugleich ihre Tautologie. Der reale Grund enthält einen verschiedenen Inhalt, damit tritt aber die Zufälligkeit und Äußerlichkeit der Grundbeziehung ein. Einerseits ist dasjenige, was als das Wesentliche und deswegen als die Grundbestimmung betrachtet wird, nicht Grund der anderen Bestimmungen, die mit ihr verknüpft sind. Andererseits ist es auch unbestimmt, welche von mehreren Inhaltsbestimmungen eines konkreten Dinges als die wesentliche und als Grund angenommen werden soll; die Wahl ist daher zwischen ihnen frei. So ist in ersterer Rücksicht z. B. der Grund eines Hauses die Unterlage desselben; wodurch diese Grund ist, ist die der sinnlichen Materie inwohnende Schwere, das sowohl in dem Grunde als dem begründeten Hause schlechthin Identische. Daß an der schweren Materie nun ein solcher Unterschied ist, wie der einer Unterlage und einer davon unterschiedenen Modifikation, wodurch sie eine Wohnung ausmacht, ist dem Schweren selbst vollkommen gleichgültig, seine Beziehung auf die anderen Inhaltsbestimmungen des Zwecks, der Einrichtung des Hauses usf. ist ihm äußerlich; es ist daher wohl Grundlage, aber nicht Grund derselben. Die Schwere ist sosehr als Grund, daß ein Haus steht, auch Grund, daß ein Stein fällt; der Stein hat diesen Grund, die Schwere, in sich; aber daß er eine weitere Inhaltsbestimmung hat, wodurch er nicht bloß ein Schweres, sondern Stein ist, ist der Schwere äußerlich; es ist ferner durch ein Anderes gesetzt, daß er von dem Körper vorher entfernt worden sei, auf welchen er fällt, wie auch die Zeit und der Raum und deren Beziehung, die Bewegung, ein anderer Inhalt als die Schwere sind und ohne sie (wie man zu sprechen pflegt) vorgestellt werden können, folglich nicht wesentlich durch sie gesetzt sind. – Sie ist auch so sehr Grund, daß ein Projektil die dem Fallen entgegengesetzte Wurfbewegung macht. – Aus der Verschiedenheit der Bestimmungen, deren Grund sie ist, erhellt, daß ein Anderes zugleich erfordert wird, welches sie zum Grunde dieser oder einer anderen Bestimmung macht. –

Wenn von der Natur gesagt wird, daß sie der Grund der Welt ist, so ist das, was Natur genannt wird, einerseits eins mit der Welt, und die Welt nichts als die Natur selbst. Aber sie sind auch unterschieden, so daß die Natur mehr das Unbestimmte oder wenigstens nur das in den allgemeinen Unterschieden, welche | Gesetze sind, bestimmte, mit sich identische Wesen der Welt ist, und zur Natur, um Welt zu sein, noch eine Mannigfaltigkeit von Bestimmungen äußerlich hinzukommt. Diese aber haben ihren Grund nicht in der Natur als solcher, sie ist vielmehr das gegen sie als Zufälligkeiten Gleichgültige. – Es ist dasselbe Verhältnis, wenn Gott als Grund der Natur bestimmt wird. Als Grund ist er ihr Wesen, sie enthält es in ihr und ist ein Identisches mit ihm; aber sie hat noch eine weitere Mannigfaltigkeit, die von dem Grunde selbst unterschieden ist; sie ist das Dritte, worin dieses beide[s] Verschiedene verknüpft ist; jener Grund ist weder Grund der von ihm verschiedenen Mannigfaltigkeit noch seiner Verknüpfung mit ihr. Die Natur wird daher nicht aus Gott als dem Grunde erkannt, denn so wäre er nur ihr allgemeines Wesen, der sie nicht, wie sie bestimmtes Wesen und Natur ist, enthält.

Das Angeben von realen Gründen wird also um dieser Inhaltsverschiedenheit des Grundes oder eigentlich der Grundlage und dessen [willen], was mit ihm im Begründeten verbunden ist, ebensosehr ein Formalismus als der formale Grund selbst. In diesem ist der mit sich identische Inhalt gleichgültig gegen die Form; im realen Grunde findet es gleichfalls statt. Dadurch ist nun ferner der Fall, daß er es nicht an ihm selbst enthält, welche der mannigfaltigen Bestimmungen als die wesentliche genommen werden soll. Etwas ist ein Konkretes von solchen mannigfaltigen Bestimmungen, die sich gleich beständig und bleibend an ihm zeigen. Die eine kann daher sosehr wie die andere als Grund bestimmt werden, nämlich als die wesentliche, in Vergleichung mit welcher alsdenn die andere nur ein Gesetztes sei. Es verbindet sich damit das vorhin Erwähnte, daß, wenn eine Bestimmung vorhanden ist, die in einem Falle als Grund einer anderen angesehen wird, daraus nicht folgt, daß diese andere in einem anderen Falle oder überhaupt mit ihr gesetzt sei. – Die *Strafe* z.B. hat die mannigfaltigen Bestimmungen, daß sie Wiedervergeltung, ferner abschreckendes Beispiel, daß sie ein vom Gesetz zur Abschrekkung Angedrohtes, auch ein den Verbrecher zur Besinnung und Besserung Bringendes ist. Jede dieser verschiedenen Bestimmungen ist als *Grund der Strafe* betrachtet worden, weil jede eine wesentliche Bestimmung ist und dadurch die anderen als von ihr unterschieden, gegen sie nur als Zufälliges bestimmt werden. Diejenige aber, die als Grund angenommen wird, ist noch nicht die ganze Strafe selbst; dieses Konkrete enthält auch jene anderen, die mit ihr darin nur verknüpft sind, ohne daß sie in ihr ihren Grund hätten. – Oder ein *Beamter* hat Amtsgeschicklichkeit, steht als Individuum in Verwandschaft, hat diese und jene Bekanntschaft, einen besonderen Charakter, war in diesen und jenen Umständen und Gelegenheiten, sich zu zeigen usf. Es kann jede dieser Eigenschaften Grund sein oder als solcher angesehen werden, daß der dieses Amt hat; sie sind ein verschiedener Inhalt, der in einem Dritten verbunden ist; die | Form, als das Wesentliche und als das Gesetzte gegeneinander bestimmt zu sein, ist demselben äußerlich. Jede dieser Eigenschaften ist dem Beamten wesentlich, weil er durch sie das bestimmte Individuum ist, welches er ist; insofern das Amt als eine äußerliche gesetzte Bestimmung betrachtet werden kann, kann jede gegen dieses als Grund bestimmt, aber auch selbst umgekehrt können jene als gesetzte und das Amt als Grund derselben angesehen werden. Wie sie sich *wirklich*, d.h. im einzelnen Fall, verhalten, dies ist eine der Grundbeziehung und dem Inhalt selbst äußerliche Bestimmung; es ist ein Drittes, was ihnen die Form von Grund und Begründetem erteilt.

So kann überhaupt jedes Dasein mancherlei Gründe haben, jede seiner Inhaltsbestimmungen durchdringt als mit sich identisch das konkrete Ganze und läßt sich daher als wesentlich betrachten; den mancherlei *Rücksichten*, d.h. Bestimmungen, die *außer* der Sache selbst liegen, ist um der Zufälligkeit der Verknüpfungsweise [willen] Tür und Tor unendlich aufgetan. – Ob ein Grund diese oder jene *Folge* habe, ist deswegen ebenso zufällig. Die moralischen Beweggründe z. B. sind *wesentliche Bestimmungen* der sittlichen Natur, aber das, was aus ihnen folgt, ist zugleich eine von ihnen verschiedene Äußerlichkeit, die aus ihnen folgt und auch nicht folgt; erst durch ein Drittes kommt sie zu ihnen hinzu. Genauer ist dies so zu nehmen, daß es der moralischen Bestimmung, *wenn* sie Grund ist, *nicht* zufällig sei, eine Folge oder ein Begründetes zu haben, aber ob sie überhaupt zum Grund gemacht werde oder nicht. Allein da auch wieder der Inhalt, der ihre Folge ist, wenn sie zum Grund gemacht worden, die Natur der Äußerlichkeit hat, kann er unmittelbar durch eine andere Äußerlichkeit aufgehoben werden. Aus einem moralischen Beweggrund kann also eine Handlung hervorgehen oder auch nicht. Umgekehrt kann eine Handlung mancherlei Gründe haben; sie enthält als ein Konkretes mannigfaltige wesentliche Bestimmungen, deren jede deswegen als Grund angegeben werden kann. Das Aufsuchen und Angeben von Gründen, worin vornehmlich das *Räsonnement* besteht, ist darum ein endloses Herumtreiben, das keine letzte Bestimmung enthält; es kann von allem und jeden einer und mehrere gute Gründe angegeben werden so wie von seinem Entgegengesetzten, und es können eine Menge Gründe vorhanden sein, ohne daß aus ihnen etwas erfolgt. Was Sokrates und Plato *Sophisterei* nennen, ist nichts anderes als Räsonnement aus Gründen; Plato setzt demselben die Betrachtung der Idee, d. h. der Sache an und für sich selbst oder in ihrem *Begriffe* entgegen. Die Gründe sind nur * von *wesentlichen* Inhaltsbestimmungen, Verhältnissen und Rücksichten genommen, deren jede Sache, gerade wie auch ihr Gegenteil, mehrere hat; in ihrer Form der Wesentlichkeit gilt die eine so gut als die andere; weil sie nicht den ganzen Umfang der Sache enthält, ist sie einseitiger Grund, deren die anderen besonderen Seiten wieder besondere | haben und wovon keiner die Sache, welche ihre *Verknüpfung* ausmacht und sie alle enthält, erschöpft; keiner ist *zureichender* Grund, d. h. der Begriff.

c. Der vollständige Grund

1. Im realen Grunde sind der Grund als Inhalt und als Beziehung nur Grundlagen. Jener ist nur gesetzt als wesentlich und als Grund; die Beziehung ist das Etwas des Begründeten als das unbestimmte Substrat eines verschiedenen Inhaltes, eine Verknüpfung desselben, die nicht seine eigene Reflexion, sondern eine äußerliche und somit nur eine gesetzte ist. Die reale Grundbeziehung ist daher vielmehr der Grund als aufgehobener; sie macht somit vielmehr die Seite des Begründeten oder des Gesetztseins aus. Als Gesetztsein aber ist nun der Grund selbst in seinen Grund zurückgegangen; er ist nun ein Begründetes, das einen anderen Grund hat. Dieser bestimmt sich hierdurch so, daß er erstlich das mit dem realen Grunde als seinem Begründeten Identische ist; beide Seiten haben nach dieser Bestimmung einen und denselben Inhalt; die zwei Inhaltsbestimmungen und deren Verknüpfung im Etwas befinden sich gleichfalls im neuen Grunde. Aber zweitens, der neue Grund, in welchen sich jene nur gesetzte äußerliche Verknüpfung aufgehoben hat, ist als ihre Reflexion in sich die absolute Beziehung der zwei Inhaltsbestimmungen.

Dadurch, daß der reale Grund selbst in seinen Grund zurückgegangen ist, stellt sich an ihm die Identität des Grundes und Begründeten oder der formelle Grund wieder her. Die entstandene Grundbeziehung ist darum die vollständige, die den formellen und realen Grund zugleich in sich enthält und die im letzteren gegeneinander unmittelbaren Inhaltsbestimmungen vermittelt.

2. Die Grundbeziehung hat sich hiermit folgendermaßen näher bestimmt. Erstens, etwas hat einen Grund; es enthält die Inhaltsbestimmung, welche der Grund ist und noch eine zweite als durch ihn gesetzte. Aber als gleichgültiger Inhalt ist die eine nicht an ihr selbst Grund, die andere nicht an ihr selbst das Begründete von jener, sondern diese Beziehung ist in der Unmittelbarkeit des Inhaltes als eine aufgehobene oder gesetzte und hat als solche in einer anderen ihren Grund. Diese zweite Beziehung als nur der Form nach unterschieden hat denselben Inhalt als die erstere, nämlich die beiden Inhalts-

bestimmungen, ist aber die unmittelbare Verknüpfung derselben. Indem jedoch das Verknüpfte überhaupt verschiedener Inhalt, somit gegeneinander gleichgültige Bestimmung ist, ist sie nicht ihre wahrhaft absolute Beziehung, daß die eine der Bestimmungen das im Gesetztsein mit sich Identische, die andere nur dieses Gesetztsein desselben Identischen wäre; sondern ein Etwas trägt sie und macht ihre nicht reflektierte, | sondern nur unmittelbare Beziehung aus, welche daher nur relativer Grund gegen die Verknüpfung im anderen Etwas ist. Die beiden Etwas sind also die zwei unterschiedenen Beziehungen von Inhalt, die sich ergeben haben. Sie stehen in der identischen Grundbeziehung der Form; sie sind ein und derselbe ganze Inhalt, nämlich die zwei Inhaltsbestimmungen und deren Beziehung; unterschieden sind sie nur durch die Art dieser Beziehung, die in dem einen unmittelbare, in dem anderen gesetzte Beziehung ist, wodurch sich das eine von dem anderen nur der Form nach als Grund und Begründetes unterscheidet. – Zweitens ist diese Grundbeziehung nicht nur formell, sondern auch real. Der formelle Grund geht in den realen über, wie sich gezeigt hat; die Momente der Form reflektieren sich in sich selbst; sie sind ein selbständiger Inhalt, und die Grundbeziehung enthält auch einen eigentümlichen Inhalt als Grund und einen als Begründetes. Der Inhalt macht zuerst die unmittelbare Identität der beiden Seiten des formellen Grundes aus, so haben sie einen und denselben Inhalt. Aber er hat auch die Form an ihm selbst und ist so gedoppelter Inhalt, der sich als Grund und Begründetes verhält. Die eine der zwei Inhaltsbestimmungen der beiden Etwas ist daher bestimmt, als ihnen nicht bloß gemeinschaftlich nach äußerer Vergleichung, sondern ihr identisches Substrat und die Grundlage ihrer Beziehung zu sein. Gegen die andere Inhaltsbestimmung ist sie die wesentliche und Grund derselben als der gesetzten, nämlich in dem Etwas, dessen Beziehung die begründete ist. Im ersten Etwas, das die Grundbeziehung ist, ist auch diese zweite Inhaltsbestimmung unmittelbar und an sich mit der ersten verknüpft. Das andere Etwas aber enthält nur die eine an sich als das, worin es mit dem ersten Etwas unmittelbar identisch ist, die andere aber als die in ihm gesetzte. Die erstere Inhaltsbestimmung ist Grund derselben dadurch, daß sie in dem ersten Etwas ursprünglich mit der anderen Inhaltsbestimmung verknüpft ist.

Die Grundbeziehung der Inhaltsbestimmungen im zweiten Etwas ist so durch die erste an sich seiende Beziehung des ersten Etwas vermittelt. Der Schluß ist, weil in einem Etwas die Bestimmung B mit der Bestimmung A an sich verknüpft ist, so ist im zweiten Etwas, dem nur die eine Bestimmung A unmittelbar zukommt, auch B damit verknüpft. Im zweiten Etwas ist nicht nur diese zweite Bestimmung mittelbar, sondern auch, daß seine unmittelbare Grund ist, ist vermittelt, nämlich durch ihre ursprüngliche Beziehung auf B im ersten Etwas. Diese Beziehung ist somit Grund des Grundes A, und die ganze Grundbeziehung ist [im] zweiten Etwas als Gesetztes oder Begründetes.

3. Der reale Grund zeigt sich als die sich äußerliche Reflexion des Grundes; die vollständige Vermittlung desselben ist die Wiederherstellung seiner Identität | mit sich. Aber indem diese dadurch zugleich die Äußerlichkeit des realen Grundes erhalten hat, so ist die formelle Grundbeziehung in dieser Einheit ihrer selbst und des realen Grundes ebensosehr sich setzender als sich aufhebender Grund; die Grundbeziehung vermittelt sich durch ihre Negation mit sich. Erstlich ist der Grund als die ursprüngliche Beziehung, Beziehung von unmittelbaren Inhaltsbestimmungen. Die Grundbeziehung hat als wesentliche Form zu ihren Seiten solche, welche aufgehobene oder Momente sind. Daher als Form unmittelbarer Bestimmungen ist sie die mit sich identische Beziehung zugleich als Beziehung ihrer Negation; somit ist sie Grund nicht an und für sich selbst, sondern als Beziehung auf die aufgehobene Grundbeziehung. – Zweitens, die aufgehobene Beziehung oder das Unmittelbare, das in der ursprünglichen und der gesetzten Beziehung die identische Grundlage ist, ist realer Grund gleichfalls nicht an und für sich selbst, sondern es ist durch jene ursprüngliche Verknüpfung gesetzt, daß es Grund sei. –

Die Grundbeziehung in ihrer Totalität ist somit wesentlich voraussetzende Reflexion: der formelle Grund setzt die unmittelbare Inhaltsbestimmung voraus, und diese als realer Grund setzt die Form voraus. Der Grund ist also die Form als unmittelbare Verknüpfung, aber so, daß sie sich von sich selbst abstößt und die Unmittelbarkeit vielmehr voraussetzt, sich darin auf sich als auf ein Anderes bezieht. Diese Unmittelbare ist die Inhaltsbestimmung, der einfache *Grund*; aber er ist als dies, nämlich als Grund, ebenso von sich abgestoßen und bezieht sich auf sich gleichfalls als auf ein Anderes. – So hat sich die totale Grundbeziehung zur *bedingenden Vermittlung* bestimmt.

C. Die Bedingung

a. Das relative Unbedingte

1. Der Grund ist das Unmittelbare, und das Begründete das Vermittelte. Aber er ist setzende Reflexion, als solche macht er sich zum Gesetztsein und ist voraussetzende Reflexion; so bezieht er sich auf sich als auf ein Aufgehobenes, auf ein Unmittelbares, wodurch er selbst vermittelt ist. Diese Vermittlung, als Fortgehen vom Unmittelbaren zum Grunde, ist nicht eine äußere Reflexion, sondern, wie sich ergeben, das eigene Tun des Grundes, oder, was dasselbe ist, die Grundbeziehung ist als Reflexion in die Identität mit sich ebenso wesentlich sich entäußernde Reflexion. Das Unmittelbare, auf das der Grund sich als auf seine wesent|liche Voraussetzung bezieht, ist die *Bedingung*; der reale Grund ist daher wesentlich bedingt. Die Bestimmtheit, die er enthält, ist das Anderssein seiner selbst.

Die Bedingung ist also *erstens* ein unmittelbares, mannigfaltiges Dasein. *Zweitens* ist dieses Dasein bezogen auf ein Anderes, auf etwas, das Grund ist, nicht dieses Daseins, sondern in anderer Rücksicht; denn das Dasein selbst ist unmittelbar und ohne Grund. Nach jener Beziehung ist es ein *Gesetztes*; das unmittelbare Dasein soll als Bedingung nicht für sich, sondern für Anderes sein. Aber zugleich ist dies, daß es so für Anderes ist, selbst nur ein Gesetztsein; daß es ein Gesetztes ist, in seiner Unmittelbarkeit aufgehoben, und ein *Dasein ist dagegen, Bedingung zu sein, gleichgültig*. *Drittens* ist die Bedingung so ein Unmittelbares, daß sie die Voraussetzung des Grundes ausmacht. Sie ist in dieser Bestimmung die in die Identität mit sich zurückgegangene Formbeziehung des Grundes, hiermit der Inhalt desselben. Aber der Inhalt als solcher ist nur die gleichgültige Einheit des Grundes als in der Form: ohne Form kein Inhalt. Er befreit sich noch von derselben, indem die Grundbeziehung im vollständigen Grunde zu einer gegen ihre Identität äußerlichen Beziehung wird, wodurch der Inhalt die Unmittelbarkeit erhält. Insofern daher die Bedingung das ist, worin die Grundbeziehung ihre Identität mit sich hat, macht sie seinen Inhalt aus; aber weil er das gegen diese Form Gleichgültige ist, ist er nur an sich ihr Inhalt, ein solches, das erst Inhalt werden soll, hiermit das Material für den Grund ausmacht. Als Bedingung gesetzt, hat das Dasein nach dem zweiten Moment die Bestimmung, seine gleichgültige Unmittelbarkeit zu verlieren und Moment eines Anderen zu werden. Durch seine Unmittelbarkeit ist es gleichgültig gegen diese Beziehung; insofern es aber in dieselbe tritt, macht es das Ansichsein des Grundes aus und ist das Unbedingte für denselben. Um Bedingung zu sein, hat es am Grunde seine Voraussetzung und ist selbst bedingt; aber diese Bestimmung ist ihm äußerlich.

2. Etwas ist nicht durch seine Bedingung; seine Bedingung ist nicht sein Grund. Sie ist das Moment der unbedingten Unmittelbarkeit für den Grund, aber ist nicht selbst die Bewegung und das Setzen, das sich negativ auf sich bezieht und sich zum Gesetztsein macht. Der Bedingung steht daher die Grundbeziehung gegenüber. Etwas hat außer seiner Bedingung auch einen Grund. – Dieser ist die leere Bewegung der Reflexion, weil sie die Unmittelbarkeit als ihre Voraussetzung außer ihr hat. Sie ist aber die ganze Form und das selbständige Vermitteln; denn die Bedingung ist nicht ihr Grund. Indem dieses Vermitteln sich als Setzen auf sich bezieht, ist es nach dieser Seite gleichfalls ein Unmittelbares und Unbedingtes; es setzt sich zwar voraus, aber als entäußertes oder aufgehobenes | Setzen; das, was es hingegen seiner Bestimmung nach ist, ist es an und für sich selbst. – Insofern so die Grundbeziehung selbständige Beziehung auf sich ist und die Identität der Reflexion an ihr selbst hat, hat sie einen eigentümlichen Inhalt gegen den Inhalt der Bedingung. Jener ist Inhalt des Grundes und

darum wesentlich formiert; dieser hingegen ist nur unmittelbares Material, dem die Beziehung auf den Grund zugleich ebenso äußerlich ist, als es auch das Ansichsein desselben ausmacht; es ist somit eine Vermischung von selbständigem Inhalt, der keine Beziehung auf den Inhalt der Grundbestimmung hat, und von solchem, der in sie eingeht und, als ihr Material, Momente derselben werden soll.

3. Die beiden Seiten des Ganzen, Bedingung und Grund, sind also einerseits gültige und unbedingte gegeneinander, das eine als das Unbezogene, dem die Beziehung, in welcher es Bedingung ist, äußerlich ist, das andere als die Beziehung oder Form, für welche das bestimmte Dasein der Bedingung nur als Material ist, als ein Passives, dessen Form, die es für sich an ihm hat, eine unwesentliche ist. Ferner sind auch beide vermittelte. Die Bedingung ist das Ansichsein des Grundes; sie ist so sehr wesentliches Moment der Grundbeziehung, daß sie die einfache Identität desselben mit sich ist. Aber dies ist auch aufgehoben; dieses Ansichsein ist nur ein gesetztes; das unmittelbare Dasein ist gleichgültig dagegen, Bedingung zu sein. Daß die Bedingung das Ansichsein für den Grund ist, macht also ihre Seite aus, nach welcher sie eine vermittelte ist. Ebenso, die Grundbeziehung hat in ihrer Selbständigkeit auch eine Voraussetzung und ihr Ansichsein außer sich. – Somit ist jede der beiden Seiten der Widerspruch der gleichgültigen Unmittelbarkeit und der wesentlichen Vermittlung, beides in Einer Beziehung, – oder der Widerspruch des selbständigen Bestehens und der Bestimmung, nur Moment zu sein.

b. Das absolute Unbedingte

Die beiden Relativ-Unbedingten scheinen zunächst jedes in das andere: die Bedingung als Unmittelbares in die Formbeziehung des Grundes und diese in das unmittelbare Dasein als sein Gesetztsein; aber jedes ist außer diesem Scheine seines Anderen an ihm selbständig und hat seinen eigentümlichen Inhalt.

Zuerst ist die Bedingung unmittelbares Dasein; seine Form hat die zwei Momente, das Gesetztsein, nach welchem es als Bedingung Material und Moment des Grundes ist, – und das Ansichsein, nach welchem es die Wesentlichkeit des Grundes oder seine einfache Reflexion in sich ausmacht. Beide Seiten | der Form sind dem unmittelbaren Dasein äußerlich; denn es ist die aufgehobene Grundbeziehung. – Aber erstens ist das Dasein an ihm selbst nur dies, in seiner Unmittelbarkeit sich aufzuheben und zugrunde zu gehen. Das Sein ist überhaupt nur das Werden zum Wesen; es ist seine wesentliche Natur, sich zum Gesetzten und zur Identität zu machen, die durch die Negation ihrer das Unmittelbare ist. Die Formbestimmungen also des Gesetztseins und des mit sich identischen Ansichseins, die Form, wodurch das unmittelbare Dasein Bedingung ist, sind ihm daher nicht äußerlich, sondern es ist die Reflexion selbst. Zweitens, als Bedingung ist das Sein nun auch als das gesetzt, was es wesentlich ist, nämlich als Moment, somit eines Anderen und zugleich als das Ansichsein gleichfalls eines Anderen; es ist an sich, aber nur durch die Negation seiner, nämlich durch den Grund und durch dessen sich aufhebende und damit voraussetzende Reflexion; das Ansichsein des Seins ist somit nur ein Gesetztes. Dieses Ansichsein der Bedingung hat die zwei Seiten, einerseits ihre Wesentlichkeit als des Grundes, andererseits aber die Unmittelbarkeit ihres Daseins zu sein. Oder vielmehr beides ist dasselbe. Das Dasein ist ein Unmittelbares, aber die Unmittelbarkeit ist wesentlich das Vermittelte, nämlich durch den sich selbst aufhebenden Grund. Als diese durch das sich aufhebende Vermitteln vermittelte Unmittelbarkeit ist es zugleich das Ansichsein des Grundes und das Unbedingte desselben; aber dieses Ansichsein ist zugleich selbst wieder ebensosehr nur Moment oder Gesetztsein, denn es ist vermittelt. – Die Bedingung ist daher die ganze Form der Grundbeziehung; sie ist das vorausgesetzte Ansichsein derselben, aber damit selbst ein Gesetztsein, und ihre Unmittelbarkeit dies, sich zum Gesetztsein zu machen, sich somit von sich selbst so abzustoßen, daß sie sowohl zugrunde geht, als sie Grund ist, der sich zum Gesetztsein macht und hiermit auch zum Begründeten, und beides ist ein und dasselbe.

Ebenso ist an dem bedingten Grunde das Ansichsein nicht nur als Scheinen eines Anderen an ihm. Er ist die selbständige, das heißt, die sich auf sich beziehende Reflexion des Setzens, und hiermit das mit sich Identische, oder [er] ist in ihm selbst sein Ansichsein und sein Inhalt. Aber zugleich ist er voraussetzende Reflexion; er bezieht sich negativ auf sich selbst und setzt sich sein Ansichsein als ihm Anderes entgegen, und die Bedingung sowohl nach ihrem Moment des Ansichseins als des unmittelbaren Daseins ist das eigene Moment der Grundbeziehung; das unmittelbare Dasein ist wesentlich nur durch seinen Grund und ist das Moment seiner als Voraussetzens. Dieser ist daher ebenso das Ganze selbst.

Es ist somit überhaupt nur *ein* Ganzes der *Form* vorhanden, aber ebensosehr nur *ein* Ganzes des *Inhaltes*. Denn der eigentümliche Inhalt der Bedingung | ist nur wesentlicher Inhalt, insofern er die Identität der Reflexion mit sich in der Form oder als dieses unmittelbare Dasein an ihm selbst die Grundbeziehung ist. Dieses ist ferner nur Bedingung durch die voraussetzende Reflexion des Grundes; es ist dessen Identität mit sich selbst oder sein Inhalt, dem er sich gegenübersetzt. Das Dasein ist daher nicht bloß formloses Material für die Grundbeziehung, sondern, weil es an ihm selbst diese Form hat, ist es formierte Materie, und als zugleich das in der Identität mit ihr gegen sie Gleichgültige ist es Inhalt. Es ist endlich derselbe Inhalt, den der Grund hat, denn es ist eben Inhalt als das in der Formbeziehung mit sich Identische.

Die beiden Seiten des Ganzen, Bedingung und Grund, sind also Eine wesentliche Einheit sowohl als Inhalt wie als Form. Sie gehen durch sich selbst ineinander über, oder indem sie Reflexionen sind, so setzen sie sich selbst als Aufgehobene, beziehen sich auf diese ihre Negation und *setzen sich gegenseitig voraus*. Aber dies ist zugleich nur eine Reflexion beider, ihr Voraussetzen daher auch nur eines; die Gegenseitigkeit desselben geht vielmehr darein über, daß sie ihre Eine Identität als ihr Bestehen und ihre Grundlage voraussetzen. Diese, der eine Inhalt und Formeinheit beider, ist das *wahrhaft Unbedingte: die Sache an sich selbst*. – Die Bedingung ist, wie sich oben ergeben hat, nur das Relativ-Unbedingte. * Man pflegt sie daher selbst als ein Bedingtes zu betrachten und nach einer neuen Bedingung zu fragen, womit der gewöhnliche *Progreß ins Unendliche* von Bedingung zu Bedingung eingeleitet ist. Warum wird nun bei einer Bedingung nach einer neuen Bedingung gefragt, das heißt, warum wird sie als Bedingtes angenommen? Weil sie irgend ein endliches Dasein ist. Aber dies ist eine weitere Bestimmung der Bedingung, die nicht in ihrem Begriff liegt. Allein die Bedingung als solche ist darum ein Bedingtes, weil sie das gesetzte Ansichsein ist; sie ist daher im absolut Unbedingten aufgehoben.

Dieses nun enthält die beiden Seiten, die Bedingung und den Grund, als seine Momente in sich; es ist die Einheit, in welche sie zurückgegangen sind. Sie beide zusammen machen die Form oder das Gesetztsein derselben aus. Die unbedingte Sache ist Bedingung beider, aber die absolute, das heißt, die Bedingung, welche selbst Grund ist. – Als Grund ist sie nun die negative Identität, die sich in jene beiden Momente abgestoßen hat, – erstens in die Gestalt der aufgehobenen Grundbeziehung, einer unmittelbaren, einheitslosen, sich selbst äußerlichen Mannigfaltigkeit, welche sich auf den Grund als ein ihr Anderes bezieht und zugleich das Ansichsein desselben ausmacht; zweitens in die Gestalt einer innerlichen, einfachen Form, welche Grund ist, aber sich auf das mit sich identische Unmittelbare als auf ein Anderes bezieht und dasselbe als Bedingung, d.h. dieses ihr Ansich als ihr eigenes Moment bestimmt. – Diese beiden Seiten setzen die Totalität so voraus, daß sie das Setzende derselben ist. Umgekehrt, weil sie die Totalität | voraussetzen, so scheint diese auch wieder durch jene bedingt zu sein und die Sache aus ihrer Bedingung und aus ihrem Grunde zu entspringen. Aber indem diese beiden Seiten sich als das Identische gezeigt haben, so ist das Verhältnis von Bedingung und Grund verschwunden, sie sind zu einem Scheine herabgesetzt; das absolut Unbedingte ist in seiner Bewegung des Setzens und Voraussetzens nur die Bewegung, in welcher dieser Schein sich aufhebt. Es ist das Tun der Sache, sich zu bedingen und ihren Bedingungen sich als Grund gegenüberzustellen; ihre Beziehung als der Bedingungen und des Grundes ist aber ein Scheinen in sich, und ihr Verhalten zu ihnen ihr Zusammengehen mit sich selbst.

c. Hervorgang der Sache in die Existenz

Das absolut Unbedingte ist der absolute, mit seiner Bedingung identische Grund: die unmittelbare Sache als die wahrhaft wesenhafte. Als Grund bezieht sie sich negativ auf sich selbst, macht sich zum Gesetztsein, aber zum Gesetztsein, das die in ihren Seiten vollständige Reflexion und die in ihnen mit sich identische Formbeziehung ist, wie sich ihr Begriff ergeben hat. Dieses Gesetztsein ist daher erstlich der aufgehobene Grund, die Sache als das reflexionslose Unmittelbare, die Seite der Bedingungen. Diese ist die Totalität der Bestimmungen der Sache, – die Sache selbst, aber in die Äußerlichkeit des Seins hinausgeworfen: der wiederhergestellte Kreis des Seins. In der Bedingung entläßt das Wesen die Einheit seiner Reflexion-in-sich als eine Unmittelbarkeit, die aber nunmehr die Bestimmung hat, bedingende Voraussetzung zu sein und wesentlich nur eine seiner Seiten auszumachen. – Die Bedingungen sind darum der ganze Inhalt der Sache, weil sie das Unbedingte in der Form des formlosen Seins sind. Sie haben aber um dieser Form willen auch noch eine andere Gestalt als die Bestimmungen des Inhaltes, wie er in der Sache als solcher ist. Sie erscheinen als eine einheitslose Mannigfaltigkeit, vermischt mit Außerwesentlichem und anderen Umständen, die zu dem Kreise des Daseins, insofern es die Bedingungen dieser bestimmten Sache ausmacht, nicht gehören. – Für die absolute uneingeschränkte Sache ist die Sphäre des Seins selbst die Bedingung. Der Grund, der in sich zurückgeht, setzt sie als die erste Unmittelbarkeit, worauf er sich als auf sein Unbedingtes bezieht. Diese Unmittelbarkeit als die aufgehobene Reflexion ist die Reflexion in dem Element des Seins, das also sich als solches zu einem Ganzen ausbildet; die Form wuchert als Bestimmtheit des Seins fort und erscheint so als ein mannigfaltiger, von der Reflexionsbestimmung verschiedener und gegen sie gleichgültiger Inhalt. Das Unwesentliche, welches die Sphäre des Seins an ihr hat und was sie, insofern sie Bedingung ist, abstreift, ist die Bestimmtheit der Unmittelbarkeit, in | welche die Formeinheit versenkt ist. Diese Formeinheit als die Beziehung des Seins ist an ihm zunächst als das Werden, – das Übergehen einer Bestimmtheit des Seins in eine andere. Aber das Werden des Seins ist ferner Werden zum Wesen und das Zurückgehen in den Grund. Das Dasein also, welches die Bedingungen ausmacht, wird in Wahrheit nicht von einem Anderen als Bedingung bestimmt und als Material gebraucht, sondern es macht sich durch sich selbst zum Moment eines Anderen. – Sein Werden ist ferner nicht ein Anfangen von sich als dem wahrhaft Ersten und Unmittelbaren, sondern seine Unmittelbarkeit ist nur das Vorausgesetzte; und die Bewegung seines Werdens ist das Tun der Reflexion selbst. Die Wahrheit des Daseins ist daher, Bedingung zu sein; seine Unmittelbarkeit ist allein durch die Reflexion der Grundbeziehung, welche sich selbst als aufgehobene setzt. Das Werden ist somit wie die Unmittelbarkeit nur der Schein des Unbedingten, indem dieses sich selbst voraussetzt und darin seine Form hat; und die Unmittelbarkeit des Seins ist daher wesentlich nur Moment der Form.

Die andere Seite dieses Scheinens des Unbedingten ist die Grundbeziehung als solche, als Form bestimmt gegen die Unmittelbarkeit der Bedingungen und des Inhaltes. Aber sie ist die Form der absoluten Sache, welche die Einheit ihrer Form mit sich selbst oder ihren Inhalt an ihr selbst hat und, indem sie ihn zur Bedingung bestimmt, in diesem Setzen selbst seine Verschiedenheit aufhebt und ihn zum Moment macht, so wie sie umgekehrt sich als wesenloser Form in dieser Identität mit sich die Unmittelbarkeit des Bestehens gibt. Die Reflexion des Grundes hebt die Unmittelbarkeit der Bedingungen auf und bezieht sie zu Momenten in der Einheit der Sache; aber die Bedingungen sind das von der unbedingten Sache selbst Vorausgesetzte; sie hebt damit also ihr eigenes Setzen auf, oder ihr Setzen macht sich somit unmittelbar selbst ebensosehr zum Werden. – Beides ist daher Eine Einheit; die Bewegung der Bedingungen an ihnen selbst ist Werden, Zurückgehen in den Grund und Setzen des Grundes; aber der Grund als gesetzter, das heißt als aufgehobener, ist das Unmittelbare. Der Grund bezieht sich negativ auf sich selbst, macht sich zum Gesetztsein und begründet die Bedingungen; aber darin, daß so das unmittelbare Dasein als ein Gesetztes bestimmt ist, hebt der Grund es auf und macht sich erst zum Grunde. – Diese Reflexion also ist die Vermittlung der unbedingten Sache durch ihre Negation mit sich. Oder vielmehr die Reflexion des Unbedingten ist zuerst Voraussetzen, aber dieses Aufheben ihrer selbst ist unmittelbar bestimmendes Setzen; zweitens ist sie darin unmittelbar Aufheben des Vorausgesetzten und Bestimmen aus sich; somit ist dieses Bestimmen wieder Aufheben des Setzens und ist das Werden an sich selbst. Darin ist die Vermittlung als Rückkehr zu sich durch die Negation verschwunden; sie ist einfache, in sich scheinende Reflexion und grundloses absolutes Werden. Die Bewegung der Sache, durch ihre Bedingungen einerseits und andererseits durch ihren | Grund gesetzt zu werden, ist nur das Verschwinden des Scheins der Vermittlung. Das Gesetztwerden der Sache ist hiermit ein Hervortreten, das einfache sich Herausstellen in die Existenz, reine Bewegung der Sache zu sich selbst.

Wenn alle Bedingungen einer Sache vorhanden sind, so tritt sie in die Existenz. Die Sache ist, eh sie existiert; und zwar ist sie erstens als Wesen oder als Unbedingtes; zweitens hat sie Dasein oder ist bestimmt, und dies auf die betrachtete gedoppelte Weise, einerseits in ihren Bedingungen, andererseits in ihrem Grunde. In jenen hat sie sich die Form des äußerlichen, grundlosen Seins gegeben, weil sie als absolute Reflexion die negative Beziehung auf sich ist und sich zu ihrer Voraussetzung macht. Dieses vorausgesetzte Unbedingte ist daher das grundlose Unmittelbare, dessen Sein nichts ist, denn als Grundloses da zu sein. Wenn also alle Bedingungen der Sache vorhanden sind, das heißt, wenn die Totalität der Sache als grundloses Unmittelbares gesetzt ist, so erinnert sich diese zerstreute Mannigfaltigkeit an ihr selbst. – Die ganze Sache muß in ihren Bedingungen da sein, oder es gehören alle Bedingungen zu ihrer Existenz; denn alle machen die Reflexion aus; oder das Dasein, weil es Bedingung ist, ist durch die Form bestimmt, seine Bestimmungen sind daher Reflexionsbestimmungen und mit einer wesentlich die anderen gesetzt. – Die Erinnerung der Bedingungen ist zunächst das Zugrundegehen des unmittelbaren Daseins und das Werden des Grundes. Aber damit ist der Grund ein gesetzter, d. h. er ist, so sehr er als Grund ist, so sehr als Grund aufgehoben und unmittelbares Sein. Wenn also alle Bedingungen der Sache vorhanden sind, so heben sie sich als unmittelbares Dasein und Voraussetzung [auf], und ebensosehr hebt sich der Grund auf. Der Grund zeigt sich nur als ein Schein, der unmittelbar verschwindet; dieses Hervortreten ist somit die tautologische Bewegung der Sache zu sich, und ihre Vermittlung durch die Bedingungen und durch den Grund ist das Verschwinden beider. Das Hervortreten in die Existenz ist daher so unmittelbar, daß es nur durch das Verschwinden der Vermittlung vermittelt ist.

Die Sache geht aus dem Grunde hervor. Sie wird nicht durch ihn so begründet oder gesetzt, daß er noch unten bliebe, sondern das Setzen ist die Herausbewegung des Grundes zu sich selbst und das einfache Verschwinden desselben. Er erhält durch die *Vereinigung* mit den Bedingungen die äußerliche Unmittelbarkeit und das Moment des Seins. Aber er erhält sie nicht als ein Äußerliches noch durch eine äußerliche Beziehung; sondern als Grund macht er sich zum Gesetztsein, seine einfache Wesentlichkeit geht im Gesetztsein mit sich zusammen und ist in diesem Aufheben seiner selbst das Verschwinden seines Unterschiedes von seinem Gesetztsein, somit einfache wesentliche Unmittelbarkeit. Er bleibt also nicht als ein Verschiedenes vom Begründeten zurück, sondern | die Wahrheit des Begründens ist, daß der Grund darin mit sich selbst sich vereint und somit seine Reflexion in anderes seine Reflexion in sich selbst ist. Die Sache ist hiermit ebenso, wie sie das *Unbedingte* ist, auch das *Grundlose*, und tritt aus dem Grunde nur insofern er *zugrunde* gegangen und keiner ist, aus dem Grundlosen, d.h. aus der eigenen wesentlichen Negativität oder reinen Form hervor.

Diese durch Grund und Bedingung vermittelte und durch das Aufheben der Vermittlung mit sich identische Unmittelbarkeit ist die *Existenz*.

ZWEITER ABSCHNITT
DIE ERSCHEINUNG

Das Wesen muß erscheinen.

Das Sein ist die absolute Abstraktion; diese Negativität ist ihm nicht ein Äußerliches, sondern es ist Sein, und sonst nichts als Sein, nur als diese absolute Negativität. Um derselben willen ist Sein nur als sich aufhebendes Sein, und ist Wesen. Das Wesen aber ist als die einfache Gleichheit mit sich umgekehrt ebenfalls Sein. Die Lehre vom Sein enthält den ersten Satz: Das Sein ist Wesen. Der zweite Satz: Das Wesen ist Sein, macht den Inhalt des ersten Abschnittes der Lehre vom Wesen aus. Dieses Sein aber, zu dem das Wesen sich macht, ist das wesentliche Sein, die Existenz: ein Herausgegangensein aus der Negativität und Innerlichkeit.

So erscheint das Wesen. Die Reflexion ist das Scheinen des Wesens in ihm selbst. Die Bestimmungen derselben sind in die Einheit eingeschlossen schlechthin nur als gesetzte, aufgehobene; oder sie ist das in seinem Gesetztsein unmittelbar mit sich identische Wesen. Indem dieses aber Grund ist, bestimmt es sich real durch seine sich selbst aufhebende oder in sich zurückkehrende Reflexion; indem weiter diese Bestimmung oder das Anderssein der Grundbeziehung sich in der Reflexion des Grundes aufhebt und Existenz wird, so haben die Formbestimmungen hieran ein Element des selbständigen Bestehens. Ihr Schein vervollständigt sich zur Erscheinung.

Die zur Unmittelbarkeit fortgegangene Wesenheit ist zunächst Existenz und Existierendes oder Ding als ununterschiedene Einheit des Wesens mit seiner Unmittelbarkeit. Das Ding enthält zwar die Reflexion, aber ihre Negativität ist in seiner Unmittelbarkeit zunächst erloschen; allein weil sein Grund wesentlich die Reflexion ist, hebt sich seine Unmittelbarkeit auf; es macht sich zu einem Gesetztsein.

So ist es zweitens Erscheinung. Die Erscheinung ist das, was das Ding an sich ist, oder seine Wahrheit. Diese nur gesetzte, in das Anderssein reflektierte Existenz ist aber ebenso das Hinausgehen über sich in ihre Unendlichkeit; der Welt der Erscheinung stellt sich die in sich reflektierte, an sich seiende Welt gegenüber. |

Aber das erscheinende und das wesentliche Sein stehen schlechthin in Beziehung aufeinander. So ist die Existenz drittens wesentliches Verhältnis; das Erscheinende zeigt das Wesentliche, und dieses ist in seiner Erscheinung. – Das Verhältnis ist die noch unvollkommene Vereinigung der Reflexion in das Anderssein und der Reflexion in sich; die vollkommene Durchdringung beider ist die Wirklichkeit.

Erstes Kapitel
Die Existenz

Wie der Satz des Grundes ausdrückt: Alles was ist, hat einen Grund oder ist ein Gesetztes, ein Vermitteltes, so müßte auch ein Satz der Existenz aufgestellt und so ausgedrückt werden: Alles, was ist, existiert. Die Wahrheit des Seins ist, nicht ein erstes Unmittelbares, sondern das in die Unmittelbarkeit hervorgegangene Wesen zu sein.

Wenn aber ferner auch gesagt wurde, was existiert, hat einen Grund und ist bedingt, so müßte auch ebenso gesagt werden: es hat keinen Grund und ist unbedingt. Denn die Existenz ist die aus dem Aufheben der durch Grund und Bedingung beziehenden Vermittlung hervorgegangene Unmittelbarkeit, die im Hervorgehen eben dieses Hervorgehen selbst aufhebt.

Insofern die Beweise von der Existenz Gottes hier erwähnt werden können, ist zum voraus zu erinnern, daß es außer dem unmittelbaren Sein erstens und zweitens der Existenz, dem Sein, das aus dem Wesen hervorgeht, noch ein ferneres Sein gibt, welches aus dem Begriff hervorgeht, die Objektivität. – Das Beweisen ist überhaupt die vermittelte Erkenntnis. Die verschiedenen Arten des Seins fordern oder enthalten ihre eigene Art der Vermittlung; so wird auch die Natur des Beweisens in Ansehung einer jeden verschieden. Der ontologische Beweis will vom Begriff ausgehen; er legt den Inbegriff aller Realitäten zugrunde und subsumiert alsdann auch die Existenz unter die Realität. Er ist also die Vermittlung, welche Schluß ist, und die hier noch nicht zu betrachten ist. Es ist bereits oben (I. T. I. Abt. S. 51 ff.) auf * das, was Kant hiergegen erinnert, Rücksicht genommen und bemerkt worden, daß Kant unter *Existenz* das *bestimmte* Dasein versteht, wodurch etwas in den Kontext der gesamten | Erfahrung, d.h. in die Bestimmung eines *Andersseins* und in die Beziehung auf *Anderes* tritt. So ist als Existierendes etwas vermittelt durch anderes, und die Existenz überhaupt die Seite seiner Vermittlung. Nun liegt in dem, was Kant den Begriff nennt, nämlich in etwas, insofern es als nur einfach *auf sich bezogen* genommen wird, oder in der Vorstellung als solcher nicht seine Vermittlung; in der abstrakten Identität mit sich ist die Entgegensetzung weggelassen. Der ontologische Beweis hätte nun darzustellen, daß der absolute Begriff, nämlich der Begriff Gottes, zum bestimmten Dasein, zur Vermittlung komme, oder wie das einfache Wesen sich mit der Vermittlung vermittle. Dies geschieht durch die angegebene Subsumtion der Existenz unter ihr Allgemeines, nämlich die Realität, welche als das Mittlere zwischen Gott in seinem Begriff einerseits und zwischen der Existenz andererseits angenommen wird. – Von dieser Vermittlung, insofern sie die Form des Schlusses hat, ist, wie gesagt, hier nicht die Rede. Wie aber jene Vermittlung des Wesens mit der Existenz in Wahrheit beschaffen ist, dies hat die bisherige Darstellung enthalten. Die Natur des Beweisens selbst ist in der Lehre von der Erkenntnis zu betrachten. Hier ist nur anzugeben, was sich auf die Natur der Vermittlung überhaupt bezieht.

Die Beweise vom Dasein Gottes geben einen *Grund* für dieses Dasein an. Er soll nicht ein objektiver Grund des Daseins Gottes sein; denn dieses ist an und für sich selbst. So ist er bloß ein *Grund für die Erkenntnis*. Damit gibt er sich zugleich für ein solches aus, das in dem Gegenstand, der zunächst als begründet dadurch erscheint, *verschwindet*. Der Grund nun, der von der Zufälligkeit der Welt hergenommen ist, enthält den Rückgang derselben in das absolute Wesen; denn das Zufällige ist das an sich selbst *Grundlose* und Sichaufhebende. Das absolute Wesen geht somit in dieser Weise in der Tat aus dem Grundlosen hervor; der Grund hebt sich selbst auf, somit verschwindet auch der Schein des Verhältnisses, das Gott gegeben wurde, ein in einem anderen Begründetes zu sein. Diese Vermittlung ist hiermit die wahrhafte. Allein jene beweisende Reflexion kennt diese Natur ihrer Vermittlung nicht; sie nimmt sich einerseits für ein bloß Subjektives und entfernt hiermit ihre Vermittlung von Gott selbst, anderenteils aber erkennt sie deswegen nicht die vermittelnde Bewegung, daß und wie sie im *Wesen selbst* ist. Ihr wahrhaftes Verhältnis besteht darin, daß sie beides in einem ist, die Vermittlung als solche, aber zugleich allerdings eine subjektive, äußerliche, nämlich die sich äußerliche *Vermittlung*, *welche sich an ihr selbst wieder aufhebt*. In jener Darstellung aber erhält die Existenz das schiefe Verhältnis, nur als *Vermitteltes* oder Gesetztes zu erscheinen.

So kann auf der anderen Seite die Existenz auch nicht bloß als *Unmittelbares* betrachtet werden. In der Bestimmung einer Unmittelbarkeit genommen, ist das Auffassen der Existenz Gottes für etwas Unbeweisbares und das Wissen von ihr | als ein *nur* unmittelbares Bewußtsein, als ein *Glauben* ausgedrückt worden. Das Wissen soll zu diesem Resultat kommen, daß es *nichts* weiß, das heißt, daß es eine *vermittelnde* Bewegung und die in ihr vorkommenden Bestimmungen selbst wieder *aufgibt*. Dies hat sich auch im Vorhergehenden ergeben; allein es ist hinzuzusetzen, daß die Reflexion, indem sie mit dem Aufheben ihrer selbst endigt, darum nicht das *Nichts* zum Resultat hat, so daß nun das positive Wissen vom Wesen als *unmittelbare* Beziehung auf dasselbe, von jenem Resultate *getrennt* und ein eigenes Hervorgehen, ein nur von sich anfangender Akt wäre; sondern dieses Ende selbst, dieses *Zugrundegehen* der Vermittlung ist zugleich der *Grund*, aus dem das Unmittelbare hervorgeht. Die Sprache vereinigt wie * oben bemerkt, die Bedeutung dieses *Untergangs* und des *Grundes*; man sagt, das Wesen Gottes sei der *Abgrund* für die endliche Vernunft. Er ist es in der Tat, insofern sie darin ihre Endlichkeit aufgibt und ihre vermittelnde Bewegung versenkt; aber dieser *Abgrund*, der negative Grund, ist zugleich der *positive* des Hervorgehens des Seienden, des an sich selbst unmittelbaren Wesens; die Vermittlung ist *wesentliches Moment*. Die Vermittlung durch den Grund hebt sich auf, läßt aber nicht den Grund unten, so daß das aus ihm Hervorgehende, ein Gesetztes wäre, das sein Wesen anderswo, nämlich im Grunde hätte, sondern dieser Grund ist als Abgrund die verschwundene Vermittlung; und umgekehrt ist nur die verschwundene Vermittlung zugleich der Grund und nur durch diese Negation das sich selbst Gleiche und Unmittelbare.

So ist die Existenz hier nicht ein Prädikat oder als Bestimmung des Wesens zu nehmen, daß ein Satz davon hieße: Das Wesen existiert, oder hat Existenz; – sondern das Wesen ist in die Existenz übergegangen; die Existenz ist eine absolute Entäußerung, jenseits deren es nicht zurückgeblieben ist. Der Satz also hieße: Das Wesen ist die Existenz; es ist nicht von seiner Existenz unterschieden. – Das Wesen ist in die Existenz übergegangen, insofern das Wesen als Grund sich von sich als dem Begründeten nicht mehr unterscheidet oder jener Grund sich aufgehoben hat. Aber diese Negation ist ebenso wesentlich seine Position oder schlechthin positive Kontinuität mit sich selbst; die Existenz ist die Reflexion des Grundes in sich, seine in seiner Negation zustande gekommene Identität mit sich selbst, also die Vermittlung, die sich mit sich identisch gesetzt hat und dadurch Unmittelbarkeit ist.

Weil nun die Existenz wesentlich die mit sich identische Vermittlung ist, so hat sie die Bestimmungen der Vermittlung an ihr, aber so, daß sie zugleich in sich reflektierte sind und das wesentliche und unmittelbare Bestehen haben. Als die durch Aufheben sich setzende Unmittelbarkeit ist die Existenz negative Einheit und Insichsein; sie bestimmt sich daher unmittelbar als ein Existierendes und als Ding. |

A. Das Ding und seine Eigenschaften

Die Existenz als Existierendes ist gesetzt in der Form der negativen Einheit, welche sie wesentlich ist. Aber diese negative Einheit ist zunächst nur unmittelbare Bestimmung, somit das Eins des Etwas überhaupt. Das existierende Etwas ist aber unterschieden von dem seienden Etwas. Jenes ist wesentlich eine solche Unmittelbarkeit, die durch die Reflexion der Vermittlung in sich selbst entstanden ist. So ist das existierende Etwas ein Ding.

Das Ding wird von seiner Existenz unterschieden, wie das Etwas von seinem Sein unterschieden werden kann. Das Ding und das Existierende ist unmittelbar eins und dasselbe. Aber weil die Existenz nicht die erste Unmittelbarkeit des Seins ist, sondern das Moment der Vermittlung an ihr selbst hat, so ist ihre Bestimmung zum Dinge und die Unterscheidung beider nicht ein Übergang, sondern eigentlich eine Analyse; und die Existenz als solche enthält diese Unterscheidung selbst in dem Moment ihrer Vermittlung: den Unterschied von Ding-an-sich und von äußerlicher Existenz.

a. Ding an sich und Existenz

1. Das Ding an sich ist das Existierende als das durch die aufgehobene Vermittlung vorhandene, wesentliche Unmittelbare. Darin ist dem Ding an sich die Vermittlung ebenso wesentlich; aber dieser Unterschied in dieser ersten oder unmittelbaren Existenz fällt in gleichgültige Bestimmungen auseinander. Die eine Seite, nämlich die Vermittlung des Dinges ist eine nicht reflektierte Unmittelbarkeit, also sein Sein überhaupt, das, weil es zugleich als Vermittlung bestimmt ist, ein sich selbst anderes, in sich mannigfaltiges und äußerliches Dasein ist. Es ist aber nicht nur Dasein, sondern in Beziehung auf die aufgehobene Vermittlung und wesentliche Unmittelbarkeit; es ist daher das Dasein als Unwesentliches, als Gesetztsein. – (Wenn das Ding von seiner Existenz unterschieden wird, so ist es das Mögliche, das Ding der Vorstellung oder das Gedankending, welches als solches nicht zugleich existieren soll. Die Bestimmung der Möglichkeit und der Gegensatz des Dings gegen seine Existenz ist jedoch später.) – Aber das Ding-an-sich und sein vermitteltes Sein sind beide in der Existenz enthalten und beide selbst Existenzen; das Ding-an-sich existiert und ist die wesentliche, das vermittelte Sein aber die unwesentliche Existenz des Dinges. |

Das Ding an sich als das einfache Reflektiertsein der

Existenz in sich ist nicht der Grund des unwesentlichen Daseins; es ist die unbewegte, unbestimmte Einheit, weil es eben die Bestimmung hat, die aufgehobene Vermittlung zu sein, und daher nur die Grundlage desselben. Darum fällt auch die Reflexion als das sich durch anderes vermittelnde Dasein außer dem Ding-an-sich. Dieses soll keine bestimmte Mannigfaltigkeit an ihm selbst haben und erhält sie deswegen erst an die äußerliche Reflextion gebracht, aber bleibt gleichgültig dagegen. (– Das Ding-an-sich hat Farbe erst an das Auge gebracht, Geschmack an die Nase usf.) Seine Verschiedenheit sind Rücksichten, welche ein Anderes nimmt, bestimmte Beziehungen, die sich dieses auf das Ding-an-sich gibt und die nicht eigene Bestimmungen desselben sind.

2. Dieses Andere ist nun die Reflexion, welche bestimmt als äußerlich erstens sich selbst äußerlich und die bestimmte Mannigfaltigkeit ist. Alsdann ist sie dem wesentlich Existierenden äußerlich und bezieht sich darauf als auf seine absolute Voraussetzung. Diese beiden Momente der äußerlichen Reflexion aber, ihre eigene Mannigfaltigkeit und ihre Beziehung auf das ihr andere Ding-an-sich, sind ein und dasselbe. Denn diese Existenz ist nur äußerlich, insofern sie sich auf die wesentliche Identität als auf ein Anderes bezieht. Die Mannigfaltigkeit hat daher nicht jenseits des Dinges-an-sich ein eigenes selbständiges Bestehen, sondern ist erst als Schein gegen dieses, in ihrer notwendigen Beziehung darauf, als der sich an ihm brechende Reflex. Die Verschiedenheit ist also vorhanden als die Beziehung eines Anderen auf das Ding-an-sich; aber dieses Andere ist nichts für sich Bestehendes, sondern ist erst als Beziehung auf das Ding-an-sich; zugleich aber ist es nur als das Abstoßen von diesem; es ist so der haltlose Gegenstoß seiner in sich selbst.

Dem Ding-an-sich nun, da es die wesentliche Identität der Existenz ist, kommt daher diese wesenlose Reflexion nicht zu, sondern sie fällt ihm äußerlich in sich selbst zusammen. Sie geht zugrunde und wird damit selbst zur wesentlichen Identität oder zum Ding-an-sich. – Dies kann auch so betrachtet werden: Die wesenlose Existenz hat am Ding-an-sich ihre Reflexion in sich; sie bezieht sich darauf zunächst als auf ihr Anderes; aber als das Andere gegen das, was an sich ist, ist sie nur das Aufheben ihrer selbst und das Werden zum An-sich-sein. Das Ding-an-sich ist somit identisch mit der äußerlichen Existenz.

Dies stellt sich am Ding-an-sich so dar. Das Ding-an-sich ist die sich *auf sich beziehende*, wesentliche Existenz; es ist nur insofern die Identität mit sich, als es die Negativität der Reflexion in sich selbst enthält; das, was als ihm äußerliche Existenz erschien, ist daher Moment in ihm selbst. Es ist deswegen auch sich von sich abstoßendes Ding-an-sich, das *sich also zu sich als zu einem Anderen verhält*. Somit sind nun *mehrere* Dinge-an-sich vorhanden, die in der Be-|ziehung der äußerlichen Reflexion aufeinander stehen. Diese unwesentliche Existenz ist ihr Verhältnis zueinander als zu anderen; aber sie ist ihnen ferner selbst wesentlich, – oder diese unwesentliche Existenz, indem sie in sich zusammenfällt, ist Ding-an-sich, aber ein *anderes* als jenes erste; denn jenes erste ist unmittelbare Wesentlichkeit, dieses aber das aus der unwesentlichen Existenz hervorgehende. Allein dieses andere Ding-an-sich ist nur ein *anderes* überhaupt; denn als mit sich identisches Ding hat es weiter keine Bestimmtheit gegen das erste; es ist die Reflexion der unwesentlichen Existenz in sich wie das erste. Die Bestimmtheit der verschiedenen Dinge-an-sich gegeneinander fällt daher in die äußerliche Reflexion.

3. Diese äußerliche Reflexion ist nunmehr ein Verhalten der Dinge-an-sich zueinander, *ihre gegenseitige Vermittlung* als anderer. Die Dinge-an-sich sind so die Extreme eines Schlusses, dessen Mitte ihre äußerliche Existenz ausmacht, die Existenz, durch welche sie andere füreinander und unterschiedene sind. Dieser ihr Unterschied fällt nur in *ihre Beziehung*; sie schicken gleichsam nur von ihrer Oberfläche Bestimmungen in die Beziehung, gegen welche sie als absolut in sich reflektierte gleichgültig bleiben. – Dieses Verhältnis macht nun die Totalität der Existenz aus. Das Ding-an-sich steht in Beziehung auf eine ihm äußerliche Reflexion, worin es mannigfaltige Bestimmungen hat; es ist dies das Abstoßen seiner von sich selbst in ein anderes Ding-an-sich; dieses Abstoßen ist der Gegenstoß seiner in sich selbst, indem jedes nur ein Anderes ist als sich aus dem Anderen widerscheinend; es hat sein Gesetztsein nicht an ihm selbst, sondern an dem Anderen, ist bestimmt nur durch die Bestimmtheit des Anderen; dieses Andere

ist ebenso bestimmt nur durch die Bestimmtheit des ersten. Aber die beiden Dinge-an-sich, da sie hiermit nicht die Verschiedenheit an ihnen selbst haben, sondern jedes nur an dem anderen, sind keine unterschiedene[n]; das Ding-an-sich verhält sich, indem es sich auf das andere Extrem als ein anderes Ding-an-sich verhalten soll, zu einem von ihm Ununterschiedenen, und die äußerliche Reflexion, welche die vermittelnde Beziehung zwischen Extremen ausmachen sollte, ist ein Verhalten des Dings-an-sich nur zu sich selbst oder wesentlich seine Reflexion in sich; sie ist somit an sich seiende Bestimmtheit oder die Bestimmtheit des Dings-an-sich. Diese hat dieselbe also nicht in einer ihm äußerlichen Beziehung auf ein anderes Ding-an-sich und des anderen auf es; die Bestimmtheit ist nicht nur eine Oberfläche desselben, sondern ist die wesentliche Vermittlung seiner mit sich als mit einem Anderen. – Die beiden Dinge-an-sich, welche die Extreme der Beziehung ausmachen sollen, indem sie an sich keine Bestimmtheit gegeneinander haben sollen, fallen in der Tat in eins zusammen; es ist nur Ein Ding-an-sich, das in der äußerlichen Reflexion sich zu sich selbst verhält, und es ist dessen eigene Beziehung auf sich als auf ein Anderes, was dessen Bestimmtheit ausmacht.

Diese Bestimmtheit des Dings-an-sich ist die Eigenschaft des Dings. |

b. Die Eigenschaft

Die Qualität ist die unmittelbare Bestimmtheit des Etwas, das Negative selbst, wodurch das Sein Etwas ist. So ist die Eigenschaft des Dings die Negativität der Reflexion, wodurch die Existenz überhaupt ein Existierendes und, als einfache Identität mit sich, Ding-an-sich ist. Die Negativität der Reflexion, die aufgehobene Vermittlung, ist aber wesentlich selbst Vermittlung und Beziehung, nicht auf ein Anderes überhaupt, wie die Qualität als die nicht reflektierte Bestimmtheit, sondern Beziehung auf sich als auf ein Anderes oder Vermittlung, die unmittelbar ebensosehr Identität mit sich ist. Das abstrakte Ding-an-sich ist selbst dies aus Anderem in sich zurückkehrende Verhalten; es ist dadurch *an sich selbst bestimmt*; aber seine Bestimmtheit ist *Beschaffenheit*, die als solche selbst *Bestimmung* ist und als Verhalten zu Anderem *nicht* in das Anderssein *übergeht* und der *Veränderung entnommen* ist.

Ein Ding hat *Eigenschaften*; sie sind *erstlich* seine bestimmten Beziehungen auf *Anderes*; die Eigenschaft ist nur vorhanden als eine Weise des Verhaltens zueinander; sie ist daher die äußerliche Reflexion und die Seite des Gesetztseins des Dings. Aber *zweitens* ist das Ding in diesem Gesetztsein *an sich*; es erhält sich in der Beziehung auf Anderes; es ist also allerdings nur eine Oberfläche, mit der die Existenz sich dem Werden des Seins und der Veränderung preisgibt; die Eigenschaft verliert sich darin nicht. Ein Ding hat die Eigenschaft, dies oder jenes im Anderen zu bewirken und auf eine eigentümliche Weise sich in seiner Beziehung zu äußern. Es beweist diese Eigenschaft nur unter der Bedingung einer entsprechenden Beschaffenheit des anderen Dinges, aber sie ist ihm zugleich *eigentümlich* und seine mit sich identische Grundlage; – diese reflektierte Qualität heißt darum *Eigenschaft*. Es geht darin in eine Äußerlichkeit über, aber die Eigenschaft erhält sich darin. Das Ding wird durch seine Eigenschaften Ursache, und die Ursache ist dies, als Wirkung sich zu erhalten. Jedoch ist hier das Ding nur erst das ruhige Ding von vielen Eigenschaften, noch nicht als wirkliche Ursache bestimmt; es ist nur erst die ansichseiende, noch nicht selbst die setzende Reflexion seiner Bestimmung.

* Das *Ding-an-sich* ist also, wie sich ergeben hat, wesentlich nicht nur so Ding-an-sich, daß seine Eigenschaften Gesetztsein einer äußerlichen Reflexion sind, sondern sie sind seine eigenen Bestimmungen, durch die es sich auf bestimmte Weise verhält; es ist nicht eine jenseits seiner äußerlichen Existenz befindliche bestimmungslose Grundlage, sondern ist in seinen Eigenschaften, als Grund vorhanden, das heißt, die Identität mit sich in seinem Gesetztsein, aber zugleich als | *bedingter* Grund; das heißt, sein Gesetztsein ist ebensosehr sich äußerliche Reflexion; es ist nur insofern in sich reflektiert und an sich, insofern es äußerlich ist. – Durch die Existenz tritt das Ding-an-sich in äußerliche Beziehungen; und die Existenz

besteht in dieser Äußerlichkeit; sie ist die Unmittelbarkeit des Seins, und das Ding dadurch der Veränderung unterworfen; aber sie ist auch die reflektierte Unmittelbarkeit des Grundes, das Ding somit *an sich* in seiner Veränderung. – Diese Erwähnung der Grundbeziehung ist jedoch hier nicht so zu nehmen, daß das Ding überhaupt als Grund seiner Eigenschaften bestimmt sei; die Dingheit selbst ist als solche die Grundbestimmung, die Eigenschaft ist nicht von ihrem Grunde unterschieden, noch macht sie bloß das Gesetztsein aus, sondern ist der in seine Äußerlichkeit übergegangene und damit wahrhaft in sich reflektierte Grund; die Eigenschaft selbst als solche ist der Grund, an sich seiendes Gesetztsein, oder er macht die *Form* ihrer *Identität* mit sich aus; ihre *Bestimmtheit* ist die sich äußerliche Reflexion des Grundes; und das Ganze [ist] der in seinem Abstoßen und Bestimmen, in seiner äußerlichen Unmittelbarkeit sich auf sich beziehende Grund. – Das *Ding-an-sich existiert* also wesentlich, und daß es existiert, heißt umgekehrt, die Existenz ist als äußerliche Unmittelbarkeit zugleich *Ansichsein*.

Anmerkung

Es ist schon oben (I. Abt.) bei dem Moment des Daseins, * dem Ansichsein, des *Dings-an-sich* erwähnt und dabei bemerkt worden, daß das Ding-an-sich als solches nichts anderes als die leere Abstraktion von aller Bestimmtheit ist, von dem man allerdings *nichts wissen* kann, eben darum weil es die Abstraktion von aller Bestimmung sein soll. – Nachdem so das Ding-an-sich als das Unbestimmte vorausgesetzt wird, so fällt alle Bestimmung außerhalb desselben, in eine ihm fremde Reflexion, gegen welche es gleichgültig ist. Dem *transzendentalen Idealismus* ist diese äußerliche Reflexion das *Bewußtsein*. Indem dieses philosophische System alle Bestimmtheit der Dinge sowohl der Form als dem Inhalt nach in das Bewußtsein verlegt, so fällt es nach diesem Standpunkt in *mich*, in das Subjekt, daß ich die Baumblätter nicht als schwarz, sondern als grün, die Sonne rund und nicht viereckig sehe, den Zucker süß und nicht bitter schmecke, daß ich den ersten und zweiten Schlag einer Uhr als sukzedierend und nicht nebeneinander, noch den ersten als Ursache, auch nicht als

Wirkung des zweiten bestimme *usf.* – Dieser grellen Darstellung des subjektiven Idealismus widerspricht unmittelbar das Bewußtsein der Freiheit, nach | welchem Ich mich vielmehr als das Allgemeine und Unbestimmte weiß, jene mannigfaltigen und notwendigen Bestimmungen von mir abtrenne und sie als ein für mich Äußerliches, nur den Dingen Zukommendes erkenne. – Ich ist in diesem Bewußtsein seiner Freiheit sich diejenige wahrhafte, in sich reflektierte Identität, welche das Ding-an-sich sein sollte. – Anderwärts habe ich gezeigt, daß jener transzendentale Idealismus über die Beschränktheit des Ich durch das Objekt, überhaupt über die endliche Welt nicht hinauskommt, sondern allein die *Form* der Schranke, die ihm ein Absolutes bleibt, ändert, indem er sie nämlich nur aus der objektiven Gestalt in die subjektive übersetzt und dasjenige zu Bestimmtheiten des Ich und einem in diesem als einem Dinge vorgehenden wilden Wechsel derselben macht, was das gewöhnliche Bewußtsein als eine ihm nur äußerlichen Dingen angehörige Mannigfaltigkeit und Veränderung weiß. – In der gegenwärtigen Betrachtung steht nur das Ding-an-sich und die ihm zunächst äußerliche Reflexion gegenüber; diese hat sich noch nicht als Bewußtsein bestimmt, wie auch das Ding-an-sich nicht als Ich. Aus der Natur des Dinges-an-sich und der äußerlichen Reflexion hat sich ergeben, daß dieses Äußerliche selbst sich zum Dinge-an-sich bestimmt oder umgekehrt zur eigenen Bestimmung jenes ersten Dinges-an-sich wird. Das Wesentliche der Unzulänglichkeit des Standpunktes, auf dem jene Philosophie stehenbleibt, besteht nun darin, daß sie an *dem abstrakten Dinge-an-sich als einer letzten* Bestimmung festhält und die Reflexion oder die Bestimmtheit und Mannigfaltigkeit der Eigenschaften dem Dinge-an-sich gegenüberstellt, indem in der Tat das Ding-an-sich wesentlich jene äußerliche Reflexion an ihm selbst hat und sich zu einem mit *eigenen* Bestimmungen, mit Eigenschaften begabten bestimmt, wodurch sich die Abstraktion des Dinges, reines Ding-an-sich zu sein, als eine unwahre Bestimmung erweist.

c. Die Wechselwirkung der Dinge

Das Ding-an-sich *existiert* wesentlich; die äußerliche Unmittelbarkeit und die Bestimmtheit gehört zu seinem Ansichsein oder zu seiner Reflexion-in-sich. Das Ding an-sich ist dadurch ein Ding, das Eigenschaften hat, und es sind dadurch mehrere Dinge, die nicht durch eine ihnen fremde Rücksicht, sondern sich durch sich selbst voneinander unterscheiden. Diese mehreren verschiedenen Dinge stehen in wesentlicher Wechselwirkung durch ihre Eigenschaften; die Eigenschaft ist diese Wechselbeziehung selbst, und das Ding ist nichts außer derselben; die gegenseitige Bestimmung, die Mitte der Dinge-an-sich, die als Extreme gleichgültig | gegen diese ihre Beziehung bleiben sollten, ist selbst die mit sich identische Reflexion und das Ding-an-sich, das jene Extreme sein sollten. Die Dingheit ist damit zur Form der unbestimmten Identität mit sich herabgesetzt, die ihre Wesentlichkeit nur in ihrer Eigenschaft hat. Wenn daher von einem Dinge oder von Dingen überhaupt ohne die bestimmte Eigenschaft die Rede ist, so ist ihr Unterschied ein bloß gleichgültiger, quantitativer. Dasselbe, was als *ein* Ding betrachtet wird, kann ebensosehr zu mehreren Dingen gemacht oder als mehrere Dinge betrachtet werden; es ist eine *äußerliche Trennung* oder *Vereinigung*. – Ein Buch ist ein Ding, und jedes seiner Blätter ist auch ein Ding und ebenso jedes Stückchen seiner Blätter und so fort ins Unendliche. Die Bestimmtheit, wodurch *ein* Ding nur *dieses* Ding ist, liegt allein in seinen Eigenschaften. Es unterscheidet sich durch sie von anderen Dingen, weil die Eigenschaft die negative Reflexion und das Unterscheiden ist; das Ding hat daher nur in seiner Eigenschaft den Unterschied seiner von anderen an ihm selbst. Sie ist der in sich reflektierte Unterschied, wodurch das Ding in seinem Gesetztsein, d.h. in seiner Beziehung auf Anderes zugleich gleichgültig gegen das Andere und gegen seine Beziehung ist. Dem Dinge ohne seine Eigenschaften bleibt deswegen nichts als das abstrakte An-sich-sein, ein unwesentlicher Umfang und äußerliches Zusammenfassen. Das wahrhafte Ansichsein ist das Ansichsein in seinem Gesetztsein; dieses ist die Eigenschaft. Damit ist die *Dingheit* in die *Eigenschaft übergegangen*.

Das Ding sollte sich als an-sich-seiendes Extrem gegen die Eigenschaft verhalten und diese die Mitte zwischen den in Beziehung stehenden Dingen ausmachen. Allein diese Beziehung ist das, worin die Dinge sich als *die sich von sich selbst abstoßende Reflexion* begegnen, worin sie unterschieden und bezogen sind. Dieser ihr Unterschied und ihre Beziehung ist Eine Reflexion und *Eine Kontinuität* derselben. Die Dinge selbst fallen hiermit nur in diese Kontinuität, welche die Eigenschaft ist, und verschwinden als bestehende Extreme, die außer dieser Eigenschaft eine Existenz hätten.

Die Eigenschaft, welche die Beziehung der selbständigen Extreme ausmachen sollte, ist daher *das Selbständige selbst*. Die Dinge dagegen sind das Unwesentliche. Sie sind ein *Wesentliches* nur als die als sich unterscheidend sich auf sich beziehende Reflexion; aber dies ist die Eigenschaft. Diese ist also nicht das im Dinge Aufgehobene oder sein bloßes Moment; sondern das Ding ist in Wahrheit nur jener unwesentliche Umfang, der zwar negative Einheit ist, aber nur wie das Eins des Etwas, nämlich ein *unmittelbares* Eins. Wenn vorhin das Ding als unwesentlicher Umfang insofern bestimmt wurde, als es durch eine äußerliche Abstraktion, welche die Eigenschaft von demselben wegläßt, dazu gemacht werde, so ist nunmehr diese Abstraktion durch das Übergehen des Dings-an-sich in die Eigenschaft selbst geschehen, aber mit umgekehrtem Werte, so | daß, wenn jenem Abstrahieren das abstrakte Ding ohne seine Eigenschaft noch als das Wesentliche, die Eigenschaft aber als eine äußerliche Bestimmung vorschwebt, hier das Ding als solches sich durch sich selbst zu einer gleichgültigen äußerlichen Form der Eigenschaft bestimmt. – Diese ist somit nunmehr befreit von der unbestimmten und kraftlosen *Verbindung*, die das Eins des Dinges ist, sie ist das, was das *Bestehen* desselben ausmacht: eine *selbständige Materie*. – Indem sie einfache Kontinuität mit sich ist, hat sie die Form zunächst nur als *Verschiedenheit* an ihr; es gibt daher *mannigfaltige* dergleichen selbständige Materien, und *das Ding besteht aus ihnen*.

B. Das Bestehen des Dings aus Materien

Der Übergang der *Eigenschaft* in eine *Materie* oder in einen selbständigen *Stoff* ist der bekannte Übergang, den an der sinnlichen Materie die Chemie macht, indem sie die *Eigenschaften* der Farbe, des Geruchs, des Geschmacks *usf.* als *Lichtstoff*, *Färbestoff*, *Riechstoff*, sauren, bitteren *usf. Stoff* darzustellen sucht oder andere wie den *Wärmestoff*, die elektrische, magnetische Materie geradezu nur annimmt und damit die Eigenschaften in ihrer Wahrhaftigkeit zu handhaben überzeugt ist. – Ebenso geläufig ist der Ausdruck, daß die Dinge aus verschiedenen Materien oder Stoffen *bestehen*. Man hütet sich, diese *Materien* oder Stoffe *Dinge* zu nennen; ob man wohl auch einräumen wird, daß z.B. ein Pigment ein Ding ist; ich weiß aber nicht, ob z.B. auch der Lichtstoff, der Wärmestoff oder die elektrische Materie *usf.* Dinge genannt werden. Man unterscheidet die Dinge und ihre Bestandteile, ohne genau anzugeben, ob diese und in[wie]weit sie auch Dinge oder etwa nur Halbdinge seien; aber *Existierende* überhaupt sind sie wenigstens.

Die Notwendigkeit, von den Eigenschaften zu Materien überzugehen, oder daß die Eigenschaften in Wahrheit Materien sind, hat sich daraus ergeben, daß sie das Wesentliche und damit das wahrhaft Selbständige der Dinge sind. – Zugleich aber macht die Reflexion der Eigenschaft in sich nur die eine Seite der ganzen Reflexion aus, nämlich das Aufheben des Unterschiedes und die Kontinuität der Eigenschaft, die eine Existenz für Anderes sein sollte, mit sich selbst. Die Dingheit als die negative Reflexion in sich und das sich von Anderem abstoßende Unterscheiden ist dadurch zu einem unwesentlichen Momente herabgesetzt; zugleich aber hat es sich damit weiter bestimmt. Dieses negative Moment hat sich *erstens erhalten*; denn die Eigenschaft ist nur insofern mit sich kontinuierlich und selbständige Materie geworden, als sich der Unterschied der Dinge *auf|gehoben* hat; die Kontinuität der Eigenschaft in das Anderssein enthält also selbst das Moment des Negativen, und ihre Selbständigkeit ist zugleich als diese *negative Einheit* das wiederhergestellte *Etwas* der Dingheit: die negative Selbständigkeit gegen die positive des Stoffes.

Zweitens ist hierdurch das Ding aus seiner Unbestimmtheit zur vollkommenen Bestimmtheit gediehen. Als *Ding an sich* ist es die *abstrakte* Identität, die *einfach negative* Existenz oder sie *bestimmt* als das *Unbestimmte*; alsdann ist es bestimmt durch seine Eigenschaften, durch welche es sich von anderen unterscheiden soll; aber indem es durch die Eigenschaft vielmehr kontinuierlich mit anderen ist, so hebt sich dieser unvollkommene Unterschied auf; das Ding ist dadurch in sich zurückgegangen und nun bestimmt *als bestimmt*; es ist *an sich bestimmt* oder *dieses* Ding. –

Aber *drittens* ist diese Rückkehr in sich zwar die sich auf sich beziehende Bestimmung; aber sie ist zugleich unwesentlich; das mit sich kontinuierliche *Bestehen* macht die selbständige Materie aus, in welcher der Unterschied der Dinge, ihre an und für sich seiende Bestimmtheit aufgehoben und ein Äußerliches ist. Das Ding als *dieses* ist also zwar vollkommene Bestimmtheit, aber es ist dies die Bestimmtheit im Element der Unwesentlichkeit.

Dies von Seite der Bewegung der Eigenschaft aus betrachtet, ergibt sich so. Die Eigenschaft ist nicht nur *äußerliche* Bestimmung, sondern *an sich seiende* Existenz. Diese Einheit der Äußerlichkeit und Wesentlichkeit stößt sich, weil sie die Reflexion-in-sich und die Reflexion in Anderes enthält, von sich selbst ab und ist einerseits die Bestimmung als *einfaches*, sich identisch auf sich beziehendes Selbständiges, in welchem die negative Einheit, das Eins des Dinges ein Aufgehobenes ist, – andererseits diese Bestimmung gegen Anderes, aber ebenfalls als in sich reflektiertes, an sich bestimmtes Eins: die *Materien* also und *dieses Ding*. Dies sind die zwei Momente der mit sich identischen Äußerlichkeit oder der in sich reflektierten Eigenschaft. – Die Eigenschaft war das, wodurch sich die Dinge unterscheiden sollten; indem sie sich von dieser ihrer negativen Seite, einem Anderen zu inhärieren, befreit hat, so ist damit auch das Ding von seinem Bestimmtsein durch andere Dinge befreit worden und aus der Beziehung auf Anderes in sich zurückgegangen; aber es ist zugleich nur *das sich Anderes gewordene Ding-an-sich*, weil die mannigfaltigen Eigenschaften ihrerseits selbständig, hierin also *ihre negative Beziehung in dem Eins des Dinges* nur eine aufgehobene geworden ist; es ist darum die mit sich identische Negation nur gegen die positive Kontinuität des Stoffes.

Das Diese macht also so die vollkommene Bestimmtheit des Dinges aus, daß sie zugleich eine äußerliche ist. Das Ding besteht aus selbständigen Materien, die gegen ihre Beziehung im Dinge gleichgültig sind. Diese Beziehung ist daher | nur eine unwesentliche Verknüpfung derselben und der Unterschied eines Dinges von anderen beruht darauf, ob mehrere der besonderen Materien und in welcher Menge sie sich in ihm befinden. Sie gehen über dieses Ding hinaus, kontinuieren sich in andere, und diesem Dinge anzugehören, ist keine Schranke derselben. Ebensowenig sind sie ferner eine Beschränkung füreinander, weil ihre negative Beziehung nur das kraftlose Diese ist. Sie heben sich daher, indem sie in ihm verbunden werden, nicht auf; sie sind als Selbständige undurchdringlich füreinander, beziehen sich in ihrer Bestimmtheit nur auf sich und sind eine gegeneinander gleichgültige Mannigfaltigkeit des Bestehens; sie sind nur einer quantitativen Grenze fähig. – Das Ding als dieses ist diese ihre bloß quantitative Beziehung, eine bloße Sammlung, das Auch derselben. Es besteht aus irgendeinem Quantum von einem Stoffe, auch aus dem eines anderen, auch anderen; diesen Zusammenhang, keinen Zusammenhang zu haben, macht allein das Ding aus.

C. Die Auflösung des Dinges

Dieses Ding, wie es sich bestimmt hat als der bloß quantitative Zusammenhang der freien Stoffe, ist das schlechthin veränderliche. Seine Veränderung besteht darin, daß eine oder mehrere Materien aus der Sammlung ausgeschieden oder zu diesem Auch hinzugefügt werden oder daß ihr Mengenverhältnis zueinander verändert wird. Das Entstehen und Vergehen dieses Dings ist die äußerliche Auflösung solcher äußerlichen Verbindung oder die Verbindung solcher, denen es gleichgültig ist verbunden zu sein oder nicht. Die Stoffe zirkulieren aus diesem Dinge unaufgehalten hinaus oder herein;

es selbst ist die absolute Porosität ohne eigenes Maß oder Form.

So ist das Ding in seiner absoluten Bestimmtheit, wodurch es *dieses* ist, das schlechthin auflösbare. Diese Auflösung ist ein äußerliches Bestimmtwerden, so wie auch das Sein desselben; aber seine Auflösung und die Äußerlichkeit seines Seins ist das Wesentliche dieses Seins; es ist nur das Auch; es besteht nur in dieser Äußerlichkeit. Aber es besteht auch aus seinen Materien, und nicht nur das abstrakte *Dieses* als solches, sondern das *ganze diese Ding* ist die Auflösung seiner selbst. Das Ding ist nämlich bestimmt als eine äußerliche Sammlung selbständiger Materien; diese Materien sind nicht Dinge, sie haben nicht die negative Selbständigkeit, sondern sind die Eigenschaften als das Selbständige, nämlich das Bestimmtsein, das als solches in sich reflektiert ist. Die Materien sind daher zwar einfach und beziehen sich nur auf sich selbst; aber *ihr Inhalt* ist eine *Bestimmtheit*; die Reflexion-in-sich ist nur *die Form* dieses Inhaltes, der nicht als | solcher in sich reflektiert ist, sondern nach seiner Bestimmtheit *sich auf Anderes* bezieht. Das Ding ist daher nicht nur das *Auch* derselben, – die Beziehung derselben als gegeneinander gleichgültiger, sondern ebensosehr ihre *negative* Beziehung; – um ihre Bestimmtheit [willen] sind die Materien selbst diese ihre negative Reflexion, welche die Punktualität des Dinges ist. Die eine Materie ist nicht, *was* die andere ist, nach der Bestimmtheit ihres Inhaltes gegeneinander; und die eine *ist* nicht, insofern die andere ist, nach ihrer Selbständigkeit.

Das Ding ist daher so die Beziehung der Materien, aus denen es besteht, aufeinander, daß in ihm die eine und die andere *auch bestehen*, aber daß darin zugleich die eine *nicht* besteht, insofern die andere besteht. Insofern also die eine Materie in dem Dinge ist, so ist die andere dadurch aufgehoben; aber das Ding ist zugleich das *Auch* oder das Bestehen der anderen. In dem Bestehen der einen Materie besteht daher die andere *nicht*, und ebensosehr besteht sie *auch* in der ersteren, und so gegenseitig alle diese verschiedenen Materien. Indem also in derselben Rücksicht, als die eine besteht, auch die anderen bestehen, welches Eine Bestehen derselben die Punktualität oder negative Einheit des Dings ist, so *durchdringen* sie sich schlechthin; und indem das Ding zugleich nur das Auch derselben und die Materien in ihre Bestimmtheit reflektiert sind, so sind sie gleichgültig gegeneinander und berühren sich in ihrer Durchdringung nicht. Die Materien sind daher wesentlich porös, so daß die eine besteht in den Poren oder in dem Nichtbestehen der anderen; aber diese anderen sind selbst porös; in ihren Poren oder ihrem Nichtbestehen besteht auch die erste und alle die übrigen; ihr Bestehen ist zugleich ihr Aufgehobensein und das Bestehen von anderen; und dieses Bestehen der anderen ist ebensosehr dieser ihr Aufgehobensein und das Bestehen der ersteren und auf gleiche Weise aller anderen. Das Ding ist daher die sich widersprechende Vermittlung des selbständigen Bestehens mit sich durch sein Gegenteil, nämlich durch seine Negation oder einer selbständigen Materie durch das Bestehen und Nichtbestehen einer anderen. – Die Existenz hat in diesem Dinge ihre Vollständigkeit erreicht, nämlich in Einem an sich seiendes Sein oder selbständiges Bestehen und unwesentliche Existenz zu sein; die Wahrheit der Existenz ist daher, ihr Ansichsein in der Unwesentlichkeit oder ihr Bestehen in einem Anderen, und zwar dem absolut Anderen, oder zu ihrer Grundlage ihre Nichtigkeit zu haben. Sie ist daher Erscheinung.

Anmerkung

Es ist eine der geläufigsten Bestimmungen des Vorstellens, daß ein Ding aus vielen selbständigen Materien bestehe. Einerseits wird das Ding betrachtet, daß es Eigenschaften habe, deren Bestehen das Ding ist. Anderer-|seits aber werden diese verschiedenen Bestimmungen als Materien genommen, deren Bestehen nicht das Ding ist, sondern umgekehrt besteht das Ding aus ihnen; es selbst ist nur ihre äußerliche Verbindung und quantitative Grenze. Beides, die Eigenschaften und die Materien, sind dieselben Inhaltsbestimmungen, nur daß sie dort Momente, in ihre negative Einheit als in eine von ihnen selbst unterschiedene Grundlage, die Dingheit, reflektierte sind, hier selbständige Verschiedene, deren jedes in seine eigene Einheit mit sich reflektiert ist. Diese Materien nun bestimmen sich ferner als selbständiges

Bestehen; aber sie sind auch zusammen in einem Dinge. Dieses Ding hat die zwei Bestimmungen, erstlich dieses zu sein und zweitens das Auch zu sein. Das Auch ist dasjenige, was in der äußeren Anschauung als Raumausdehnung vorkommt; Dieses aber, die negative Einheit, ist die Punktualität des Dinges. Die Materien sind zusammen in der Punktualität, und ihr Auch oder die Ausdehnung ist allenthalben diese Punktualität; denn das Auch als Dingheit ist wesentlich auch als negative Einheit bestimmt. Wo daher die eine dieser Materien ist, in einem und demselben Punkte ist die andere; das Ding hat nicht an einem anderen Orte seine Farbe, an einem anderen seinen Riechstoff, an einem dritten seinen Wärmestoff usf., sondern in dem Punkte, in dem es warm ist, ist es auch farbig, sauer, elektrisch usw. Weil nun diese Stoffe nicht außereinander, sondern in Einem Diesen sind, werden sie als porös angenommen, so daß die eine in den Zwischenräumen der anderen existiert. Diejenige, die sich in den Zwischenräumen der anderen befindet, ist aber auch selbst porös; in ihren Poren existiert daher umgekehrt die andere; aber nicht nur diese, sondern auch die dritte, zehnte, usf. Alle sind porös, und in den Zwischenräumen einer jeden befinden sich alle anderen, wie sie sich mit den übrigen in diesen Poren einer jeden befindet. Sie sind daher eine Menge, die sich so gegenseitig durchdringt, daß die durchdringenden von den anderen ebenso durchdrungen werden, daß somit jede ihr eigenes Durchdrungensein wieder durchdringt. Jede ist als ihre Negation gesetzt, und diese Negation ist das Bestehen einer anderen; aber dieses Bestehen ist ebensosehr die Negation dieser anderen und das Bestehen der ersten.

Die Ausrede, durch welche das Vorstellen den Widerspruch des selbständigen Bestehens der mehreren Materien in Einem oder die Gleichgültigkeit derselben gegeneinander in ihrer Durchdringung abhält, pflegt bekanntlich die Kleinheit der Teile und der Poren zu sein. Wo der Unterschied-an-sich, der Widerspruch und die Negation der Negation eintritt, überhaupt wo begriffen werden soll, läßt das Vorstellen sich in den äußerlichen, den quantitativen Unterschied herunterfallen; in Ansehung des Entstehens und Vergehens nimmt es seine Zuflucht zur Allmählichkeit und in Ansehung des Seins zur *Kleinheit*, worin das Verschwindende zum *Unbemerkbaren*, der Wider|spruch zu einer Verwirrung herabgesetzt und das wahre Verhältnis in ein unbestimmtes Vorstellen hinübergespielt wird, dessen Trübheit das sich Aufhebende rettet.

Näher aber diese Trübheit beleuchtet, so zeigt sie sich als der Widerspruch teils als der subjektive des Vorstellens, teils als der objektive des Gegenstandes; das Vorstellen selbst enthält vollständig die Elemente desselben. Was es nämlich erstlich selbst tut, ist der Widerspruch, sich an die *Wahrnehmung* halten und Dinge des *Daseins* vor sich haben zu wollen, und andererseits dem *Nichtwahrnehmbaren*, durch die Reflexion Bestimmten, sinnliches Dasein zuzuschreiben; – die kleinen Teile und Poren sollen zugleich ein sinnliches Dasein sein, und es wird von ihrem Gesetztsein als von derselben Weise der *Realität* gesprochen, – welche der Farbe, Wärme *usf.* zukommt. Wenn ferner das Vorstellen diesen *gegenständlichen* Nebel, die Poren und die kleinen Teilchen, näher betrachtete, so erkennte es darin nicht nur eine Materie und *auch* deren Negation, so daß *hier* die Materie und *daneben* ihre Negation, der Poros, und *neben* diesem wieder Materie und so fort sich befände, sondern daß es in *diesem* Dinge 1) die *selbständige* Materie, 2) ihre *Negation* oder Porosität und die *andere selbständige* Materie in *einem und demselben Punkte* hat, daß diese Porosität und das selbständige Bestehen der Materien ineinander als in Einem eine gegenseitige Negation und Durchdringen des Durchdringens ist. – Die neueren Darstellungen der Physik über die Verbreitung des Wasserdampfes in der atmosphärischen Luft und der Gasarten durch einander heben eine Seite des Begriffs, der sich hier über die Natur des Dinges ergeben hat, bestimmter heraus. Sie zeigen nämlich, daß z. B. ein gewisses Volumen ebensoviel Wasserdampf aufnimmt, es sei leer von atmosphärischer Luft oder damit erfüllt; auch daß die Gasarten so sich ineinander verbreiten, daß jede für die andere so gut als ein Vakuum ist, wenigstens daß sie in keiner chemischen Verbindung miteinander sind, jedes ununterbrochen durch das andere *mit sich kontinuierlich* bleibt und sich in *seiner Durchdringung mit den anderen gleichgültig* gegen sie erhält. – *

Aber das weitere Moment im Begriff des Dinges ist, daß im *Diesen* die eine Materie sich befindet, wo die andere, und das Durchdringende in demselben Punkte auch durchdrungen ist oder das Selbständige unmittelbar die Selbständigkeit eines Anderen ist. Dies ist widersprechend; aber das Ding ist nichts anderes als dieser Widerspruch selbst; darum ist es Erscheinung.

Eine ähnliche Bewandtnis, als es mit diesen Materien hat, hat es im Geistigen mit der Vorstellung der *Seelenkräfte* oder *Seelenvermögen*. Der Geist ist in viel tieferem Sinne *dieses*, die negative Einheit, in welcher sich seine Bestimmungen durchdringen. Aber als Seele vorgestellt, pflegt er häufig als ein *Ding* genommen zu werden. Wie man den Menschen überhaupt aus Seele und Leib | *bestehen* läßt, deren jedes als ein Selbständiges für sich gilt, so läßt man die Seele aus sogenannten *Seelenkräften* bestehen, deren jede eine für sich bestehende Selbständigkeit hat oder eine unmittelbare für sich nach ihrer Bestimmtheit wirkende Tätigkeit ist. Man stellt sich so vor, daß hier der Verstand, hier die Einbildungskraft für sich wirke, daß man den Verstand, das Gedächtnis usf. jede für sich kultiviere und einstweilen die anderen Kräfte in Untätigkeit linker Hand liegen lasse, bis die Reihe vielleicht, vielleicht auch nicht an sie komme. Indem sie in das materiell-einfache *Seelending* verlegt werden, welches als einfach *immateriell* sei, so werden die Vermögen zwar nicht als besondere Materien vorgestellt; aber als *Kräfte* werden sie gleich *indifferent* gegeneinander angenommen als jene Materien. Aber der Geist ist nicht jener Widerspruch, welcher das Ding ist, das sich auflöst und in Erscheinung übergeht; sondern er ist schon an ihm selbst der in seine absolute Einheit, nämlich den Begriff, zurückgegangene Widerspruch, worin die Unterschiede nicht mehr als selbständige, sondern nur als *besondere* Momente im Subjekte, der einfachen Individualität, zu denken sind. |

Zweites Kapitel
Die Erscheinung

Die Existenz ist die Unmittelbarkeit des Seins, zu der sich das Wesen wiederhergestellt hat. Diese Unmittelbarkeit ist *an sich* die Reflexion des Wesens in sich. Das Wesen ist als Existenz aus seinem Grunde heraufgetreten, der selbst in sie übergegangen ist. Die Existenz ist diese *reflektierte* Unmittelbarkeit, insofern sie an ihr selbst die absolute Negativität ist. Sie ist nunmehr auch als dies *gesetzt*, indem sie sich als *Erscheinung* bestimmt hat.

Die Erscheinung ist daher zunächst das Wesen in einer Existenz; das Wesen ist unmittelbar an ihr vorhanden. Daß sie nicht als unmittelbare, sondern die *reflektierte* Existenz ist, dies macht das Moment des Wesens an ihr aus; oder die Existenz als *wesentliche* Existenz ist Erscheinung.

Es ist etwas *nur* Erscheinung, – in dem Sinne, daß die Existenz als solche nur ein Gesetztes, nicht an und für sich Seiendes ist. Dies macht ihre Wesentlichkeit aus, an ihr selbst die Negativität der Reflexion, die Natur des Wesens, zu haben. Es ist dies nicht eine fremde, äußerliche Reflexion, welcher das Wesen zugehörte und die durch Vergleichung desselben mit der Existenz diese für Erscheinung erklärte. Sondern, wie sich ergeben hat, ist diese Wesentlichkeit der Existenz, Erscheinung zu sein, die eigene Wahrheit der Existenz. Die Reflexion, wodurch sie dies ist, gehört ihr selbst an.

Wenn aber gesagt wird, Etwas sei *nur* Erscheinung in dem Sinne, als ob dagegen die *unmittelbare Existenz* die Wahrheit wäre, so ist vielmehr die Erscheinung die höhere Wahrheit; denn sie ist die Existenz, wie sie als wesentliche, da hingegen die Existenz die noch wesenlose Erscheinung ist, weil sie nur das eine Moment der Erscheinung, nämlich die Existenz als unmittelbare, noch nicht ihre negative Reflexion an ihr hat. Wenn die *Erscheinung wesenlos* genannt wird, so wird an das Moment ihrer Negativität so gedacht, als ob das Unmittelbare dagegen das Positive und Wahrhafte wäre; aber vielmehr enthält dies Unmittelbare die wesentliche Wahrheit noch nicht an ihm. Die Existenz hört vielmehr auf, wesenlos zu sein, darin, daß sie in Erscheinung übergeht.

Das Wesen *scheint* zunächst in ihm selbst, in seiner einfachen Identität; so ist es die abstrakte Reflexion, die reine Bewegung von nichts durch nichts zu sich selbst zurück. Das Wesen *erscheint*, so ist es nunmehr *realer* Schein, indem | die Momente des Scheins Existenz haben. Die Erscheinung ist, wie sich ergeben hat, das Ding als die negative *Vermittlung* * seiner mit sich selbst; die Unterschiede, welche es enthält, sind *selbständige* Materien, die der Widerspruch sind, ein unmittelbares Bestehen zu sein und zugleich nur in fremder Selbständigkeit, also in der Negation der eigenen ihr Bestehen zu haben, und wieder eben darum auch nur in der Negation jener fremden oder in der Negation ihrer eigenen Negation. Der Schein ist dieselbe Vermittlung, aber seine haltlosen Momente haben in der Erscheinung die Gestalt unmittelbarer Selbständigkeit. Dagegen ist die unmittelbare Selbständigkeit, die der Existenz zukommt, ihrerseits zum Moment herabgesetzt. Die Erscheinung ist daher Einheit des Scheins und der Existenz.

Die Erscheinung bestimmt sich nun näher. Sie ist die wesentliche Existenz; die Wesentlichkeit derselben unterscheidet sich von ihr als unwesentlicher, und diese beiden Seiten treten in Beziehung miteinander. – Sie ist daher *zuerst* einfache Identität mit sich, die zugleich verschiedene Inhaltsbestimmungen enthält, welche sowohl selbst als deren Beziehung das im Wechsel der Erscheinung sich Gleichbleibende ist: das *Gesetz der Erscheinung*.

Zweitens aber geht das in seiner Verschiedenheit einfache Gesetz in den Gegensatz über; das Wesentliche der Erscheinung wird ihr selbst entgegengesetzt, und der *erscheinenden* Welt tritt die *an sich seiende* Welt gegenüber.

Drittens geht dieser Gegensatz in seinen Grund zurück; das Ansichseiende ist in der Erscheinung, und umgekehrt ist das Erscheinende bestimmt als in sein Ansichsein aufgenommen; die Erscheinung wird *Verhältnis*.

A. Das Gesetz der Erscheinung

1. Die Erscheinung ist das Existierende vermittelt durch seine Negation, welche sein Bestehen ausmacht. Diese seine Negation ist zwar ein anderes Selbständiges; aber dies ist ebenso wesentlich ein Aufgehobenes. Das Existierende ist daher die Rückkehr seiner in sich selbst durch seine Negation und durch die Negation dieser seiner Negation; es hat also wesentliche Selbständigkeit; so wie es gleich unmittelbar schlechthin Gesetztsein ist, das einen Grund und ein Anderes zu seinem Bestehen hat. – Fürs erste ist also die Erscheinung die Existenz zugleich mit ihrer Wesentlichkeit, das Gesetztsein mit seinem Grunde; aber dieser Grund ist die Negation; und das andere Selbständige, der Grund des ersten, ist gleichfalls nur ein Gesetztsein. Oder das Existierende ist als Erscheinendes in ein Anderes reflektiert und hat es zu seinem Grunde, welches selbst nur | dies ist, in ein anderes reflektiert zu sein. Die wesentliche Selbständigkeit, die ihm zukommt, weil es Rückkehr in sich selbst ist, ist um der Negativität der Momente willen, die Rückkehr des Nichts durch Nichts zu sich selbst zurück; die Selbständigkeit des Existierenden ist daher nur der wesentliche Schein. Der Zusammenhang des sich gegenseitig begründenden Existierenden besteht darum in dieser gegenseitigen Negation, daß das Bestehen des einen nicht das Bestehen des anderen, sondern dessen Gesetztsein ist, welche Beziehung des Gesetztseins allein ihr Bestehen ausmacht. Der Grund ist vorhanden, wie er in seiner Wahrheit ist, nämlich ein Erstes zu sein, das nur ein Vorausgesetztes ist.

Dies macht nun die negative Seite der Erscheinung aus. Aber in dieser negativen Vermittlung ist unmittelbar die positive Identität des Existierenden mit sich enthalten. Denn es ist nicht Gesetztsein gegen einen wesentlichen Grund oder ist nicht der Schein an einem Selbständigen; sondern ist Gesetztsein, das sich auf ein Gesetztsein bezieht, oder ist ein Schein nur in einem Scheine. Es bezieht sich in dieser seiner Negation oder in seinem Anderen, das selbst ein Aufgehobenes ist, auf sich selbst, ist also mit sich identische oder positive Wesentlichkeit. – Dieses Identische ist nicht die Unmittelbarkeit, die der Existenz als solcher zukommt und nur das Unwesentliche ist, sein Bestehen in einem Anderen zu haben. Sondern es ist der *wesentliche Inhalt* der Erscheinung, welcher zwei Seiten hat, *erstens* in der Form des *Gesetztseins* oder der äußerlichen Unmittelbarkeit, zweitens das Gesetztsein als mit sich Identisches zu sein. Nach der ersten Seite ist er als ein Dasein, aber als ein zufälliges, unwesentliches, das nach seiner Unmittelbarkeit dem Übergehen, Entstehen und Vergehen unterworfen ist. Nach der anderen Seite ist er die einfache jenem Wechsel entnommene Inhaltsbestimmung, das *Bleibende* desselben.

Außerdem, daß dieser Inhalt überhaupt das *Einfache* des Vergänglichen ist, ist er auch *bestimmter, in sich verschiedener* Inhalt. Er ist die Reflexion der Erscheinung, des negativen Daseins, in sich, enthält also die *Bestimmtheit* wesentlich. Die Erscheinung aber ist die *seiende* vielfache Verschiedenheit, die sich in unwesentlicher Mannigfaltigkeit herumwirft; ihr reflektierter Inhalt dagegen ist ihre Mannigfaltigkeit auf den *einfachen Unterschied* reduziert. Der bestimmte wesentliche Inhalt ist nämlich näher nicht nur bestimmt überhaupt, sondern als das Wesentliche der Erscheinung die vollständige Bestimmtheit: *eines* und sein *Anderes*. In der Erscheinung hat jedes dieser beiden sein Bestehen so in dem anderen, daß es zugleich nur in dessen *Nichtbestehen* ist. Dieser Widerspruch hebt sich auf; und die Reflexion desselben in sich ist die | *Identität* ihres beiderseitigen Bestehens, daß *das Gesetztsein des einen auch das Gesetztsein des anderen* ist. Sie machen *Ein* Bestehen aus, zugleich als *verschiedener*, gegeneinander gleichgültiger Inhalt. In der wesentlichen Seite der Erscheinung ist somit das *Negative* des unwesentlichen Inhaltes, sich aufzuheben, in die Identität zurückgegangen; er ist ein gleichgültiges *Bestehen*, welches nicht das Aufgehobensein, sondern vielmehr *das Bestehen des Anderen* ist.

Diese Einheit ist das *Gesetz der Erscheinung*.

2. Das Gesetz ist also das *Positive* der Vermittlung des Erscheinenden. Die Erscheinung ist zunächst die Existenz als die *negative* Vermittlung mit sich, so daß das Existierende durch sein *eigenes Nichtbestehen*, durch ein Anderes,

und wieder durch das Nichtbestehen dieses Anderen mit sich vermittelt ist. Darin ist enthalten erstens das bloße Scheinen und das Verschwinden beider, die unwesentliche Erscheinung; zweitens auch das Bleiben oder das Gesetz; denn jedes der beiden existiert in jenem Aufheben des anderen; und ihr Gesetztsein als ihre Negativität ist zugleich das identische, positive Gesetztsein beider.

Dieses bleibende Bestehen, welches die Erscheinung im Gesetze hat, ist somit, wie es sich bestimmt hat, erstlich entgegengesetzt der Unmittelbarkeit des Seins, welche die Existenz hat. Diese Unmittelbarkeit ist zwar an sich die reflektierte, nämlich der in sich zurückgegangene Grund; aber in der Erscheinung ist nun diese einfache Unmittelbarkeit von der reflektierten unterschieden, welche im Dinge erst sich zu trennen anfingen. Das existierende Ding ist in seiner Auflösung dieser Gegensatz geworden; das Positive seiner Auflösung ist jene Identität des Erscheinenden als Gesetztseins mit sich in seinem anderen Gesetztsein. – Zweitens ist diese reflektierte Unmittelbarkeit selbst bestimmt als das Gesetztsein gegen die seiende Unmittelbarkeit der Existenz. Dieses Gesetztsein ist nunmehr das Wesentliche und wahrhaft Positive. Der deutsche Ausdruck: Gesetz enthält diese Bestimmung gleichfalls. In diesem Gesetztsein liege die wesentliche Beziehung der beiden Seiten des Unterschiedes, die das Gesetz enthält; sie sind verschiedener, gegeneinander unmittelbarer Inhalt, und sind dies als die Reflexion des der Erscheinung angehörigen, verschwindenden Inhaltes. Als wesentliche Verschiedenheit sind die Verschiedenen einfache, sich auf sich beziehende Inhaltsbestimmungen. Aber ebensosehr ist keine für sich unmittelbar, sondern jede ist wesentlich Gesetztsein oder ist nur, insofern die andere ist.

Drittens, Erscheinung und Gesetz haben einen und denselben Inhalt. Das Gesetz ist die Reflexion der Erscheinung in die Identität mit sich; so steht die Erscheinung als das nichtige Unmittelbare dem Insichreflektierten gegenüber, und sie sind nach dieser Form unterschieden. Aber die Reflexion der Er|scheinung, wodurch dieser Unterschied ist, ist auch die wesentliche Identität der Erscheinung selbst und ihrer Reflexion, was überhaupt die Natur der Reflexion ist;

sie ist das im Gesetztsein Identische mit sich und gleichgültig gegen jenen Unterschied, welcher die Form oder das Gesetztsein ist: also ein Inhalt, der sich aus der Erscheinung in das Gesetz *kontinuiert*, der Inhalt des Gesetzes und der Erscheinung.

Dieser Inhalt macht hiermit die *Grundlage* der Erscheinung aus; das Gesetz ist diese Grundlage selbst, die Erscheinung ist derselbe Inhalt, aber enthält noch mehr, nämlich den unwesentlichen Inhalt ihres unmittelbaren Seins. Auch die Formbestimmung, wodurch die Erscheinung als solche von dem Gesetz unterschieden ist, ist nämlich ein *Inhalt* und gleichfalls ein vom Inhalt des Gesetzes unterschiedener. Denn die Existenz ist als Unmittelbarkeit überhaupt gleichfalls ein mit sich Identisches der Materie und Form, das gegen seine Formbestimmungen gleichgültig und daher Inhalt ist; sie ist die Dingheit mit ihren Eigenschaften und Materien. Aber sie ist der Inhalt, dessen selbständige Unmittelbarkeit zugleich nur als ein Nichtbestehen ist. Die Identität desselben mit sich in diesem seinem Nichtbestehen aber ist der andere, wesentliche Inhalt. Diese Identität, die Grundlage der Erscheinung, welche das Gesetz ausmacht, ist ihr eigenes Moment; es ist die positive Seite der Wesentlichkeit, wodurch die Existenz Erscheinung ist.

Das Gesetz ist daher nicht jenseits der Erscheinung, sondern in ihr unmittelbar *gegenwärtig*; das Reich der Gesetze ist das *ruhige* Abbild der existierenden oder erscheinenden Welt. Aber vielmehr ist beides eine Totalität, und die existierende Welt ist selbst das Reich der Gesetze, das als das einfache Identische zugleich als in dem Gesetztsein oder in der sich selbstauflösenden Selbständigkeit der Existenz identisch mit sich ist. Die Existenz geht in das Gesetz als in ihren Grund zurück; die Erscheinung enthält dies beides, den einfachen Grund und die auflösende Bewegung des erscheinenden Universums, deren Wesentlichkeit er ist.

3. Das Gesetz ist also die *wesentliche* Erscheinung; es ist die Reflexion derselben in sich in ihrem Gesetztsein, der *identische* Inhalt seiner und der unwesentlichen Existenz. *Erstlich* ist nun diese Identität des Gesetzes mit seiner Existenz nur erst die *unmittelbare*, einfache Identität, und das Ge-

setz ist gleichgültig gegen seine Existenz; die Erscheinung hat noch einen anderen Inhalt gegen den Inhalt des Gesetzes. Jener ist zwar der unwesentliche und das Zurückgehen in diesen; aber für das Gesetz ist er ein Erstes, das nicht durch dieses gesetzt ist; er ist daher als Inhalt äußerlich mit dem Gesetz verbunden. Die Erscheinung ist eine Menge näherer Bestimmungen, die dem Diesen oder dem Konkreten angehören und nicht im Gesetz enthalten, sondern durch ein Anderes bestimmt | sind. – Zweitens das, was die Erscheinung von dem Gesetz Verschiedenes enthält, bestimmte sich als ein Positives oder als ein anderer Inhalt; aber es ist wesentlich ein Negatives; es ist die Form und ihre Bewegung als solche, die der Erscheinung zukommt. Das Reich der Gesetze ist der ruhige Inhalt der Erscheinung; diese ist derselbe, aber sich im unruhigen Wechsel und als die Reflexion in Anderes darstellend. Sie ist das Gesetz als die negative, sich schlechthin verändernde Existenz, die Bewegung des Übergehens in Entgegengesetzte, des sich Aufhebens und des Zurückgehens in die Einheit. Diese Seite der unruhigen Form oder der Negativität enthält das Gesetz nicht; die Erscheinung ist daher gegen das Gesetz die Totalität, denn sie enthält das Gesetz, aber auch noch mehr, nämlich das Moment der sich selbst bewegenden Form. – Dieser Mangel ist drittens am Gesetz so vorhanden, daß dessen Inhalt nur erst ein verschiedener, damit ein gegen sich gleichgültiger ist, daher die Identität seiner Seiten miteinander nur erst eine unmittelbare und damit innere oder noch nicht notwendige ist. Im Gesetz sind zwei Inhaltsbestimmungen als wesentlich verbunden (z. B. im Gesetz der Bewegung des Falls die Raumgröße und die Zeitgröße; die durchlaufenen Räume verhalten sich wie die Quadrate der verflossenen Zeiten); sie sind verbunden; diese Beziehung ist nur erst eine unmittelbare. Sie ist daher gleichfalls nur erst eine gesetzte, wie in der Erscheinung das Unmittelbare überhaupt die Bedeutung des Gesetztseins erhalten hat. Die wesentliche Einheit der beiden Seiten des Gesetzes wäre ihre Negativität, daß nämlich die eine an ihr selbst ihre andere enthielte; aber diese wesentliche Einheit ist noch nicht am Gesetz hervorgetreten. (– So ist es nicht im Begriff des im Falle durchlaufenen Raumes enthalten, daß ihm die Zeit als Quadrat entspricht.

Weil der Fall eine sinnliche Bewegung ist, ist er die Beziehung von Zeit und Raum; aber erstens liegt es in der Bestimmung der Zeit selbst nicht, – d. h. wie die Zeit nach ihrer Vorstellung genommen wird, daß sie sich auf den Raum bezieht, und umgekehrt; man sagt, man könne sich die Zeit sehr wohl ohne den Raum und den Raum ohne die Zeit vorstellen; das eine tritt also äußerlich zu dem anderen hinzu, welche äußerliche Beziehung die Bewegung ist. Zweitens ist die nähere Bestimmung gleichgültig, nach welchen Größen sich in der Bewegung Raum und Zeit zueinander verhalten. Das Gesetz hierüber wird aus der Erfahrung erkannt; insofern ist es nur unmittelbar; es erfordert noch einen Beweis, d. h. eine Vermittlung, für das Erkennen, daß das Gesetz nicht nur statthat, sondern notwendig ist; diesen Beweis und seine objektive Notwendigkeit enthält das Gesetz als solches nicht. –) Das Gesetz ist daher nur die positive Wesentlichkeit der Erscheinung, nicht ihre negative, nach welcher die Inhaltsbestimmungen Momente der Form sind, als solche in ihr | Anderes übergehen und an ihnen selbst ebensosehr nicht sie, sondern ihr Anderes sind. Im Gesetz ist also zwar das Gesetztsein der einen Seite desselben das Gesetztsein der anderen; aber ihr Inhalt ist gleichgültig gegen diese Beziehung, er enthält nicht an ihm selbst dieses Gesetztsein. Das Gesetz ist daher wohl die wesentliche Form, aber noch nicht die in ihre Seiten als Inhalt reflektierte, reale Form.

B. Die erscheinende und die an-sich-seiende Welt

1. Die existierende Welt erhebt sich ruhig zu einem Reiche von Gesetzen; der nichtige Inhalt ihres mannigfaltigen Daseins hat in einem Anderen sein Bestehen; sein Bestehen ist daher seine Auflösung. Aber in diesem Anderen geht das Erscheinende auch mit sich selbst zusammen; so ist die Erscheinung in ihrem Wandel auch ein Bleiben, und ihr Gesetztsein ist Gesetz. Das Gesetz ist diese einfache Identität der Erscheinung mit sich, daher die Grundlage, nicht der Grund derselben; denn es ist nicht die negative Einheit der Erscheinung, sondern als ihre einfache Identität die unmittelbare als abstrakte Einheit,

neben welcher daher auch der andere Inhalt derselben statthat. Der Inhalt ist dieser, hängt in sich zusammen oder hat seine negative Reflexion innerhalb seiner selbst. Er ist in ein Anderes reflektiert; dieses Andere ist selbst eine Existenz der Erscheinung; die erscheinenden Dinge haben ihre Gründe und Bedingungen an anderen erscheinenden Dingen.

In der Tat aber ist das Gesetz auch das Andere der Erscheinung als solcher und ihre negative Reflexion als in ihr Anderes. Der Inhalt der Erscheinung, der vom Inhalt des Gesetzes verschieden ist, ist das Existierende, das seine Negativität zu seinem Grunde hat oder in sein Nichtsein reflektiert ist. Aber dieses Andere, das auch ein Existierendes ist, ist gleichfalls ein solches in sein Nichtsein Reflektiertes; es ist also dasselbe, und das Erscheinende ist darin in der Tat nicht in ein Anderes, sondern in sich reflektiert; eben diese Reflexion des Gesetztseins in sich ist das Gesetz. Aber als Erscheinendes ist es wesentlich in sein Nichtsein reflektiert, oder seine Identität ist selbst wesentlich ebensosehr seine Negativität und sein Anderes. Die Reflexion-in-sich der Erscheinung, das Gesetz, ist also auch nicht nur ihre identische Grundlage, sondern sie hat an ihm ihren Gegensatz, und es ist ihre negative Einheit.

Dadurch hat sich nun die Bestimmung des Gesetzes an ihm selbst verändert. Zunächst ist es nur ein verschiedener Inhalt und die formale Reflexion des Gesetztseins in sich, so daß das Gesetztsein der einen seiner Seiten das Gesetztsein der anderen ist. Weil es aber auch die negative Reflexion in sich ist, so verhalten sich | seine Seiten nicht nur als verschiedene, sondern als negativ sich aufeinander beziehende. – Oder das Gesetz bloß für sich betrachtet, so sind die Seiten seines Inhaltes gleichgültige gegeneinander; aber ebensosehr sind sie durch ihre Identität aufgehoben, das Gesetztsein der einen ist das Gesetztsein der anderen; also ist das Bestehen einer jeden auch das Nichtbestehen ihrer selbst. Dieses Gesetztsein der einen in der anderen ist ihre negative Einheit, und jedes ist nicht nur das Gesetztsein ihrer, sondern auch der anderen, oder jede ist selbst diese negative Einheit. Die positive Identität, welche sie im Gesetz als solchem haben, ist nur erst ihre innere Einheit, welche des Beweises und der Vermittlung bedarf, weil diese negative Einheit noch nicht an ihnen gesetzt ist. Aber indem die verschiedenen Seiten des Gesetzes nunmehr bestimmt sind, als in ihrer negativen Einheit verschiedene zu sein oder als solche, deren jedes sein Anderes an ihm selbst enthält und zugleich als Selbständiges dieses sein Anderssein von sich abstößt, so ist die Identität des Gesetzes nunmehr auch eine gesetzte und reale.

Damit hat also das Gesetz das mangelnde Moment der negativen Form seiner Seiten gleichfalls erhalten: das Moment, das vorhin noch der Erscheinung angehörte; die Existenz ist somit vollständig in sich zurückgegangen und hat sich in ihr absolutes an- und für-sichseiendes Anderssein reflektiert. Das, was vorher Gesetz war, ist daher nicht mehr nur eine Seite des Ganzen, dessen andere die Erscheinung als solche war, sondern ist selbst das Ganze. Sie ist die wesentliche Totalität der Erscheinung, so daß sie nun auch das Moment der Unwesentlichkeit, das noch dieser zukam, enthält, aber als die reflektierte, an sich seiende Unwesentlichkeit, d.h. als die wesentliche Negativität. – Das Gesetz ist als unmittelbarer Inhalt, bestimmt überhaupt, unterschieden von anderen Gesetzen, und es gibt deren eine unbestimmbare Menge. Aber indem es die wesentliche Negativität nun an ihm selbst hat, enthält es nicht mehr eine solche nur gleichgültige, zufällige Inhaltsbestimmung, sondern sein Inhalt ist alle Bestimmtheit überhaupt, in wesentlicher, sich zur Totalität machenden Beziehung. So ist die in sich reflektierte Erscheinung nun eine Welt, die sich als an und für sich seiende über der erscheinenden Welt auftut.

Das Reich der Gesetze enthält nur den einfachen, wandellosen, aber verschiedenen Inhalt der existierenden Welt. Indem es nun aber die totale Reflexion von dieser ist, enthält es auch das Moment ihrer wesenlosen Mannigfaltigkeit. Dieses Moment der Veränderlichkeit und Veränderung als in sich reflektiertes, wesentliches ist die absolute Negativität oder die Form überhaupt als solche, deren Momente aber in der an- und fürsichseienden Welt die Realität selbständiger, aber reflektierter Existenz haben; so wie umgekehrt diese reflektierte Selbständigkeit | nunmehr die Form an ihr selbst hat und dadurch für Inhalt nicht ein bloß mannigfaltiger, sondern ein wesentlich mit sich zusammenhängender ist.

– Diese an und für sich seiende Welt heißt auch die übersinnliche Welt, insofern die existierende Welt als sinnliche, nämlich als solche bestimmt wird, die für die Anschauung, das unmittelbare Verhalten des Bewußtseins, ist. – Die übersinnliche Welt hat gleichfalls Unmittelbarkeit, Existenz, aber reflektierte, wesentliche Existenz. Das Wesen hat noch kein Dasein; aber es ist, und in tieferem Sinne als das Sein; das Ding ist der Beginn der reflektierten Existenz; es ist eine Unmittelbarkeit, die noch nicht gesetzt ist als wesentliche oder reflektierte; es ist aber in Wahrheit nicht ein seiendes Unmittelbares. Die Dinge erst als Dinge einer anderen, übersinnlichen Welt sind gesetzt, erstens als wahrhafte Existenzen und zweitens als das Wahre gegen das Seiende; – in ihnen ist es anerkannt, daß es ein von dem unmittelbaren Sein unterschiedenes Sein gibt, das wahrhafte Existenz ist. Einesteils ist in dieser Bestimmung die sinnliche Vorstellung überwunden, welche nur dem unmittelbaren Sein des Gefühls und der Anschauung Existenz zuschreibt, anderenteils aber auch die bewußtlose Reflexion, welche zwar die Vorstellung von Dingen, Kräften, Innerlichem und so fort hat, ohne zu wissen, daß solche Bestimmungen nicht sinnliche oder seiende Unmittelbarkeiten, sondern reflektierte Existenzen sind.

2. Die an und für sich seiende Welt ist die Totalität der Existenz; es ist nichts anderes außer ihr. Indem sie aber an ihr selbst die absolute Negativität oder Form ist, so ist ihre Reflexion-in-sich negative Beziehung auf sich. Sie enthält den Gegensatz und stößt sich ab in sich als die wesentliche Welt und in sich als die Welt des Andersseins oder die Welt der Erscheinung. So ist sie darum, weil sie die Totalität ist, auch nur als eine Seite derselben und macht in dieser Bestimmung eine gegen die Welt der Erscheinung verschiedene Selbständigkeit aus. Die erscheinende Welt hat an der wesentlichen Welt ihre negative Einheit, in der sie zugrunde und in die sie als in ihren Grund zurückgeht. Ferner ist die wesentliche Welt auch der setzende Grund der erscheinenden Welt; denn, die absolute Form in ihrer Wesentlichkeit enthaltend, hebt sich ihre Identität mit sich auf, macht sich zum Gesetztsein und ist als diese gesetzte Unmittelbarkeit die erscheinende Welt.

Sie ist ferner nicht nur überhaupt Grund der erscheinenden

Welt, sondern ihr *bestimmter* Grund. Schon als das Reich der Gesetze ist sie mannigfaltiger *Inhalt*, und zwar der wesentliche der erscheinenden Welt, und als inhaltsvoller Grund der *bestimmte* Grund der *anderen*, aber nur diesem Inhalt nach; denn die erscheinende Welt hatte noch mannigfaltigen anderen Inhalt als jenes Reich, | weil ihr noch das negative Moment eigentümlich zukam. Aber indem das Reich der Gesetze dieses Moment nun gleichfalls an ihm hat, so ist es die Totalität des Inhaltes der erscheinenden Welt und der Grund aller ihrer Mannigfaltigkeit. Aber sie ist zugleich das Negative derselben, so ist [sie] die derselben *entgegengesetzte* Welt. – Nämlich in der Identität beider Welten, und indem die eine der Form nach bestimmt ist als die wesentliche und die andere als dieselbe, aber als gesetzte und unwesentliche, hat sich zwar die *Grundbeziehung* wiederhergestellt, aber zugleich als die *Grundbeziehung der Erscheinung*, nämlich als Beziehung nicht eines identischen Inhaltes noch auch eines bloß verschiedenen, wie das Gesetz ist, sondern als totale Beziehung oder als negative Identität und *wesentliche Beziehung des Inhaltes als entgegengesetzten*. – Das Reich der Gesetze ist nicht nur dies, daß das Gesetztsein eines Inhaltes das Gesetztsein eines anderen ist, sondern diese Identität ist wesentlich, wie sich ergeben hat, auch negative Einheit: jede der beiden Seiten des Gesetzes ist in der negativen Einheit *an ihr selbst ihr anderer* Inhalt; das Andere ist daher nicht unbestimmt ein Anderes überhaupt, sondern es ist ihr Anderes, oder es enthält gleichfalls die Inhaltsbestimmung von jener; so sind die beiden Seiten entgegengesetzte. Indem das Reich der Gesetze nun dieses negative Moment und den Gegensatz an ihm hat und sich somit als die Totalität von sich selbst in eine an und für sich seiende und eine erscheinende Welt abstößt, so ist die Identität beider die *wesentliche Beziehung der Entgegensetzung*. – Die Grundbeziehung als solche ist der in seinem Widerspruch zugrunde gegangene Gegensatz und die Existenz der *mit sich selbst* zusammengehende Grund. Aber die Existenz wird zur Erscheinung; der Grund ist in der Existenz aufgehoben; er stellt sich als Rückkehr der Erscheinung in sich wieder her, aber zugleich als aufgehobener, nämlich als Grundbeziehung entgegengesetzter Bestimmungen; die Identität solcher aber ist wesentlich Werden und Übergehen, nicht mehr die Grundbeziehung als solche.

Die an und für sich seiende Welt ist also selbst eine in sich in die Totalität des mannigfaltigen Inhaltes unterschiedene Welt; sie ist identisch mit der erscheinenden oder gesetzten, insofern Grund derselben, aber ihr identischer Zusammenhang ist zugleich als Entgegensetzung bestimmt, weil die Form der erscheinenden Welt die Reflexion in ihr Anderssein ist, sie also in der an und für sich seienden Welt wahrhaft so in sich selbst zurückgegangen ist, als diese ihre entgegengesetzte ist. Die Beziehung ist also bestimmt diese, daß die an und für sich seiende Welt die *verkehrte* der erscheinenden ist. |

C. Auflösung der Erscheinung

Die an und für sich seiende Welt ist der *bestimmte* Grund der erscheinenden Welt, und ist dies nur, insofern sie an ihr selbst das negative Moment und damit die Totalität der Inhaltsbestimmungen und ihrer Veränderungen ist, welche der erscheinenden Welt entspricht, aber zugleich ihre durchaus entgegengesetzte Seite ausmacht. Beide Welten verhalten sich also so zueinander, daß, was in der erscheinenden Welt positiv, in der an und für sich seienden Welt negativ, umgekehrt, was in jener negativ, in dieser positiv ist. Der Nordpol in der erscheinenden Welt ist *an und für sich* der Südpol und umgekehrt, die positive Elektrizität ist *an sich* negative *usf.* Was im erscheinenden Dasein böse, Unglück *usf.* ist, ist *an und für sich* gut und ein Glück.*

In der Tat ist gerade in diesem Gegensatz beider Welten *ihr Unterschied verschwunden*, und was an und für sich seiende Welt sein sollte, ist selbst erscheinende Welt, und diese umgekehrt an ihr selbst wesentliche Welt. – Die *erscheinende Welt* ist zunächst bestimmt als die Reflexion in das Anderssein, so daß ihre Bestimmungen und Existenzen in ei-

* Vgl. Phänomenologie des Geistes, S. 96ff.

nem Anderen ihren Grund und [ihr] Bestehen haben; aber indem dieses Andere gleichfalls ein solches *in ein Anderes reflektiertes* ist, so beziehen sie sich darin nur auf ein sich aufhebendes Anderes, somit *auf sich selbst*; die erscheinende Welt ist hiermit *an ihr selbst* sich selbst gleiches Gesetz. – Umgekehrt, die an und für sich seiende Welt ist zunächst der mit sich identische, dem Anderssein und Wechsel entnommene Inhalt; aber dieser, als vollständige Reflexion der erscheinenden Welt in sich selbst, oder weil seine Verschiedenheit in sich reflektierter und absoluter Unterschied ist, so enthält er das negative Moment und die Beziehung auf sich als auf das Anderssein; er wird dadurch sich selbst entgegengesetzter, sich verkehrender, wesenloser Inhalt. Ferner hat dieser Inhalt der an und für sich seienden Welt damit auch die Form *unmittelbarer Existenz* erhalten. Denn sie ist zunächst Grund der erscheinenden; aber indem sie die Entgegensetzung an ihr selbst hat, ist sie ebensosehr aufgehobener Grund und unmittelbare Existenz.

Die erscheinende und die wesentliche Welt sind hiermit jede an ihr selbst die Totalität der mit sich identischen Reflexion und der Reflexion-in-Anderes oder des An-und-für-sich-Seins und des Erscheinens. Sie sind beide die selbständigen | Ganzen der Existenz; die eine sollte nur die reflektierte Existenz, die andere die unmittelbare Existenz sein, aber jede *kontinuiert* sich in ihrer anderen und ist daher an ihr selbst die Identität dieser beiden Momente. Was also vorhanden ist, ist diese Totalität, welche sich von sich selbst in zwei Totalitäten abstößt, die eine die *reflektierte* Totalität und die andere die *unmittelbare*. Beide sind erstlich Selbständige, aber sie sind dies nur als Totalitäten, und dies sind sie insofern, daß jede wesentlich das Moment der anderen an ihr hat. Die unterschiedene Selbständigkeit einer jeden, der als *unmittelbar* und der als *reflektiert* bestimmten, ist daher nunmehr so gesetzt, nur als wesentliche Beziehung auf die andere zu sein und ihre Selbständigkeit *in dieser Einheit beider* zu haben.

Es wurde vom *Gesetz der Erscheinung* ausgegangen; dieses ist die Identität eines verschiedenen Inhaltes mit einem anderen Inhalt, so daß das Gesetztsein des einen das Gesetztsein des anderen ist. Im Gesetz ist noch dieser Unterschied vorhanden, daß die Identität seiner Seiten nur erst eine innere ist und diese Seiten sie noch nicht an ihnen selbst haben; damit ist einesteils jene Identität nicht realisiert; der Inhalt des Gesetzes ist nicht als identischer, sondern ein gleichgültiger, verschiedener Inhalt; – anderenteils ist er damit nur an sich so bestimmt, daß das Gesetztsein des einen das Gesetztsein des anderen ist; dies ist noch nicht an ihm vorhanden. Nunmehr aber ist das Gesetz realisiert; seine innere Identität ist zugleich daseiende, und umgekehrt ist der Inhalt des Gesetzes in die Idealität erhoben; denn er ist an ihm selbst aufgehobener, in sich reflektierter, indem jede Seite an ihr ihre andere hat und damit wahrhaft mit ihr und mit sich identisch ist.

So ist das Gesetz wesentliches Verhältnis. Die Wahrheit der unwesentlichen Welt ist zunächst eine ihr andere, an und für sich seiende Welt; aber diese ist die Totalität, indem sie sie selbst und jene erste ist; so sind beide unmittelbare Existenzen und damit Reflexionen in ihr Anderssein als auch eben damit wahrhaft in sich reflektierte. Welt drückt überhaupt die formlose Totalität der Mannigfaltigkeit aus; diese Welt, sowohl als wesentliche wie als erscheinende, ist zugrunde gegangen, indem die Mannigfaltigkeit aufgehört hat, eine bloß verschiedene zu sein; so ist sie noch Totalität oder Universum, aber als wesentliches Verhältnis. Es sind zwei Totalitäten des Inhaltes in der Erscheinung entstanden; zunächst sind sie als gleichgültige Selbständige gegeneinander bestimmt und haben zwar die Form jede an ihr selbst, aber nicht gegeneinander; diese aber hat sich auch als ihre Beziehung gezeigt, und das wesentliche Verhältnis ist die Vollendung ihrer Formeinheit. |

Drittes Kapitel
Das wesentliche Verhältnis

Die Wahrheit der Erscheinung ist das wesentliche Verhältnis. Sein Inhalt hat unmittelbare Selbständigkeit, und zwar die seiende Unmittelbarkeit und die reflektierte Unmittelbarkeit oder die mit sich identische Reflexion. Zugleich ist er in dieser Selbständigkeit ein relativer, schlechthin nur als Reflexion in sein Anderes oder als Einheit der Beziehung mit seinem Anderen. In dieser Einheit ist der selbständige Inhalt ein Gesetztes, Aufgehobenes; aber eben diese Einheit macht seine Wesentlichkeit und Selbständigkeit aus; diese Reflexion in Anderes ist Reflexion in sich selbst. Das Verhältnis hat Seiten, weil es Reflexion in Anderes ist; so hat es den Unterschied seiner selbst an ihm, und die Seiten desselben sind selbständiges Bestehen, indem sie in ihrer gleichgültigen Verschiedenheit gegeneinander in sich selbst gebrochen sind, so daß das Bestehen einer jeden ebensosehr nur seine Bedeutung in der Beziehung auf die andere oder in ihrer negativen Einheit hat.

Das wesentliche Verhältnis ist daher zwar noch nicht das wahrhafte dritte zum Wesen und zur Existenz, aber enthält bereits die bestimmte Vereinigung beider. Das Wesen ist in ihm so realisiert, daß es selbständig Existierende zu seinem Bestehen hat; und diese sind aus ihrer Gleichgültigkeit in ihre wesentliche Einheit zurückgegangen, so daß sie nur diese zu ihrem Bestehen haben. Die Reflexionsbestimmungen des Positiven und Negativen sind gleichfalls in sich reflektierte nur als reflektiert in ihr Entgegengesetztes; aber sie haben keine andere Bestimmung als diese ihre negative Einheit; das wesentliche Verhältnis hingegen hat solche zu seinen Seiten, welche da selbständige Totalitäten gesetzt sind. Es ist dieselbe Entgegensetzung als die des Positiven und Negativen, aber zugleich als eine verkehrte Welt. Die Seite des wesentlichen Verhältnisses ist eine Totalität, die aber als wesentlich ein Entgegengesetztes, ein Jenseits seiner hat: es ist nur Erscheinung; seine Existenz ist vielmehr nicht die seinige, sondern die seines Anderen. Es ist daher ein in sich selbst Gebrochenes; aber dieses sein Aufgehobensein besteht darin, daß es die Einheit seiner selbst und seines Anderen, also Ganzes ist, und eben darum hat es selbständige Existenz und ist wesentliche Reflexion in sich.

Dies ist der Begriff des Verhältnisses. Zunächst aber ist die Identität, die es enthält, noch nicht vollkommen; die Totalität, welche jedes Relative an ihm selbst | ist, ist erst ein Inneres; die Seite des Verhältnisses ist zunächst gesetzt in einer der Bestimmungen der negativen Einheit; die eigene Selbständigkeit jeder der beiden Seiten ist dasjenige, was die Form des Verhältnisses ausmacht. Seine Identität ist daher nur eine Beziehung, außerhalb welcher ihre Selbständigkeit fällt – nämlich in die Seiten; es ist noch nicht die reflektierte Einheit jener Identität und der selbständigen Existenzen vorhanden, noch nicht die Substanz. – Der Begriff des Verhältnisses hat sich daher zwar ergeben, Einheit der reflektierten und der unmittelbaren Selbständigkeit zu sein. Aber zuerst ist dieser Begriff selbst noch unmittelbar, seine Momente daher unmittelbare gegeneinander und die Einheit deren wesentliche Beziehung, die erst dann die wahrhafte, dem Begriff entsprechende Einheit ist, insofern sie sich realisiert, nämlich durch ihre Bewegung als jene Einheit gesetzt hat.

Das wesentliche Verhältnis ist daher unmittelbar das Verhältnis des Ganzen und der Teile: – die Beziehung der reflektierten und der unmittelbaren Selbständigkeit, so daß beide zugleich nur sind als sich gegenseitig bedingend und voraussetzend.

In diesem Verhältnis ist noch keine der Seiten als Momente der anderen gesetzt, ihre Identität ist daher selbst eine Seite: oder sie ist nicht ihre negative Einheit. Es geht darum zweitens darein über, daß die eine Moment der anderen und in ihr als in ihrem Grunde, dem wahrhaft Selbständigen von beiden ist – Verhältnis der Kraft und ihrer Äußerung.

Drittens hebt sich die noch vorhandene Ungleichheit dieser Beziehung auf, und das letzte Verhältnis ist das des Inneren und Äußeren. – In diesem ganz formell gewordenen Unterschied geht das Verhältnis selbst zugrunde, und die Substanz oder das Wirkliche tritt hervor als die absolute Einheit der unmittelbaren und der reflektierten Existenz.

A. Das Verhältnis des Ganzen und der Teile

[1.] Das wesentliche Verhältnis enthält erstens die in sich reflektierte Selbständigkeit der Existenz; so ist es die einfache Form, deren Bestimmungen zwar auch Existenzen, aber zugleich gesetzte, Momente in der Einheit gehalten, sind. Diese in sich reflektierte Selbständigkeit ist zugleich Reflexion in ihr Entgegengesetztes, nämlich die unmittelbare Selbständigkeit; und ihr Bestehen | ist wesentlich ebensosehr, als es eigene Selbständigkeit ist, diese Identität mit seinem Entgegengesetzten. – Eben damit ist auch unmittelbar zweitens die andere Seite gesetzt; die unmittelbare Selbständigkeit, welche, als das Andere bestimmt, eine vielfache Mannigfaltigkeit in sich ist, aber so, daß diese Mannigfaltigkeit wesentlich auch die Beziehung der anderen Seite, die Einheit der reflektierten Selbständigkeit an ihr hat. Jene Seite, das Ganze, ist die Selbständigkeit, welche die an und für sich seiende Welt ausmachte; die andere Seite, die Teile, ist die unmittelbare Existenz, welche die erscheinende Welt war. Im Verhältnis des Ganzen und der Teile sind die beiden Seiten diese Selbständigkeiten, aber so, daß jede die andere in ihr scheinen hat und nur ist zugleich als diese Identität beider. Weil nun das wesentliche Verhältnis nur erst das erste, unmittelbare ist, so ist die negative Einheit und die positive Selbständigkeit durch das Auch verbunden; beide Seiten sind zwar als Momente gesetzt, aber ebensosehr als existierende Selbständigkeiten. – Daß beide als Momente gesetzt sind, dies ist daher so verteilt, daß erstens das Ganze, die reflektierte Selbständigkeit, als existierendes und in ihr die andere, die unmittelbare als Moment ist; – hier macht das Ganze die Einheit beider Seiten, die Grundlage aus, und die unmittelbare Existenz ist als Gesetztsein. – Umgekehrt ist auf der anderen Seite, nämlich der Seite der Teile, die unmittelbare, in sich mannigfaltige Existenz, die selbständige Grundlage; die reflektierte Einheit dagegen, das Ganze, ist nur äußerliche Beziehung.

2. Dieses Verhältnis enthält somit die Selbständigkeit der Seiten und ebensosehr ihr Aufgehobensein und beides schlechthin in einer Beziehung. Das Ganze ist das Selbständige, die Teile sind nur Momente dieser Einheit; aber ebensosehr sind sie auch das Selbständige, und ihre reflektierte Einheit [ist] nur ein Moment, und jedes in seiner Selbständigkeit schlechthin das Relative eines Anderen. Dieses Verhältnis ist daher der unmittelbare Widerspruch an ihm selbst und hebt sich auf.

Dies näher betrachtet, so ist das Ganze die reflektierte Einheit, welche selbständiges Bestehen für sich hat; aber dieses ihr Bestehen ist ebensosehr von ihr abgestoßen; das Ganze ist als die negative Einheit negative Beziehung auf sich selbst; so ist sie sich entäußert; sie hat ihr *Bestehen* an ihrem Entgegengesetzten, der mannigfaltigen Unmittelbarkeit, *den Teilen*. *Das Ganze besteht daher aus den Teilen*, so daß es nicht etwas ist ohne sie. Es ist also das ganze Verhältnis und die selbständige Totalität; aber gerade aus demselben Grunde ist es nur ein Relatives, denn was es zur Totalität macht, ist vielmehr sein *Anderes*, die Teile; und es hat nicht an sich selbst, sondern an seinem Anderen sein Bestehen.

So sind die Teile gleichfalls das ganze Verhältnis. Sie sind die unmittelbare | Selbständigkeit *gegen* die reflektierte und bestehen nicht im Ganzen, sondern sind für sich. Sie haben ferner dieses Ganze als ihr Moment an ihnen; es macht ihre Beziehung aus; ohne Ganzes gibt es keine Teile. Aber weil sie das Selbständige sind, so ist diese Beziehung nur ein äußerliches Moment, gegen welches sie an und für sich gleichgültig sind. Zugleich aber fallen die Teile als mannigfaltige Existenz in sich selbst zusammen, denn diese ist das reflexionslose Sein; sie haben ihre Selbständigkeit nur in der reflektierten Einheit, welche sowohl diese Einheit als auch die existierende Mannigfaltigkeit ist; das heißt, sie haben Selbständigkeit nur *im Ganzen*, das aber zugleich die den Teilen *andere* Selbständigkeit ist.

Das Ganze und die Teile *bedingen* sich daher gegenseitig; aber das hier betrachtete Verhältnis steht zugleich höher als die Beziehung *des Bedingten* und *der Bedingung* aufeinander, wie sie sich oben bestimmt hatte. Diese Beziehung ist hier * *realisiert*: nämlich es ist *gesetzt*, daß die Bedingung so die wesentliche Selbständigkeit des Bedingten ist, daß sie durch diese *vorausgesetzt* wird. Die Bedingung als solche ist nur das *Unmittelbare* und nur *an sich* voraus*gesetzt*. Das Ganze aber ist die Bedingung zwar der Teile, aber es enthält zugleich unmittelbar selbst, daß auch es nur ist, insofern es die Teile zur Voraussetzung hat. Indem so beide Seiten des Verhältnisses gesetzt sind als sich gegenseitig bedingend, ist jede eine unmittelbare Selbständigkeit an ihr selbst, aber ihre Selbständigkeit ist ebensosehr vermittelt oder gesetzt durch die andere. Das *ganze Verhältnis* ist durch diese Gegenseitigkeit die Rückkehr des Bedingens in sich selbst, das Nicht-Relative, das *Unbedingte*.

Indem nun die Seiten des Verhältnisses jede nicht in ihr selbst ihre Selbständigkeit, sondern in ihrer anderen hat, so ist nur eine Identität beider vorhanden, in welcher beide nur Momente sind; aber indem jede an ihr selbst selbständig ist, so sind sie zwei selbständige Existenzen, die gegeneinander gleichgültig sind.

Nach der ersten Rücksicht, der wesentlichen Identität dieser Seiten, ist *das Ganze den Teilen und die Teile dem Ganzen gleich*. Es ist nichts im Ganzen, was nicht in den Teilen, und nichts in den Teilen, was nicht im Ganzen ist. Das Ganze ist nicht abstrakte Einheit, sondern die Einheit als einer *verschiedenen Mannigfaltigkeit*; diese Einheit aber als das, worin das *Mannigfaltige* sich aufeinander bezieht, ist die *Bestimmtheit* desselben, wodurch es Teil ist. Das Verhältnis hat also eine untrennbare Identität und nur eine Selbständigkeit.

Aber ferner ist das Ganze den Teilen gleich allein nicht *denselben* als Teilen; das Ganze ist die reflektierte Einheit, die Teile aber machen das bestimmte Moment oder das *Andersein* der Einheit aus und sind das verschiedene | Mannigfaltige. Das Ganze ist ihnen nicht gleich als diesem selbständigen Verschiedenen, sondern als ihnen *zusammen*. Dies ihr *Zusammen* aber ist nichts anderes als ihre Einheit, das Ganze als solches. Das Ganze ist also in den Teilen nur sich selbst gleich, und die Gleichheit desselben und der Teile drückt nur die Tautologie aus, daß *das Ganze als Ganzes* nicht in den Teilen, sondern *dem Ganzen gleich ist*.

Umgekehrt sind die Teile dem Ganzen gleich; aber weil sie das Moment des Andersseins an ihnen selbst sind, so sind sie ihm nicht gleich als der Einheit, sondern so, daß *eine* seiner mannigfaltigen Bestimmungen auf den Teil kommt oder daß sie *ihm* als *Mannigfaltigem* gleich sind; das heißt, sie sind ihm *als geteiltem Ganzen, d. i. als den Teilen* gleich. Es ist hiermit dieselbe Tautologie vorhanden, daß die *Teile als Teile nicht dem Ganzen* als solchem, sondern in ihm *sich selbst, den Teilen*, gleich sind.

Das Ganze und die Teile fallen auf diese Weise gleichgültig auseinander; jede dieser Seiten bezieht sich nur auf sich. Aber so auseinandergehalten, zerstören sie sich selbst. Das Ganze, das gleichgültig ist gegen die Teile, ist die abstrakte, in sich nicht unterschiedene Identität; diese ist Ganzes nur als in sich selbst unterschieden, und zwar so in sich unterschieden, daß diese mannigfaltigen Bestimmungen in sich reflektiert sind und unmittelbare Selbständigkeit haben. Und die Reflexions-Identität hat sich durch ihre Bewegung gezeigt, diese Reflexion in ihr Anderes zu ihrer Wahrheit zu haben. – Ebenso sind die Teile, als gleichgültig gegen die Einheit des Ganzen, nur das unbezogene Mannigfaltige, das in sich Andere, welches als solches das Andere seiner selbst und sich nur Aufhebende ist. – Diese Beziehung-auf-sich jeder der beiden Seiten ist ihre Selbständigkeit; aber diese ihre Selbständigkeit, die jede für sich hat, ist vielmehr die Negation ihrer selbst. Jede hat daher ihre Selbständigkeit nicht an ihr selbst, sondern an der anderen; diese andere, die das Bestehen ausmacht, ist ihr vorausgesetztes Unmittelbare, das Erstes und ihr Anfang sein soll; aber dieses Erste einer jeder ist selbst nur ein solches, das nicht Erstes ist, sondern an dem Anderen seinen Anfang hat.

Die Wahrheit des Verhältnisses besteht also in der Vermittlung; sein Wesen ist die negative Einheit, in welcher ebensowohl die reflektierte als die seiende Unmittelbarkeit aufgehoben sind. Das Verhältnis ist der Widerspruch, der in seinen Grund zurückgeht, in die Einheit, welche als rückkehrend die reflektierte Einheit ist; aber indem diese ebensosehr sich als aufgehobene gesetzt hat, bezieht sie sich negativ auf sich selbst, hebt sich auf und macht sich zur seienden Unmittelbarkeit. Aber diese ihre negative Beziehung, insofern sie ein Erstes und Unmittelbares ist, ist nur vermittelt durch ihr Anderes und ebensosehr ein Gesetztes. Dieses Andere, die seiende Unmittelbarkeit, ist ebensosehr nur als aufgehobene; | ihre Selbständigkeit ist ein Erstes, aber nur um zu verschwinden, und hat ein Dasein, das gesetzt und vermittelt ist.

In dieser Bestimmung ist das Verhältnis nicht mehr das des Ganzen und der Teile; die Unmittelbarkeit, welche seine Seiten hatten, ist in Gesetztsein und Vermittlung übergegangen; es ist jede gesetzt, insofern sie unmittelbar ist, als sich aufhebend und in die andere übergehend und, insofern sie selbst negative Beziehung ist, zugleich durch die andere als durch ihr

Positives bedingt zu sein, wie auch ihr unmittelbares Übergehen ebensosehr ein Vermitteltes ist, ein Aufheben nämlich, das durch die andere gesetzt wird. – So ist das Verhältnis des Ganzen und der Teile in das Verhältnis der Kraft und ihrer Äußerung übergegangen.

Anmerkung

* Es ist oben (I. Abt. S. 132) die Antinomie der unendlichen Teilbarkeit der Materie beim Begriff der Quantität betrachtet worden. Die Quantität ist die Einheit der Kontinuität und der Diskretion; sie enthält im selbständigen Eins sein Zusammengeflossensein mit anderen und in dieser sich ohne Unterbrechung fortsetzenden Identität mit sich ebenso die Negation derselben. Indem die unmittelbare Beziehung dieser Momente der Quantität als das wesentliche Verhältnis des Ganzen und der Teile das Eins der Quantität als Teil, die Kontinuität desselben aber als Ganzes, das zusammengesetzt ist aus Teilen, ausgedrückt wird, so besteht die Antinomie in dem Widerspruch, der am Verhältnis des Ganzen und der Teile vorgekommen und aufgelöst worden ist. – Ganzes und Teile sind nämlich ebenso wesentlich aufeinander bezogen und machen nur eine Identität aus, als sie gleichgültig gegeneinander sind und selbständiges Bestehen haben. Das Verhältnis ist daher diese Antinomie, daß das eine Moment darin, daß es sich vom anderen befreit, unmittelbar das andere herbeiführt.

Das Existierende also als Ganzes bestimmt, so hat es Teile, und die Teile machen sein Bestehen aus; die Einheit des Ganzen ist nur eine gesetzte Beziehung, eine äußere Zusammensetzung, welche das selbständig Existierende nichts angeht. Insofern dieses nun Teil ist, so ist es nicht Ganzes, nicht Zusammengesetztes, somit Einfaches. Aber indem ihm die Beziehung auf ein Ganzes äußerlich ist, so geht sie dasselbe nichts an; das Selbständige ist somit auch nicht an sich Teil; denn Teil ist es nur durch jene Beziehung. Aber indem es nun nicht Teil | ist, so ist es Ganzes, denn es ist nur dieses Verhältnis von Ganzem und von Teilen vorhanden, und das Selbständige ist eins von beiden. Indem es aber Ganzes ist, so ist es wieder zusammengesetzt; es besteht wieder aus Teilen und so fort ins Unendliche. – Diese Unendlichkeit besteht in nichts anderem als in der perennierenden Abwechslung der beiden Bestimmungen des Verhältnisses, in deren jeder die andere unmittelbar entsteht, so daß das Gesetztsein jeder das Verschwinden ihrer selbst ist. Die Materie als Ganzes bestimmt, so besteht sie aus Teilen, und an diesen wird das Ganze zur unwesentlichen Beziehung und verschwindet. Der Teil aber so für sich, ist er auch nicht Teil, sondern das Ganze. – Die Antinomie dieses Schlusses, ganz nahe zusammengerückt, ist eigentlich diese: Weil das Ganze nicht das Selbständige ist, ist der Teil das Selbständige; aber weil er nur ohne das Ganze selbständig ist, so ist er selbständig nicht als Teil, sondern vielmehr als Ganzes. Die Unendlichkeit des Progresses, der entsteht, ist die Unfähigkeit, die beiden Gedanken zusammenzubringen, welche diese Vermittlung enthält, daß nämlich jede der beiden Bestimmungen durch ihre Selbständigkeit und Trennung von der anderen in Unselbständigkeit und in die andere übergeht.

B. Das Verhältnis der Kraft und ihrer Äußerung

Die Kraft ist die negative Einheit, in welche sich der Widerspruch des Ganzen und der Teile aufgelöst hat, die Wahrheit jenes ersten Verhältnisses. Das Ganze und die Teile ist das gedankenlose Verhältnis, auf welches die Vorstellung zunächst verfällt; oder objektiv ist es das tote, mechanische Aggregat, das zwar Formbestimmungen hat, wodurch die Mannigfaltigkeit seiner selbständigen Materie in einer Einheit bezogen wird, welche aber derselben äußerlich ist. – Das Verhältnis der Kraft aber ist die höhere Rückkehr in sich, worin die Einheit des Ganzen, welche die Beziehung des selbständigen Andersseins ausmachte, aufhört, dieser Mannigfaltigkeit ein Äußerliches und Gleichgültiges zu sein.

Wie sich das wesentliche Verhältnis nunmehr bestimmt hat, sind die unmittelbare und die reflektierte Selbständigkeit in derselben als Aufgehobene oder als Momente gesetzt, die im vorhergehenden Verhältnis für sich bestehende Seiten oder Extreme waren. Es ist darin enthalten erstens, daß die reflektierte Einheit und ihr unmittelbares Dasein, insofern beide erste und unmittelbare sind, sich an sich selbst aufheben und in ihr Anderes übergehen; jene, die Kraft, geht in ihre Äußerung über, und das Äußerliche ist ein Verschwindendes, das in die Kraft als in ihren Grund zurückgeht und nur ist als von derselben getragen | und gesetzt. Zweitens ist dieses Übergehen nicht nur ein Werden und Verschwinden, sondern es ist negative Beziehung auf sich, oder das seine Bestimmung Ändernde ist darin zugleich in sich reflektiert und erhält sich; die Bewegung der Kraft ist nicht sosehr ein Übergehen, als daß sie sich selbst übersetzt und in dieser durch sie selbst gesetzten Veränderung bleibt, was sie ist. – Drittens ist diese reflektierte, sich auf sich beziehende Einheit selbst auch aufgehoben und Moment; sie ist vermittelt durch ihr Anderes und hat dasselbe zur Bedingung; ihre negative Beziehung auf sich, die Erstes ist und die Bewegung ihres Übergehens aus sich anfängt, hat ebensosehr eine Voraussetzung, von der sie sollizitiert wird, und ein Anderes, von dem sie anfängt.

a. *Das Bedingtsein der Kraft*

In ihren näheren Bestimmungen betrachtet, hat erstens die Kraft das Moment der seienden Unmittelbarkeit an ihr; sie selbst ist dagegen bestimmt als die negative Einheit. Aber diese in der Bestimmung des unmittelbaren Seins ist ein existierendes Etwas. Dieses Etwas erscheint, weil es die negative Einheit als Unmittelbares ist, als das Erste, die Kraft dagegen, weil sie das Reflektierte ist, als das Gesetztsein und insofern als angehörig dem existierenden Dinge oder einer Materie. Nicht daß sie die Form dieses Dings und das Ding durch die bestimmt wäre, sondern das Ding ist als Unmittelbares gleichgültig gegen sie. – Es liegt in ihm nach dieser Bestimmung kein Grund, eine Kraft zu haben; die Kraft hingegen als die Seite des Gesetztseins hat wesentlich das Ding zu seiner Voraussetzung. Wenn daher gefragt wird, wie das Ding oder die Materie dazu komme, eine Kraft zu haben, so erscheint diese als äußerlich damit verbunden und dem Dinge durch eine fremde Gewalt eingedrückt.

Als dieses unmittelbare Bestehen ist die Kraft eine *ruhige Bestimmtheit des Dings* überhaupt, nicht ein sich Äußerndes, sondern unmittelbar ein Äußerliches. So wird die Kraft auch als Materie bezeichnet und statt magnetischer, elektrischer *usf.* Kraft eine magnetische, elektrische *usf.* Materie angenommen oder statt der berühmten *anziehenden Kraft* ein feiner *Äther*, der alles zusammenhalte. – Es sind die Materien, in welche sich die untätige, kraftlose negative Einheit des Dings auflöst und die oben betrachtet wurden.

Aber die Kraft enthält die unmittelbare Existenz als Moment, als ein solches, das zwar Bedingung ist, aber übergeht und sich aufhebt, also nicht als ein existierendes Ding. Sie ist ferner nicht die Negation als Bestimmtheit, sondern negative, | in sich reflektierende Einheit. Das Ding, an dem die Kraft sein sollte, hat somit hier keine Bedeutung mehr; sie selbst ist vielmehr Setzen der Äußerlichkeit, welche als Existenz erscheint. Sie ist also auch nicht bloß eine bestimmte Materie; solche Selbständigkeit ist längst in das Gesetztsein und in die Erscheinung übergegangen.

Zweitens, die Kraft ist die Einheit des reflektierten und des unmittelbaren Bestehens oder der Formeinheit und der äußerlichen Selbständigkeit. Sie ist beides in einem; sie ist die Berührung solcher, deren das eine ist, insofern das andere nicht ist: die mit sich identische positive und die negierte Reflexion. Die Kraft ist so der sich von sich selbst abstoßende Widerspruch; sie ist *tätig*, oder sie ist die sich auf sich beziehende negative Einheit, in welcher die reflektierte Unmittelbarkeit oder das wesentliche Insichsein gesetzt ist, nur als Aufgehobenes oder Moment zu sein, somit, insofern sie sich von der unmittelbaren Existenz unterscheidet, in diese überzugehen. Die Kraft also als die Bestimmung der reflektierten Einheit des Ganzen ist gesetzt, als zur existierenden äußerlichen Mannigfaltigkeit *aus sich selbst* zu werden.

Aber *drittens* ist die Kraft nur erst *ansichseiende* und unmittelbare Tätigkeit; sie ist die reflektierte Einheit und ebenso wesentlich die *Negation derselben*; indem sie von dieser verschieden, aber nur als die Identität ihrer selbst und ihrer Negation ist, so ist sie auf diese als eine ihr äußerliche

Unmittelbarkeit wesentlich bezogen und hat dieselbe zur *Voraussetzung* und *Bedingung*.

Diese Voraussetzung nun ist nicht ein ihr gegenüber sich befindliches Ding; diese gleichgültige Selbständigkeit ist in der Kraft aufgehoben; als ihre Bedingung ist es *ein ihr anderes Selbständiges*. Weil es aber nicht Ding ist, sondern die selbständige Unmittelbarkeit hier sich zugleich als sich auf sich selbst beziehende negative Einheit bestimmt hat, so *ist es selbst Kraft*. Die Tätigkeit der Kraft ist durch sich selbst als durch das sich Andere, durch eine Kraft bedingt.

Die Kraft ist auf diese Weise Verhältnis, in welchem jede Seite dasselbe ist als die andere. Es sind Kräfte, die im Verhältnis stehen, und zwar wesentlich sich aufeinander beziehen. – Sie sind ferner zunächst nur verschiedene überhaupt; die Einheit ihres Verhältnisses ist nur erst *die innere, an sich seiende* Einheit. Das Bedingtsein durch eine andere Kraft ist so *an sich* das Tun der Kraft selbst, oder sie ist insofern erst *voraussetzendes*, sich nur negativ *auf sich* beziehendes Tun; diese andere Kraft liegt noch *jenseits* ihrer *setzenden* Tätigkeit, nämlich der in ihrem Bestimmen unmittelbar *in sich zurückkehrenden* Reflexion. |

b. Die Sollizitation der Kraft

Die Kraft ist bedingt, weil das Moment der unmittelbaren Existenz, das sie enthält, nur als ein *Gesetztes*, – aber weil es zugleich Unmittelbares ist, ein *Vorausgesetztes* ist, in welchem die Kraft sich selbst negiert. Die für die Kraft vorhandene Äußerlichkeit ist daher *ihre eigene voraussetzende* Tätigkeit selbst, welche zunächst als eine *andere Kraft* gesetzt ist.

Dieses *Voraussetzen* ist ferner gegenseitig. Jede der beiden Kräfte enthält die in sich reflektierte Einheit als aufgehoben und ist daher voraussetzend, sie setzt sich selbst als äußerlich; dieses Moment der Äußerlichkeit ist *ihr eigenes*; aber weil sie ebensosehr in sich reflektierte Einheit ist, setzt sie zugleich diese ihre Äußerlichkeit *nicht in ihr selbst*, sondern als eine andere Kraft.

Aber das Äußerliche als solches ist das sich selbst Aufhebende; ferner, die sich in sich reflektierende Tätigkeit ist wesentlich bezogen auf jenes Äußerliche als auf das ihr Andere, aber ebensosehr als auf ein *an sich Nichtiges* und mit *ihr Identisches*. Da die voraussetzende Tätigkeit ebensosehr Reflexion in sich ist, ist sie das Aufheben jener ihrer Negation und setzt dieselbe als sich selbst oder als *ihr* Äußerliches. So ist die Kraft als bedingend gegenseitig ein *Anstoß* für die andere Kraft, gegen den sie tätig ist. Ihr Verhalten ist nicht die Passivität des Bestimmtwerdens, so daß dadurch etwas anderes in sie käme; sondern der Anstoß *sollizitiert* sie nur. Sie ist an ihr selbst die Negativität ihrer, das Abstoßen ihrer von sich ist ihr eigenes Setzen. Ihr Tun besteht also darin, dies aufzuheben, daß jener Anstoß ein Äußerliches sei; sie macht es zu einem bloßen Anstoß und setzt es als das eigene Abstoßen ihrer selbst von sich, als *ihre eigene Äußerung*.

Die sich äußernde Kraft ist also dasselbe, was zuerst nur die voraussetzende Tätigkeit war, nämlich sich äußerlich machend; aber die Kraft als sich äußernd ist zugleich die Äußerlichkeit negierende und sie als das Ihrige *setzende* Tätigkeit. Insofern nun in dieser Betrachtung von der Kraft angefangen wird, als sie die negative Einheit ihrer selbst und damit voraussetzende Reflexion ist, so ist es dasselbe, als wenn in der Äußerung der Kraft vom sollizitierenden Anstoß angefangen wird. Die Kraft ist so *in ihrem Begriff* zuerst bestimmt als sich aufhebende Identität und *in ihrer Realität* die eine der beiden Kräfte als sollizitierend und die andere als sollizitiert-werdend. Aber der Begriff der Kraft ist überhaupt die Identität der setzenden und voraussetzenden Reflexion oder der reflektierten und der unmittelbaren Einheit, und jede dieser Bestimmungen [ist] schlechthin nur Moment, in Einheit, und somit als vermittelt durch die andere. Aber ebenso ist keine Bestimmung an den beiden in Wechselbeziehung stehenden Kräften | vorhanden, welche die sollizitierende oder die sollizitiert werdende sei, oder vielmehr jeder kommen auf gleiche Weise beide Formbestimmungen zu. Aber diese Identität ist nicht nur eine äußerliche der Vergleichung, sondern eine wesentliche Einheit derselben.

Die eine Kraft nämlich ist zunächst als *sollizitierende*

und die andere als sollizitiert-werdende; diese Formbestimmungen erscheinen auf diese Weise als unmittelbare, an sich vorhandene Unterschiede der beiden Kräfte. Aber sie sind wesentlich vermittelt. Die eine Kraft wird sollizitiert; dieser Anstoß ist eine in sie von außen gesetzte Bestimmung. Aber die Kraft ist selbst das voraussetzende; sie ist wesentlich sich in sich reflektierend und es aufhebend, daß der Anstoß ein Äußerliches sei. Daß sie sollizitiert wird, ist daher ihr eigenes Tun, oder es ist durch sie selbst bestimmt, daß die andere Kraft eine andere überhaupt und die sollizitierende ist. Die sollizitierende bezieht sich auf ihre andere negativ, so daß sie die Äußerlichkeit derselben aufhebt, sie ist insofern setzend; aber sie ist dies nur durch die Voraussetzung, sich eine andere gegenüber zu haben; das ist, sie ist sollizitierend selbst nur, insofern sie eine Äußerlichkeit an ihr hat, somit insofern sie sollizitiert wird. Oder sie ist sollizitierend nur insofern, als sie dazu sollizitiert wird, sollizitierend zu sein. Somit wird umgekehrt die erste sollizitiert nur insofern, als sie selbst die andere dazu sollizitiert, sie, nämlich die erstere, zu sollizitieren. Jede von beiden erhält also den Anstoß von der anderen; aber der Anstoß, den sie als tätige gibt, besteht darin, daß sie von der anderen einen Anstoß erhalte; der Anstoß, den sie erhält, ist von ihr selbst sollizitiert. Beides, der gegebene und der empfangene Anstoß oder die tätige Äußerung und die passive Äußerlichkeit, ist daher nicht ein Unmittelbares, sondern vermittelt, und zwar ist jede der beiden Kräfte hiermit selbst die Bestimmtheit, welche die andere gegen sie hat, ist vermittelt durch die andere, und dieses vermittelnde Andere ist wieder ihr eigenes bestimmendes Setzen.

So ist also dies, daß auf die Kraft ein Anstoß durch eine andere Kraft geschieht, daß sie sich insofern passiv verhält, aber hinwieder von dieser Passivität in die Aktivität übergeht, – der Rückgang der Kraft in sie selbst. Sie äußert sich. Die Äußerung ist Reaktion in dem Sinne, daß sie die Äußerlichkeit als ihr eigenes Moment setzt und somit es aufhebt, daß sie durch eine andere Kraft sollizitiert worden sei. Beides ist daher eines, die Äußerung der Kraft, wodurch sie sich durch ihre negative Tätigkeit auf sich selbst ein Dasein-für-Anderes gibt, und die unendliche Rückkehr in dieser Äußerlichkeit auf sich selbst, so daß sie darin sich nur auf sich bezieht. Die voraussetzende Reflexion, welcher das Bedingtsein und der Anstoß angehört, ist daher unmittelbar auch die in sich zurückkehrende | Reflexion, und die Tätigkeit ist wesentlich reagierende, gegen sich. Das Setzen des Anstosses oder Äußerlichen ist selbst das Aufheben desselben, und umgekehrt ist das Aufheben des Anstosses das Setzen der Äußerlichkeit.

c. Die Unendlichkeit der Kraft

Die Kraft ist endlich, insofern ihre Momente noch die Form der Unmittelbarkeit haben; ihre voraussetzende und ihre sich auf sich beziehende Reflexion sind in dieser Bestimmung unterschieden; jene erscheint als eine für sich bestehende äußerliche Kraft und die andere in der Beziehung auf sie als passiv. Die Kraft ist so der Form nach bedingt und dem Inhalt nach gleichfalls beschränkt; denn eine Bestimmtheit der Form nach enthält auch eine Beschränkung des Inhaltes. Aber die Tätigkeit der Kraft besteht darin, sich zu äußern; das heißt, wie sich ergeben hat, die Äußerlichkeit aufzuheben und sie als das zu bestimmen, worin sie identisch mit sich ist. Was also die Kraft in Wahrheit äußert, ist dies, daß ihre Beziehung auf Anderes ihre Beziehung auf sich selbst ist, daß ihre Passivität in ihrer Aktivität selbst besteht. Der Anstoß, wodurch sie zur Tätigkeit sollizitiert wird, ist ihr eigenes Sollizitieren; die Äußerlichkeit, welche an sie kommt, ist kein Unmittelbares, sondern ein durch sie Vermitteltes, so wie ihre eigene wesentliche Identität mit sich nicht unmittelbar, sondern durch ihre Negation vermittelt ist; oder die Kraft äußert dies, daß ihre Äußerlichkeit identisch ist mit ihrer Innerlichkeit.

C. Verhältnis des Äußeren und Inneren

1. Das Verhältnis des Ganzen und der Teile ist das unmittelbare; die reflektierte und die seiende Unmittelbarkeit haben daher in ihm jede eine eigene Selbständigkeit; aber indem sie im wesentlichen Verhältnis stehen, so ist ihre Selbständigkeit nur

ihre negative Einheit. Dies ist nun in der Äußerung der Kraft gesetzt; die reflektierte Einheit ist wesentlich das Anderswerden als Übersetzen ihrer selbst in die Äußerlichkeit; aber diese ist ebenso unmittelbar in jene zurückgenommen; der Unterschied der selbständigen Kräfte hebt sich auf; die Äußerung der Kraft ist nur eine Vermittlung der reflektierten Einheit mit sich selbst. Es ist nur ein leerer durchsichtiger Unterschied, der Schein, vorhanden, aber dieser Schein ist die Vermittlung, welche das selbständige Bestehen selbst ist. Es sind nicht nur entgegengesetzte Bestimmungen, die sich an ihnen selbst aufheben, und ihre Bewegung [ist] nicht nur ein Übergehen, sondern teils ist die Unmittel|barkeit, von der angefangen und ins Anderssein übergegangen wurde, selbst nur als gesetzte, teils ist dadurch jede der Bestimmungen in ihrer Unmittelbarkeit schon die Einheit mit ihrer anderen, und das Übergehen [ist] dadurch schlechthin ebensosehr die sich setzende Rückkehr in sich.

Das *Innere* ist als die Form der *reflektierten Unmittelbarkeit* oder des Wesens gegen das *Äußere* als die Form des *Seins* bestimmt, aber beide sind nur eine Identität. – Diese Identität ist *erstens* die gediegene Einheit beider als inhaltsvolle Grundlage oder die *absolute Sache*, an der die beiden Bestimmungen gleichgültige, äußerliche Momente sind. Insofern ist sie Inhalt und die Totalität, welche das Innere ist, das ebensosehr äußerlich wird, aber darin nicht ein Gewordenes oder Übergegangenes, sondern sich selbst gleich ist. Das Äußere ist nach dieser Bestimmung dem Inneren, dem Inhalt nach nicht nur *gleich*, sondern beide sind nur *Eine Sache*. – Aber diese Sache als *einfache Identität* mit sich ist verschieden von *ihren Formbestimmungen*, oder diese sind ihr äußerlich; sie ist insofern selbst ein Inneres, das von ihrer Äußerlichkeit verschieden ist. Diese Äußerlichkeit aber besteht darin, daß die beiden Bestimmungen selbst, nämlich das Innere und Äußere, sie ausmachen. Aber die Sache ist selbst nichts anderes als die Einheit beider. Somit sind beide Seiten dem Inhalt nach wieder dasselbe. Aber in der Sache sind sie als sich durchdringende Identität, als inhaltsvolle Grundlage. Aber in der Äußerlichkeit, als Formen der Sache, sind sie gegen jene Identität und somit beide gegeneinander gleichgültig.

2. Sie sind auf diese Weise die verschiedenen Formbestimmungen, welche nicht an ihnen selbst, sondern an einem Anderen eine identische Grundlage haben: Reflexionsbestimmungen, die für sich sind, das Innere als die Form der Reflexion-in-sich, der Wesentlichkeit, das Äußere aber als die Form der in Anderes reflektierten Unmittelbarkeit oder der Unwesentlichkeit. Allein die Natur des Verhältnisses hat gezeigt, daß diese Bestimmungen schlechthin nur eine Identität ausmachen. Die Kraft ist in ihrer Äußerung dies, daß das voraussetzende und das in sich zurückkehrende Bestimmen eines und dasselbe ist. Insofern daher Inneres und Äußeres als Formbestimmungen betrachtet worden, so sind sie *erstlich* nur die einfache Form selbst, und *zweitens*, weil sie darin zugleich als entgegengesetzte bestimmt sind, so ist ihre Einheit die reine *abstrakte Vermittlung*, in welcher die eine *unmittelbar* die andere und *darum* die andere ist, weil sie die eine ist. So ist das Innere unmittelbar *nur* das Äußere, und es ist darum die *Bestimmtheit der Äußerlichkeit*, weil es das Innere ist; umgekehrt, das Äußere ist *nur* ein Inneres, weil es *nur* ein Äußeres ist. – Indem nämlich diese Formeinheit ihre beiden Bestimmungen als entgegengesetzte enthält, ist ihre Identität nur dieses Übergehen; und darin nur die *andere* von beiden, nicht ihre *inhaltsvolle* Identität. Oder dieses Festhalten der Form ist überhaupt die Seite | der *Bestimmtheit*. Was nach derselben gesetzt ist, ist nicht die reale Totalität des Ganzen, sondern die Totalität oder die Sache selbst nur in *der Bestimmtheit* der Form; weil diese die schlechthin zusammengebundene Einheit beider entgegengesetzter Bestimmungen ist, so ist, indem die eine zuerst genommen wird – und es ist gleichgültig, welche es sei – von der Grundlage oder Sache zu sagen, daß sie *darum* ebenso wesentlich in der anderen Bestimmtheit, aber gleichfalls *nur* in der anderen ist, so wie zuerst gesagt wurde, daß sie *nur* in der ersteren ist. –

So ist etwas, das *nur erst* ein *Inneres* ist, eben darum *nur* ein Äußeres. Oder umgekehrt, etwas, das *nur* ein *Äußeres* ist, ist eben darum *nur* ein Inneres. Oder indem das Innere als *Wesen*, das Äußere aber als *Sein* bestimmt ist, so ist eine Sache, insofern sie nur in ihrem *Wesen* ist, eben darum nur ein unmittelbares *Sein*; oder eine Sache, welche nur *ist*,

ist eben darum nur erst noch in ihrem *Wesen*. – Das Äußere und Innere sind die Bestimmtheit so gesetzt, daß jede dieser beiden Bestimmungen nicht nur die andere voraussetzt und in sie als in ihre Wahrheit übergeht, sondern daß sie, insofern sie diese Wahrheit der anderen ist, als *Bestimmtheit gesetzt* bleibt und auf die Totalität beider hinweist. – *Das Innere* ist somit die Vollendung des *Wesens* der Form nach. Das Wesen, indem es nämlich als Inneres bestimmt ist, enthält es, daß es mangelhaft und nur ist als Beziehung auf sein Anderes, das Äußere; aber dieses ist ebenso nicht nur Sein oder auch Existenz, sondern als auf das Wesen oder das Innere sich beziehend. Aber es ist nicht nur die Beziehung beider aufeinander, sondern die bestimmte der absoluten Form, daß jedes unmittelbar sein Gegenteil ist und ihre gemeinschaftliche Beziehung *auf ihr Drittes* oder vielmehr *auf ihre Einheit* vorhanden. Ihre Vermittlung entbehrt aber noch dieser sie beide enthaltenden identischen Grundlage; ihre Beziehung ist deswegen die unmittelbare Umkehrung des einen in das andere, und diese negative Einheit, die sie zusammenknüpft, ist der einfache, inhaltslose Punkt.

Anmerkung

Die Bewegung des Wesens ist überhaupt das *Werden zum Begriff*. In dem Verhältnis des Inneren und Äußeren tritt das wesentliche Moment desselben hervor, daß nämlich seine Bestimmungen gesetzt sind, so in der negativen Einheit zu sein, daß jede unmittelbar nicht nur als ihre Andere, sondern auch als die Totalität des Ganzen ist. Aber diese Totalität ist im Begriff als solchem das *Allgemeine*, – eine Grundlage, die im Verhältnis des Inneren und Äußeren noch nicht vorhanden ist. – In der negativen Identität des Inneren und Äußeren, welche die *unmittelbare Umkehrung* der einen dieser Bestimmungen in die andere | ist, fehlt auch diejenige Grundlage, welche vorhin die *Sache* genannt wurde. –

Die unvermittelte *Identität der Form*, wie sie hier noch ohne die inhaltsvolle Bewegung der Sache selbst gesetzt ist, ist sehr wichtig bemerkt zu werden. Sie kommt an der Sache vor, wie diese in ihrem *Anfang* ist. So ist das *reine Sein* unmittelbar das *Nichts*. Überhaupt ist alles Reale in seinem

Anfang eine solche nur unmittelbare Identität; denn in seinem Anfang hat es die Momente noch nicht entgegengesetzt und entwickelt, einerseits aus der Äußerlichkeit sich noch nicht *erinnert*, andererseits sich aus der Innerlichkeit durch seine Tätigkeit noch nicht *entäußert* und hervorgebracht; es ist daher nur das Innere als *Bestimmtheit* gegen das Äußere und nur das Äußere als *Bestimmtheit* gegen das Innere. Somit ist es teils *nur* ein unmittelbares Sein; teils, insofern es ebensosehr die Negativität ist, welche die Tätigkeit der Entwicklung werden soll, ist es als solches wesentlich erst *nur* ein Inneres. – In aller natürlichen, wissenschaftlichen und geistigen Entwicklung überhaupt bietet sich dies dar, und es ist wesentlich dies zu erkennen, daß das Erste, indem Etwas nur erst *innerlich* oder auch in seinem *Begriff* ist, eben darum nur sein unmittelbares, passives Dasein ist. So – um gleich das nächste Beispiel zu nehmen – ist das hier betrachtete *wesentliche Verhältnis*, eh[e] es sich durch die Vermittlung, das Verhältnis der *Kraft*, hindurch bewegt und realisiert hat, nur das Verhältnis *an sich*, sein Begriff oder erst *innerlich*. Deswegen aber ist es *nur* das *äußerliche*, unmittelbare Verhältnis: das Verhältnis des *Ganzen* und der *Teile*, in welchem die Seiten ein gleichgültiges Bestehen gegeneinander haben. Ihre Identität ist an ihnen selbst noch nicht; sie ist erst *innerlich*, und deswegen fallen sie auseinander, haben ein unmittelbares, äußerliches Bestehen. – So ist die *Sphäre des Seins* überhaupt nur erst das schlechthin noch *Innere*, und deswegen ist sie die Sphäre der seienden Unmittelbarkeit oder der Äußerlichkeit. – Das *Wesen* ist nur erst das *Innere*; darum wird es auch für eine ganz *äußerliche*, systemlose Gemeinschaftlichkeit genommen; man sagt: das *Schulwesen*, *Zeitungswesen*, und versteht darunter ein Gemeinschaftliches, das durch äußeres Zusammennehmen von existierenden Gegenständen, insofern sie ohne alle wesentliche Verbindung, ohne Organisation [sind], gemacht ist. – Oder an konkreten Gegenständen, so ist der Keim der Pflanze, das Kind, nur erst *innere* Pflanze, *innerlicher* Mensch. Aber darum ist die Pflanze oder der Mensch als Keim ein Unmittelbares, ein Äußeres, das sich noch nicht die negative Beziehung auf sich selbst gegeben hat, *ein Passives*, dem Anderssein Preisgegebenes. – So ist auch Gott in seinem unmittelbaren Begriff nicht Geist; der Geist ist nicht das Unmittelbare, der Vermittlung entgegengesetzte, sondern vielmehr das seine Unmittelbarkeit ewig setzende und ewig aus ihr in sich zurückkehrende Wesen. Unmittelbar ist daher Gott nur die Natur. Oder die Natur ist nur | der innere, nicht als Geist wirkliche und damit nicht der wahrhafte Gott. – Oder Gott ist im Denken, als erstem Denken, nur das reine Sein oder auch das Wesen, das abstrakte Absolute, nicht aber Gott als absoluter Geist, als welcher allein die wahrhafte Natur Gottes ist.

3. Die erste der betrachteten Identitäten des Inneren und Äußeren ist die gegen den Unterschied dieser Bestimmungen als gegen eine ihr äußere Form gleichgültige Grundlage, oder sie als Inhalt. Die zweite ist die unvermittelte Identität ihres Unterschiedes, die unmittelbare Umkehrung jeder in ihre entgegengesetzte, – oder sie als reine Form. Aber diese beiden Identitäten sind nur die Seiten Einer Totalität, oder sie selbst ist nur die Umkehrung der einen in die andere. Die Totalität als Grundlage und Inhalt ist diese in sich reflektierte Unmittelbarkeit nur durch die voraussetzende Reflexion der Form, die ihren Unterschied aufhebt und sich als gleichgültige Identität, als reflektierte Einheit gegen ihn setzt. Oder der Inhalt ist die Form selbst, insofern sie sich als Verschiedenheit bestimmt und sich selbst zu einer ihrer Seiten, als Äußerlichkeit, zu der anderen aber als in sich reflektierte Unmittelbarkeit oder zum Inneren macht.

Dadurch sind also umgekehrt die Unterschiede der Form, das Innere und das Äußere, jedes an ihm selbst gesetzt als die Totalität seiner und seines Anderen: das Innere ist als einfache in sich reflektierte Identität das Unmittelbare und daher sosehr Sein und Äußerlichkeit als Wesen, und das Äußere ist als das mannigfaltige, bestimmte Sein nur Äußeres, d.h. gesetzt als unwesentlich und in seinen Grund zurückgegangen, somit als Inneres. Dieses Übergehen beider ineinander ist ihre unmittelbare Identität als Grundlage; aber es ist auch ihre vermittelte Identität, nämlich jedes ist eben durch sein Anderes, was es an sich ist, die Totalität des Verhältnisses. Oder umgekehrt, die

Bestimmtheit einer jeden Seite ist dadurch, daß sie an ihr die Totalität ist, mit der anderen Bestimmtheit vermittelt; die Totalität vermittelt sich so durch die Form oder die Bestimmtheit mit sich selbst, und die Bestimmtheit vermittelt sich durch ihre einfache Identität mit sich.

Was Etwas ist, das ist es daher ganz in seiner Äußerlichkeit; seine Äußerlichkeit ist seine Totalität, sie ist ebensosehr seine in sich reflektierte Einheit. Seine Erscheinung ist nicht nur die Reflexion in Anderes, sondern in sich, und seine Äußerlichkeit daher die Äußerung dessen, was es an sich ist; und indem so sein Inhalt und seine Form schlechthin identisch sind, so ist es nichts an und für sich als dies, sich zu äußern. Es ist das Offenbaren seines Wesens, so daß dieses Wesen eben nur darin besteht, das sich Offenbarende zu sein.

Das wesentliche Verhältnis hat sich in dieser Identität der Erscheinung mit dem Inneren oder dem Wesen zur Wirklichkeit bestimmt. |

DRITTER ABSCHNITT
DIE WIRKLICHKEIT

Die Wirklichkeit ist die Einheit des Wesens und der Existenz; in ihr hat das gestaltlose Wesen und die haltlose Erscheinung – oder das bestimmungslose Bestehen und die bestandlose Mannigfaltigkeit ihre Wahrheit. Die Existenz ist zwar die aus dem Grunde hervorgegangene Unmittelbarkeit, aber sie hat die Form noch nicht an ihr gesetzt; indem sie sich bestimmt und formiert, ist sie die Erscheinung; und indem sie dies nur als Reflexion-in-anderes bestimmte Bestehen zur Reflexion-in-sich fortbildet, wird es zu zwei Welten, zwei Totalitäten des Inhaltes, deren die eine als in sich, die andere als in anderes reflektierte bestimmt ist. Das wesentliche Verhältnis aber stellt ihre Formbeziehung dar, deren Vollendung das Verhältnis des Inneren und Äußeren ist, daß der Inhalt beider nur Eine identische Grundlage und ebensosehr nur eine Identität der Form ist. – Dadurch, daß sich auch diese Identität in Ansehung der Form ergeben hat, ist die Formbestimmung ihrer Verschiedenheit aufgehoben, und es ist gesetzt, daß sie eine absolute Totalität sind.

Diese Einheit des Inneren und Äußeren ist die absolute Wirklichkeit. Diese Wirklichkeit aber ist zunächst das Absolute als solches, – insofern sie als Einheit gesetzt ist, in der sich die Form aufgehoben und zu dem leeren oder äußeren Unterschied eines Äußeren und Inneren gemacht hat. Die Reflexion verhält sich gegen dieses Absolute als äußerliche, welche es vielmehr nur betrachtet, als daß sie seine eigene Bewegung wäre. Indem sie aber wesentlich dies ist, ist sie als seine negative Rückkehr in sich

zweitens die eigentliche Wirklichkeit. Wirklichkeit, Möglichkeit, und Notwendigkeit machen die formellen Momente des Absoluten oder die Reflexion desselben aus.

Drittens, die Einheit des Absoluten und seiner Reflexion ist das absolute Verhältnis oder vielmehr das Absolute als Verhältnis zu sich selbst: Substanz. |

Erstes Kapitel
Das Absolute

Die einfache gediegene Identität des Absoluten ist unbestimmt, oder in ihr hat sich vielmehr alle Bestimmtheit des Wesens und der Existenz oder des Seins überhaupt sowohl als der Reflexion aufgelöst. Insofern fällt das Bestimmen dessen, was das Absolute sei, negativ aus, und das Absolute selbst erscheint nur als die Negation aller Prädikate und als das Leere. Aber indem es ebensosehr als die Position aller Prädikate ausgesprochen werden muß, erscheint es als der formellste Widerspruch. Insofern jenes Negieren und dieses Setzen der äußeren Reflexion angehört, so ist es eine formelle unsystematische Dialektik, die mit leichter Mühe die mancherlei Bestimmungen hierher und dorther aufgreift und mit ebenso leichter Mühe einerseits ihre Endlichkeit und bloße Relativität aufzeigt, als andererseits, indem es ihr als die Totalität vorschwebt, auch das Inwohnen aller Bestimmungen von ihm ausspricht, – ohne diese Positionen und jene Negationen zu einer wahrhaften Einheit erheben zu können. – Es soll aber dargestellt werden, was das Absolute ist; aber dieses Darstellen kann nicht ein Bestimmen noch äußere Reflexion sein, wodurch Bestimmungen desselben würden, sondern es ist die Auslegung, und zwar die eigene Auslegung des Absoluten, und nur ein Zeigen dessen, was es ist.

A. Die Auslegung des Absoluten

Das Absolute ist nicht nur das Sein, noch auch das Wesen. Jene ist die erste unreflektierte Unmittelbarkeit, diese die reflektierte; jedes ist ferner Totalität an ihm selbst, aber eine bestimmte. Am Wesen tritt das Sein als Existenz hervor, und die Beziehung von Sein und Wesen hat sich bis zum Verhältnis des *Inneren* und *Äußeren* fortgebildet. Das *Innere* ist das *Wesen*, aber als die *Totalität*, welche wesentlich die Bestimmung hat, auf das *Sein bezogen* und unmittelbar *Sein* zu sein. Das *Äußere* ist das *Sein*, aber mit der wesentlichen Bestimmung, auf die *Reflexion bezogen*, unmittelbar ebenso verhältnislose Identität mit dem Wesen zu sein. Das Absolute selbst ist die absolute | Einheit beider; es ist dasjenige, was überhaupt den *Grund* des wesentlichen Verhältnisses ausmacht, das als Verhältnis nur noch nicht in diese seine Identität zurückgegangen und dessen Grund noch nicht *gesetzt* ist.

Hieraus ergibt sich, daß die Bestimmung des Absoluten ist, die *absolute Form* zu sein, aber zugleich nicht als die Identität, deren Momente nur einfache Bestimmtheiten sind, – sondern [als] die Identität, deren Momente jedes an ihm selbst die *Totalität* und somit als gleichgültig gegen die Form, der vollständige *Inhalt* des Ganzen ist. Aber umgekehrt ist das Absolute so der absolute Inhalt, daß der Inhalt, der als solcher gleichgültige Mannigfaltigkeit ist, die negative Formbeziehung an ihm hat, wodurch seine Mannigfaltigkeit nur *eine* gediegene Identität ist.

Die Identität des Absoluten ist somit dadurch die absolute, daß jeder seiner Teile selbst das Ganze oder jede Bestimmtheit die Totalität ist, d.h. daß die Bestimmtheit überhaupt ein schlechthin durchsichtiger Schein, ein in *seinem Gesetztsein verschwundener* Unterschied geworden ist. *Wesen*, *Existenz*, *an sich seiende Welt*, *Ganzes*, *Teile*, *Kraft*, – diese reflektierten Bestimmungen erscheinen dem Vorstellen als an und für sich geltendes, wahres Sein; das Absolute aber ist gegen sie der Grund, in dem sie untergegangen sind. – Weil nun im Absoluten die Form nur die einfache Identität mit sich ist, so *bestimmt* sich das Absolute nicht; denn die Bestimmung ist ein Formunterschied, der zunächst als solcher gilt. Weil es aber zugleich allen Unterschied und [alle] Formbestimmung überhaupt enthält oder weil es selbst die absolute Form und Reflexion ist, so muß auch die *Verschiedenheit des Inhaltes* an ihm hervortreten. Aber das Absolute selbst ist die *absolute Identität*; dies ist seine *Bestimmung*, indem alle Mannigfaltigkeit der an sich seienden und der erscheinenden Welt oder der innerlichen und äußerlichen Totalität in ihm aufgehoben ist. – In ihm selbst ist kein *Werden*, denn es ist nicht das Sein, noch ist es das sich *reflektierende* Bestimmen, denn es ist nicht das sich nur in sich bestimmende Wesen; es ist auch nicht ein *Sich-Äußern*, denn es ist als die Identität des Inneren und Äußeren. – Aber so steht die Bewegung der Reflexion seiner absoluten Identität *gegenüber*. Sie ist in dieser aufgehoben, so ist sie nur deren *Inneres*, hiermit aber ist sie ihr *äußerlich*. – Sie besteht daher zunächst nur darin, ihr Tun im Absoluten aufzuheben. Sie ist das Jenseits der mannigfaltigen Unterschiede und Bestimmungen und deren Bewegung, welches dem Absoluten *im Rücken liegt*; sie ist daher zwar das Aufnehmen derselben, aber zugleich ihr Untergehen; so ist sie die *negative Auslegung* des Absoluten, die vorhin erwähnt wurde. – In ihrer * wahrhaften Darstellung ist diese Auslegung das bisherige Ganze der logischen Bewegung der Sphäre des *Seins und des Wesens*, deren Inhalt nicht von außen als ein gegebener und zufälliger aufgerafft, noch durch eine ihm | äußere Reflexion in den Abgrund des Absoluten versenkt worden, sondern sich an ihm durch seine innere Notwendigkeit bestimmt und als eigenes *Werden* des Seins und als *Reflexion* des Wesens in das Absolute als in seinen Grund zurückgegangen ist.

Diese Auslegung hat aber selbst zugleich eine *positive* Seite; insofern nämlich das Endliche darin, daß es zugrunde geht, diese Natur beweist, auf das Absolute bezogen zu sein oder das Absolute an ihm selbst zu enthalten. Aber diese Seite ist nicht sosehr die positive Auslegung des Absoluten selbst als vielmehr die Auslegung der *Bestimmungen*, daß sie nämlich das Absolute zu ihrem Abgrund, aber auch zu ihrem *Grunde* haben oder daß das, was ihnen, dem Schein, ein Bestehen gibt, *das Absolute* selbst ist. – Der Schein ist nicht das *Nichts*, sondern er ist Reflexion, *Beziehung* auf das Absolute; oder *er ist* Schein, insofern das *Absolute in ihm scheint*. Diese positive Auslegung hält so noch das Endliche vor seinem Verschwinden auf und betrachtet es als einen Ausdruck und [ein] Abbild des Absoluten. Aber die Durchsichtigkeit des Endlichen, das nur das Absolute durch sich hindurchblicken läßt, endigt in gänzliches Verschwinden; denn es ist nichts am Endlichen, was ihm einen Unterschied gegen das Absolute erhalten könnte; es ist ein Medium, das von dem, was durch es scheint, absorbiert wird.

Diese positive Auslegung des Absoluten ist daher selbst nur ein Scheinen; denn das wahrhaft Positive, was sie und der ausgelegte Inhalt enthält, ist das Absolute selbst. Was für weitere Bestimmungen vorkommen, die Form, worin das Absolute scheint, ist ein Nichtiges, das die Auslegung von außenher aufnimmt und woran sie einen Anfang zu ihrem Tun gewinnt. Eine solche Bestimmung hat nicht im Absoluten ihren Anfang, sondern nur ihr Ende. Dieses Auslegen ist daher zwar absolutes Tun durch seine Beziehung auf das Absolute, in das es zurückgeht, aber nicht nach seinem Ausgangspunkt, der eine dem Absoluten äußerliche Bestimmung ist.

In der Tat aber ist das Auslegen des Absoluten sein eigenes Tun, und das bei sich anfängt, wie es bei sich ankommt. Das Absolute, nur als absolute Identität, ist es bestimmt, nämlich als Identisches; es ist durch die Reflexion so gesetzt gegen die Entgegensetzung und Mannigfaltigkeit; oder es ist nur das Negative der Reflexion und des Bestimmens überhaupt. – Nicht nur jenes Auslegen des Absoluten ist daher ein unvollkommenes, sondern auch dieses Absolute selbst, bei welchem nur angekommen wird. Oder jenes Absolute, das nur als absolute Identität ist, ist nur das Absolute einer äußeren Reflexion. Es ist daher nicht das Absolut-Absolute, sondern das Absolute in einer Bestimmtheit, oder es ist Attribut. |

Aber das Absolute ist nicht nur Attribut, weil es Gegenstand einer äußeren Reflexion und somit ein durch sie Bestimmtes ist. – Oder die Reflexion ist nicht nur ihm äußerlich; sondern unmittelbar darum, weil sie ihm äußerlich ist, ist sie ihm innerlich. Das Absolute ist nur das Absolute, weil es nicht die abstrakte Identität, sondern die Identität des Seins und Wesens oder die Identität des Inneren und Äußeren ist. Es ist also selbst die absolute Form, welche es in sich scheinen macht und es zum Attribut bestimmt.

B. Das absolute Attribut

Der Ausdruck, der gebraucht worden ist: das Absolut-Absolute, bezeichnet das in seiner Form in sich zurückgekehrte Absolute, oder dessen Form seinem Inhalt gleich ist. Das Attribut ist das nur relative Absolute, eine Verknüpfung, welche nichts anderes bedeutet als das Absolute in einer Formbestimmung. Die Form ist nämlich zuerst vor ihrer vollendeten Auslegung nur erst innerlich oder, was dasselbe ist, nur äußerlich, überhaupt zuerst bestimmte Form oder Negation überhaupt. Aber weil sie zugleich als Form des Absoluten ist, so ist das Attribut der ganze Inhalt des Absoluten; es ist die Totalität, welche früher als eine Welt erschien oder als eine der Seiten des wesentlichen Verhältnisses, deren jede selbst das Ganze ist. Aber die beiden Welten, die erscheinende und die an und für sich seiende, sollten jede in ihrem Wesen einander entgegengesetzt sein. Die eine Seite des wesentlichen Verhältnisses war zwar der anderen gleich, das Ganze soviel als die Teile, die Äußerung der Kraft derselbe Inhalt als diese selbst, und das Äußere überhaupt dasselbe, was das Innere. Aber zugleich sollten diese Seiten jede noch ein eigenes unmittelbares Bestehen haben, die eine als die seiende, die andere als die reflektierte Unmittelbarkeit. Im Absoluten dagegen sind diese unterschiedenen Unmittelbarkeiten zum Scheine herabgesetzt, und die Totalität, welche das Attribut ist, ist gesetzt als sein wahres und einziges Bestehen; die Bestimmung aber, in der es ist, als das unwesentliche.

Das Absolute ist darum Attribut, weil es als einfache absolute Identität in der Bestimmung der Identität ist, an die Bestimmung überhaupt können nun andere Bestimmungen angeknüpft werden, z.B. auch, daß mehrere Attribute seien. Aber weil die absolute Identität nur diese Bedeutung hat, nicht nur daß alle Bestimmungen aufgehoben sind, sondern daß sie auch die Reflexion ist, die sich selbst aufgehoben hat, so sind an ihr alle Bestimmungen gesetzt als aufgehobene. Oder die Totalität ist gesetzt als die absolute, oder das Attribut hat das Absolute | zu seinem Inhalt und Bestehen; seine Formbestimmung, wodurch es Attribut ist, ist daher auch gesetzt, unmittelbar als bloßer Schein: das Negative als Negatives. Der positive Schein, den die Auslegung sich durch das Attribut gibt, indem sie das Endliche in seiner Schranke nicht als ein an und für sich Seiendes nimmt, sondern sein Bestehen in das Absolute auflöst und es zum Attribut erweitert, hebt dies selbst auf, daß es Attribut sei; sie versenkt dasselbe und ihr unterscheidendes Tun in das einfache Absolute.

Aber indem die Reflexion von ihrem Unterscheiden so nur zur Identität des Absoluten zurückkehrt, ist sie zugleich nicht aus ihrer Äußerlichkeit heraus und zum wahrhaften Absoluten gekommen. Sie hat nur die unbestimmte, abstrakte Identität erreicht, das heißt, diejenige, welche in der Bestimmtheit der Identität ist. – Oder die Reflexion, indem sie als innere Form das Absolute zum Attribut bestimmt, so ist dieses Bestimmen ein noch von der Äußerlichkeit Verschiedenes; die innere Bestimmung durchdringt das Absolute nicht; seine Äußerung ist, als ein bloß Gesetztes am Absoluten zu verschwinden.

Die Form also, sie werde als äußere oder innere genommen, wodurch das Absolute Attribut wäre, ist zugleich gesetzt, ein an sich selbst Nichtiges, ein äußerlicher Schein, oder bloße Art und Weise zu sein.

C. Der Modus des Absoluten

Das Attribut ist erstlich das Absolute als in der einfachen Identität mit sich. Zweitens ist es Negation, und diese als Negation ist die formelle Reflexion-in-sich. Diese beiden Seiten machen zunächst die zwei Extreme des Attributes aus, deren Mitte es selbst ist, indem es sowohl das Absolute als die Bestimmtheit ist. – Das zweite dieser Extreme ist das Negative als Negatives, die dem Absoluten äußerliche Reflexion. – Oder insofern es als das Innere des Absoluten genommen wird und seine eigene Bestimmung es ist, sich als Modus zu setzen, so ist er das Außersichsein des Absoluten, der Verlust seiner in die Veränderlichkeit und Zufälligkeit des Seins, sein Übergegangensein ins Entgegengesetzte ohne

Rückkehr in sich: die totalitätslose Mannigfaltigkeit der Form und Inhaltsbestimmungen. –

Der Modus, die Äußerlichkeit des Absoluten, ist aber nicht nur dies, sondern die als Äußerlichkeit gesetzte Äußerlichkeit, eine bloße Art und Weise, somit der Schein als Schein oder die Reflexion der Form in sich, somit die Identität mit sich, welche das Absolute ist. In der Tat ist also erst im Modus das Absolute als absolute Identität gesetzt; es ist nur, was es | ist, nämlich Identität mit sich, als sich auf sich beziehende Negativität, als Scheinen, das als Scheinen gesetzt ist.

Insofern daher die Auslegung des Absoluten von seiner absoluten Identität anfängt und zu dem Attribut und von da zum Modus übergeht, so hat sie darin vollständig ihre Momente durchlaufen. Aber erstlich ist sie darin nicht ein bloß negatives Verhalten gegen diese Bestimmungen, sondern dies ihr Tun ist die reflektierende Bewegung selbst, als welche das Absolute nur wahrhaft die absolute Identität ist. – Zweitens hat sie es dabei nicht bloß mit Äußerlichem zu tun, und der Modus ist nicht nur die äußerste Äußerlichkeit, sondern weil er der Schein als Schein ist, so ist er die Rückkehr in sich, die sich selbst auflösende Reflexion, als welche das Absolute absolutes Sein ist. – Drittens scheint die auslegende Reflexion von ihren eigenen Bestimmungen und von Äußerlichem anzufangen, die Modi oder auch die Bestimmungen des Attributes als sonst außer dem Absoluten vorgefundene aufzunehmen, und ihr Tun [scheint] darin zu bestehen, daß sie dieselben in die indifferente Identität nur zurückführt. In der Tat aber hat sie an dem Absoluten selbst die Bestimmtheit, von der sie anfängt. Denn das Absolute als erste indifferente Identität ist selbst nur das bestimmte Absolute oder Attribut, weil es das unbewegte, noch unreflektierte Absolute ist. Diese Bestimmtheit, weil sie Bestimmtheit ist, gehört der reflektierenden Bewegung an; nur durch sie ist es bestimmt als das erste Identische, ebenso nur durch sie hat es die absolute Form und ist nicht das sich Gleichseiende, sondern das sich selbst Gleichsetzende.

Die wahrhafte Bedeutung des Modus ist daher, daß er die reflektierende eigene Bewegung des Absoluten ist, ein Be-

stimmen, aber nicht wodurch es ein *Anderes* würde, sondern nur dessen, was es schon ist, die durchsichtige Äußerlichkeit, welche das *Zeigen* seiner selbst ist, eine Bewegung aus sich *heraus*, aber so, daß dieses Sein-nach-Außen ebensosehr die Innerlichkeit selbst ist und damit ebensosehr ein Setzen, das nicht bloß Gesetztsein, sondern absolutes Sein ist.

Wenn daher nach einem *Inhalt* der Auslegung gefragt wird, *was* denn das Absolute zeige, so ist der Unterschied von Form und Inhalt im Absoluten ohnehin aufgelöst. Oder eben dies ist der Inhalt des Absoluten, *sich zu manifestieren*. Das Absolute ist die absolute Form, welche als die Entzweiung ihrer schlechthin identisch mit sich ist, das Negative als Negatives, oder das mit sich zusammengeht und nur so die absolute Identität mit sich ist, die ebensosehr *gleichgültig gegen ihre Unterschiede* oder absoluter *Inhalt* ist; der Inhalt ist daher nur diese Auslegung, als *Art und Weise*, welche seine absolute Identität mit sich selbst ist, ist Äußerung, nicht eines Inneren, nicht gegen ein Anderes, sondern ist nur als absolutes sich für sich selbst Manifestieren; es ist so *Wirklichkeit*. |

Anmerkung

Dem Begriff des Absoluten und dem Verhältnis der Reflexion zu demselben, wie es sich hier dargestellt hat, entspricht *der Begriff der spinozistischen Substanz*. Der *Spinozismus* ist darin eine mangelhafte Philosophie, daß die *Reflexion* und deren mannigfaltiges Bestimmen ein *äußerliches Denken* ist. – Die Substanz dieses Systems ist *Eine Substanz*, Eine untrennbare Totalität; es gibt keine Bestimmtheit, die nicht in diesem Absoluten enthalten und aufgelöst wäre; und es ist wichtig genug, daß alles, was dem natürlichen Vorstellen oder dem bestimmenden Verstand als Selbständiges erscheint und vorschwebt, in jenem notwendigen Begriff gänzlich zu einem bloßen *Gesetztsein* herabgesetzt ist. – *Die Bestimmtheit ist Negation*, ist das absolute Prinzip der spinozistischen Philosophie; diese wahrhafte und einfache Einsicht begründet die absolute Einheit der Substanz. Aber Spinoza bleibt bei der *Negation* als *Bestimmtheit* oder Qualität stehen; er geht nicht zur Erkenntnis derselben als absoluter, das heißt *sich negierender Negation* fort; somit *enthält seine Substanz nicht selbst die absolute Form*, und das Erkennen derselben ist kein immanentes Erkennen. Zwar ist die Substanz absolute Einheit des *Denkens* und Seins oder der Ausdehnung; sie enthält also das Denken selbst, aber nur in seiner *Einheit* mit der Ausdehnung, das heißt nicht als sich von der Ausdehnung *trennend*, somit überhaupt nicht als Bestimmen und Formieren, noch auch als die zurückkehrende und aus sich selbst anfangende Bewegung. Teils fehlt dadurch der Substanz das Prinzip *der Persönlichkeit*, – ein Mangel, welcher vornehmlich gegen das spinozistische System empört hat; – teils ist das Erkennen die äußerliche Reflexion, welche das, was als Endliches erscheint, die Bestimmtheit des Attributes und den Modus, wie auch überhaupt sich selbst nicht aus der Substanz begreift und ableitet, sondern als ein äußerlicher Verstand tätig ist, die Bestimmungen als *gegebene* aufnimmt und sie auf das Absolute *zurückführt*, nicht aber von diesem ihre Anfänge hernimmt.

Die Begriffe, die *Spinoza* von der Substanz gibt, sind die Begriffe der *Ursache seiner selbst*, – daß sie das ist, dessen *Wesen die Existenz in sich schließe*, – daß der Begriff des Absoluten *nicht des Begriffs eines Anderen bedürfe*, von dem er gebildet werden müsse; – diese Begriffe, so tief und richtig sie sind, sind *Definitionen*, welche vorne in der Wissenschaft *unmittelbar* angenommen werden. Mathematik und andere untergeordnete Wissenschaften müssen mit einem *Vorausgesetzten* anfangen, das ihr Element und [ihre] positive Grundlage ausmacht. Aber das Absolute kann nicht ein Erstes, Unmittelbares sein, sondern das Absolute ist wesentlich *sein Resultat*. |

Nach der Definition des Absoluten *tritt* bei Spinoza ferner die *Definition des Attributes* auf, und [es] wird als dasjenige bestimmt, wie der *Verstand dessen Wesen begreift*. Außerdem daß der *Verstand* seiner Natur nach als später angenommen wird als das Attribut, – denn Spinoza bestimmt ihn als *Modus*, – so wird das Attribut, die Bestimmung als Bestimmung des Absoluten, *von einem Ande-*

ren, dem Verstand, *abhängig* gemacht, welches der Substanz gegenüber äußerlich und unmittelbar auftritt.

Die Attribute bestimmt Spinoza ferner als *unendlich*, und zwar unendlich auch im Sinne einer *unendlichen Vielheit*. Es kommen zwar weiterhin nur die *zwei* vor, – *Denken und Ausdehnung*, und es ist nicht gezeigt, wie die unendliche Vielheit sich notwendig nur auf den Gegensatz, und zwar diesen bestimmten, des Denkens und der Ausdehnung, reduziert. – Diese beiden Attribute sind deswegen *empirisch* aufgenommen. Denken und Sein stellen das Absolute in einer Determination vor; das Absolute selbst ist ihre absolute Einheit, so daß sie nur unwesentliche Formen sind, die Ordnung der Dinge dieselbe ist als die der Vorstellungen oder Gedanken, und das Eine Absolute nur von der äußerlichen Reflexion, einem Modus, unter jenen beiden Bestimmungen, das eine Mal als eine Totalität von Vorstellungen, das andere Mal als eine Totalität von Dingen und deren Veränderungen betrachtet wird. Wie es die äußere Reflexion ist, welche jenen Unterschied macht, so ist sie es auch, die ihn in die absolute Identität zurückführt und versenkt. Diese ganze Bewegung aber geht außer dem Absoluten vor. Zwar ist dieses selbst auch das *Denken*, und sofern [ist] diese Bewegung nur im Absoluten; aber wie bemerkt, ist sie im Absoluten nur als Einheit mit der Ausdehnung, somit nicht als diese Bewegung, welche wesentlich auch das Moment der Entgegensetzung ist. – Spinoza macht die erhabene Forderung an das Denken, alles *unter der Gestalt der Ewigkeit*, **sub specie aeterni**, *zu betrachten*, das heißt, wie es im Absoluten ist. Aber in jenem Absoluten, das nur die unbewegte Identität ist, ist das Attribut wie der Modus nur als *verschwindend*, nicht als *werdend*, so daß hiermit auch jenes Verschwinden seinen positiven Anfang nur von außen nimmt.

Das Dritte, *der Modus*, ist bei Spinoza, *Affektion* der Substanz, die bestimmte Bestimmtheit, was *in einem Anderen ist und durch dieses Andere* gefaßt wird. Die Attribute haben eigentlich nur die unbestimmte Verschiedenheit zu ihrer Bestimmung; jedes *soll* die Totalität der Substanz ausdrücken und aus sich selbst begriffen werden; insofern es aber das Absolute als bestimmt ist, so enthält es das Anderssein und ist nicht nur *aus sich selbst* zu begreifen. In dem Modus ist daher erst eigentlich die Bestimmung des Attributes gesetzt. Dieses Dritte bleibt ferner bloßer Modus; einerseits ist er unmittelbar *Gegebenes*, andererseits wird seine Nichtigkeit nicht als Reflexion in sich erkannt. – Die spinozistische | Auslegung des Absoluten ist daher insofern wohl *vollständig*, als sie von dem Absoluten anfängt, hierauf das Attribut folgen läßt und mit dem Modus endigt; aber diese drei werden nur *nacheinander* ohne innere Folge der Entwicklung aufgezählt, und das Dritte ist nicht die Negation *als* Negation, nicht sich negativ auf sich beziehende Negation, wodurch sie *an ihr selbst* die Rückkehr in die erste Identität und diese wahrhafte Identität wäre. Es fehlt daher die Notwendigkeit des Fortgangs des Absoluten zur Unwesentlichkeit sowie ihre Auflösung an und für sich selbst in die Identität; oder es mangelt sowohl das Werden der Identität als ihrer Bestimmungen.

Auf gleiche Weise ist *in der orientalischen* Vorstellung der *Emanation* das Absolute das sich selbst erleuchtende Licht. Allein es erleuchtet sich nicht nur, sondern *strömt* auch *aus*. Seine Ausströmungen sind *Entfernungen* von seiner ungetrübten Klarheit; die folgenden Ausgeburten sind unvollkommener als die vorhergehenden, aus denen sie entstehen. Das Ausströmen ist nur als ein *Geschehen* genommen, das Werden nur als ein fortgehender Verlust. So verdunkelt sich das Sein immer mehr, und die Nacht, das Negative, ist das Letzte der Linie, das nicht in das erste Licht zurückkehrt.

Der Mangel *der Reflexion in sich*, den die spinozistische Auslegung des Absoluten wie die Emanationslehre an ihr hat, ist in dem Begriffe der *Leibnizischen Monade* ergänzt. – Der Einseitigkeit eines philosophischen Prinzips pflegt sich die entgegengesetzte gegenüberzustellen und, wie in allem, die Totalität wenigstens als eine *zerstreute Vollständigkeit* vorhanden zu sein. – Die *Monade* ist ein *Eins*, ein in sich reflektiertes Negatives; sie ist die Totalität des Inhaltes der Welt; das verschiedene Mannigfaltige ist in ihr nicht nur verschwunden, sondern auf negative Weise *aufbewahrt*; die spinozistische Substanz ist die Einheit alles Inhaltes; aber dieser mannigfaltige Inhalt der Welt *ist* nicht als solcher in ihr, sondern in der ihr äußerlichen Reflexion. Die Monade ist daher wesentlich *vorstellend*; sie hat aber, ob sie wohl eine endliche ist, keine *Passivität*, sondern die Veränderungen und Bestimmungen in ihr sind Manifestationen ihrer in ihr selbst. Sie ist *Entelechie*; das Offenbaren ist ihr eigenes Tun. – Dabei ist die Monade auch *bestimmt*, von *anderen unterschieden*; die Bestimmtheit fällt in den besonderen Inhalt und die Art und Weise der Manifestation. Die Monade ist daher *an sich*, ihrer *Substanz* nach, die Totalität, *nicht in ihrer Manifestation*. Diese *Beschränkung* der Monade fällt notwendig nicht in die *sich selbst setzende* oder *vorstellende* Monade, sondern in ihr *Ansichsein*, oder ist absolute Grenze, eine *Prädestination*, welche durch ein anderes Wesen, als sie ist, gesetzt wird. Ferner, da Begrenzte | nur sind, als sich auf andere Begrenzte beziehend, die Monade aber zugleich ein in sich geschlossenes Absolutes ist, so fällt die *Harmonie* dieser Begrenzungen, nämlich die Beziehung der Monaden aufeinander, außer ihnen und ist gleichfalls von einem anderen Wesen oder *an sich* prästabiliert.

Es erhellt, daß durch das *Prinzip der Reflexion-in-sich*, welches die Grundbestimmung der *Monade* ausmacht, zwar das Anderssein und die Einwirkung von außen überhaupt entfernt ist und die Veränderungen der Monade ihr eigenes Setzen sind, – daß aber auf der anderen Seite die Passivität durch Anderes nur in eine absolute Schranke, in eine Schranke des *Ansichseins* verwandelt ist. *Leibniz* schreibt den Monaden eine *gewisse* Vollendung in sich zu, eine Art von Selbständigkeit; sie sind *geschaffene* Wesen. – Näher ihre Schranke betrachtet, so ergibt sich aus dieser Darstellung, daß die Manifestation ihrer selbst, die ihnen zukommt, die *Totalität der Form* ist. Es ist ein höchst wichtiger Begriff, daß die Veränderungen der Monade als passivitätslose Aktionen, als *Manifestationen* ihrer selbst vorgestellt [werden] und das Prinzip der Reflexion in sich oder der *Individuation* als wesentlich hervorsteht. Ferner ist es notwendig, die Endlichkeit darin bestehen zu lassen, daß der Inhalt oder die *Substanz von der Form unterschieden* und dann weiter jene beschränkt, diese aber unendlich ist. Aber nun wäre im Begriff der *absoluten Monade* nicht nur jene absolute Einheit der Form und des Inhaltes, sondern auch die Natur der

Reflexion, als die sich auf sich selbst beziehende Negativität sich von sich abzustoßen, wodurch sie setzend und schaffend ist, zu finden. Es ist zwar im Leibnizischen System das Weitere gleichfalls vorhanden, daß *Gott die Quelle der Existenz und des Wesens der Monaden* ist, d.h. daß jene absoluten * Schranken im Ansichsein der Monaden nicht an und für sich seiende sind, sondern im Absoluten verschwinden. Aber es zeigen sich in diesen Bestimmungen nur die gewöhnlichen Vorstellungen, die ohne philosophische Entwicklung gelassen und nicht zu spekulativen Begriffen erhoben sind. So erhält das Prinzip der Individuation seine tiefere Ausführung nicht; die Begriffe über die Unterscheidungen der verschiedenen endlichen Monaden und über ihr Verhältnis zu ihrem Absoluten entspringen nicht aus diesem Wesen selbst oder nicht auf absolute Weise, sondern gehören der räsonierenden, dogmatischen Reflexion an und sind daher zu keiner inneren Kohärenz gediehen. |

Zweites Kapitel
Die Wirklichkeit

Das Absolute ist die Einheit des Inneren und Äußeren als *erste, ansichseiende* Einheit. Die *Auslegung* erschien als *äußere* Reflexion, die auf ihrer Seite das Unmittelbare als ein Vorgefundenes hat, aber zugleich die Bewegung und Beziehung desselben auf das Absolute ist und als solche es in dieses zurückführt und als eine bloße *Art und Weise* bestimmt. Aber diese Art und Weise ist die Bestimmung des Absoluten selbst, nämlich seine *erste Identität* oder *seine bloß an sich seiende Einheit*. Und zwar wird durch diese Reflexion nicht nur jenes erste Ansichsein gesetzt als wesenlose Bestimmung, sondern weil sie negative Beziehung auf sich ist, wird erst durch sie jener Modus. Diese Reflexion als sich selbst in ihren Bestimmungen aufhebend und überhaupt als die in sich zurückkehrende Bewegung ist erst wahrhaft absolute Identität, und zugleich ist sie das Bestimmen des Absoluten oder die Modalität desselben. Der Modus ist daher die Äußerlichkeit des Absoluten, aber ebensosehr nur als dessen Reflexion in sich; –

oder er ist die eigene Manifestation desselben, so daß diese Äußerung seine Reflexion-in-sich und damit sein An-und-für-sich-Sein ist.

So als die Manifestation, daß es sonst nichts ist und keinen Inhalt hat, als die Manifestation seiner zu sein, ist das Absolute die absolute Form. Die Wirklichkeit ist als diese reflektierte Absolutheit zu nehmen. Das Sein ist noch nicht wirklich; es ist die erste Unmittelbarkeit; seine Reflexion ist daher Werden und Übergehen in Anderes; oder seine Unmittelbarkeit ist nicht An-und-für-sich-Sein. Die Wirklichkeit steht auch höher als die Existenz. Diese ist zwar die aus dem Grunde und den Bedingungen oder aus dem Wesen und dessen Reflexion hervorgegangene Unmittelbarkeit. Sie ist daher an sich das, was die Wirklichkeit ist, reale Reflexion, aber ist noch nicht die gesetzte Einheit der Reflexion und der Unmittelbarkeit. Die Existenz geht daher in Erscheinung über, indem sie die Reflexion, welche sie enthält, entwickelt. Sie ist der zugrunde gegangene Grund; ihre Bestimmung ist die Wiederherstellung desselben; so wird sie wesentliches Verhältnis, und ihre letzte Reflexion ist, daß ihre Unmittelbarkeit gesetzt ist als die Reflexion-in-sich und umgekehrt; diese Einheit, in welcher Existenz oder Unmittelbarkeit und das Ansichsein, der Grund oder das Reflektierte schlechthin Momente sind, ist nun die Wirklichkeit. Das | Wirkliche ist darum Manifestation, es wird durch seine Äußerlichkeit nicht in die Sphäre der Veränderung gezogen, noch ist es Scheinen seiner in einem Anderen, sondern es manifestiert sich, das heißt, es ist in seiner Äußerlichkeit es selbst und ist nur in ihr, nämlich nur als sich von sich unterscheidende und bestimmende Bewegung, es selbst.

In der Wirklichkeit nun als dieser absoluten Form sind die Momente nur als aufgehobene oder formelle noch nicht realisiert; ihre Verschiedenheit gehört so zunächst der äußeren Reflexion an und ist nicht als Inhalt bestimmt.

Die Wirklichkeit als selbst unmittelbare Formeinheit des Inneren und Äußeren ist damit in der Bestimmung der Unmittelbarkeit gegen die Bestimmung der Reflexion in sich; oder sie ist eine Wirklichkeit gegen eine Möglichkeit. Die Beziehung beider aufeinander ist das Dritte, das Wirkliche bestimmt ebensosehr als in sich reflektiertes Sein und dieses zugleich als unmittelbar existierendes. Dieses Dritte ist die *Notwendigkeit*.

Aber *zunächst*, indem Wirkliches und Mögliches *formelle Unterschiede* sind, ist ihre Beziehung gleichfalls nur *formell* und besteht nur darin, daß das eine wie das andere ein *Gesetztsein* ist, oder in der *Zufälligkeit*.

Damit nun, daß in der Zufälligkeit das Wirkliche wie das Mögliche das *Gesetztsein* ist, haben sie die Bestimmung an ihnen erhalten; es wird dadurch *zweitens* die *reale Wirklichkeit*, womit ebenso reale *Möglichkeit* und die *relative Notwendigkeit* hervorgeht.

Die Reflexion der relativen Notwendigkeit in sich gibt *drittens* die *absolute Notwendigkeit*, welche absolute *Möglichkeit* und *Wirklichkeit* ist.

A. Zufälligkeit oder formelle Wirklichkeit, Möglichkeit und Notwendigkeit

1. Die Wirklichkeit ist formell, insofern sie als erste Wirklichkeit nur *unmittelbare*, *unreflektierte* Wirklichkeit, somit nur in dieser Formbestimmung, aber nicht als Totalität der Form ist. Sie ist so weiter nichts als ein *Sein* oder *Existenz* überhaupt. Aber weil sie *wesentlich* nicht bloße unmittelbare Existenz, sondern als Formeinheit des Ansichseins oder der Innerlichkeit und der Äußerlichkeit ist, so enthält sie unmittelbar das *Ansichsein* oder die *Möglichkeit*. *Was wirklich ist, ist möglich.* |

2. Diese Möglichkeit ist die in sich reflektierte Wirklichkeit. Aber dies selbst erste *Reflektiertsein* ist ebenfalls das Formelle und hiermit überhaupt nur *die Bestimmung der Identität mit sich* oder des Ansichseins überhaupt.

Weil aber die Bestimmung hier *Totalität der Form* ist, ist dieses Ansichsein bestimmt als *Aufgehobenes* oder als wesentlich nur in Beziehung auf die Wirklichkeit als das Negative von dieser, *gesetzt* als Negatives. Die Möglichkeit enthält daher die zwei Momente; *erstlich* das *positive*, daß es ein Reflektiertsein in sich selbst ist; aber indem es in der absoluten

Form herabgesetzt ist zu einem Moment, so gilt das Reflektiertsein-in-sich nicht mehr als Wesen, sondern hat zweitens die negative Bedeutung, daß die Möglichkeit ein Mangelhaftes ist, auf ein Anderes, die Wirklichkeit, hinweist, und an dieser sich ergänzt.

Nach der ersten, der bloß positiven Seite ist die Möglichkeit also die bloße Formbestimmung der Identität mit sich oder die Form der Wesentlichkeit. So ist sie der verhältnislose, unbestimmte Behälter für alles überhaupt. – Im Sinne dieser formellen Möglichkeit ist alles möglich, was sich nicht widerspricht: das Reich der Möglichkeit ist daher die grenzenlose Mannigfaltigkeit. Aber jedes Mannigfaltige ist in sich und gegen Anderes bestimmt und hat die Negation an ihm; überhaupt geht die gleichgültige Verschiedenheit in die Entgegensetzung über; die Entgegensetzung aber ist der Widerspruch. Daher ist alles ebensosehr ein Widersprechendes und daher Unmögliches.

– Dies bloß formelle von etwas Aussagen: – es ist möglich, – ist daher ebenso flach und leer als der Satz des Widerspruchs und jeder in ihn aufgenommene Inhalt. A ist möglich, heißt soviel als A ist A. Insofern man sich nicht auf die Entwicklung des Inhaltes einläßt, so hat dieser die Form der Einfachheit; erst durch die Auflösung desselben in seine Bestimmungen kommt der Unterschied an ihm hervor. Indem man sich an jene einfache Form hält, so bleibt der Inhalt ein mit sich Identisches und daher ein Mögliches. Es ist aber damit ebenso nichts gesagt als mit dem formellen identischen Satze.

Das Mögliche enthält jedoch mehr als der bloß identische Satz. Das Mögliche ist das reflektierte In-sich-Reflektiertsein oder das Identische schlechthin als Moment der Totalität, somit auch bestimmt, nicht an sich zu sein; es hat daher die zweite Bestimmung, nur ein Mögliches zu sein und das Sollen der Totalität der Form. Die Möglichkeit ohne dieses Sollen ist die Wesentlichkeit als solche; aber die absolute Form enthält dies, daß das Wesen selbst nur Moment und ohne Sein seine Wahrheit nicht hat. Die Möglichkeit ist diese bloße Wesentlichkeit, so gesetzt, daß sie nur Moment und der absoluten Form nicht gemäß ist. Sie ist das Ansichsein, bestimmt, als nur ein *Gesetztes* oder eben|sosehr als *nicht an sich zu sein*. – Die Möglichkeit ist daher an ihr selbst auch der Widerspruch, oder sie ist die *Unmöglichkeit*.

Zunächst drückt sich dies so aus, daß die Möglichkeit als *aufgehoben gesetzte Formbestimmung* einen *Inhalt* überhaupt an ihr hat. Dieser ist als möglich ein Ansichsein, das zugleich ein aufgehobenes oder ein *Anderssein* ist. Weil er also nur ein möglicher ist, ist ebensosehr ein *anderer* und sein Gegenteil *möglich*. A ist A; ebenso – A ist – A. Diese beiden Sätze drücken jeder die Möglichkeit seiner Inhaltsbestimmung aus. Aber als diese identischen Sätze sind sie gleichgültig gegeneinander; es ist mit dem einen *nicht gesetzt*, daß auch der andere hinzukomme. Die Möglichkeit ist die vergleichende Beziehung beider; so enthält es in ihrer Bestimmung, als eine Reflexion der Totalität, daß auch das Gegenteil möglich sei. Sie ist daher der beziehende *Grund*, daß *darum*, weil A = A, auch – A = – A ist; in dem möglichen A ist auch das Mögliche Nicht-A enthalten, und diese Beziehung selbst ist es, welche beide als mögliche bestimmt.

Als diese Beziehung aber, daß in dem einen Möglichen auch sein Anderes enthalten ist, ist sie der Widerspruch, der sich aufhebt. Da sie nun ihrer Bestimmung nach das Reflektierte und, wie sich gezeigt hat, das sich aufhebende Reflektierte ist, so ist sie somit auch das Unmittelbare, und damit wird sie *Wirklichkeit*.

3. Diese Wirklichkeit ist nicht die erste, sondern die reflektierte, *gesetzt als Einheit* ihrer selbst und der Möglichkeit. Das Wirkliche als solches ist möglich; es ist in unmittelbarer positiver Identität mit der Möglichkeit; aber diese hat sich bestimmt als *nur* Möglichkeit; somit ist auch das Wirkliche bestimmt als *nur ein Mögliches*. Und unmittelbar darum, weil die Möglichkeit in der Wirklichkeit *unmittelbar* enthalten ist, ist sie darin als aufgehobene, als *nur* Möglichkeit. Umgekehrt die Wirklichkeit, die in Einheit ist mit der Möglichkeit, ist nur die aufgehobene Unmittelbarkeit; – oder darum, weil die formelle Wirklichkeit nur *unmittelbare* erste ist, ist sie nur Moment, nur aufgehobene Wirklichkeit oder nur *Möglichkeit*.

Hiermit ist zugleich näher die Bestimmung ausgedrückt, inwiefern die Möglichkeit Wirklichkeit ist. Die Möglichkeit ist nämlich noch nicht alle Wirklichkeit – von der realen und absoluten Wirklichkeit ist noch nicht die Rede gewesen –, sie ist nur erst diejenige, welche zuerst vorkam, nämlich die formelle, die sie bestimmt hat, nur Möglichkeit zu sein, also die formelle Wirklichkeit, welche nur Sein oder Existenz überhaupt ist. Alles Mögliche hat daher überhaupt ein Sein oder eine Existenz.

Diese Einheit der Möglichkeit und Wirklichkeit ist die Zufälligkeit. – Das Zufällige ist ein Wirkliches, das zugleich nur als möglich bestimmt, dessen Anderes | oder Gegenteil ebensosehr ist. Diese Wirklichkeit ist daher bloßes Sein oder Existenz, aber in seiner Wahrheit gesetzt, den Wert eines Gesetztseins oder der Möglichkeit zu haben. Umgekehrt ist die Möglichkeit als die Reflexion-in-sich oder das Ansichsein gesetzt als Gesetztsein; was möglich ist, ist ein Wirkliches in diesem Sinne der Wirklichkeit; es hat nur soviel Wert als die zufällige Wirklichkeit; es ist selbst ein Zufälliges.

Das Zufällige bietet daher die zwei Seiten dar; erstens insofern es die Möglichkeit unmittelbar an ihm hat oder, was dasselbe ist, insofern es die Möglichkeit unmittelbar an ihm hat oder, was dasselbe ist, insofern sie in ihm aufgehoben ist, ist es nicht Gesetztsein noch vermittelt, sondern unmittelbare Wirklichkeit; es hat keinen Grund. – Weil auch dem Möglichen diese unmittelbare Wirklichkeit zukommt, so ist es sosehr als das Wirkliche bestimmt als zufällig und ebenfalls ein Grundloses.

Das Zufällige ist aber zweitens das Wirkliche als ein nur Mögliches oder als ein Gesetztsein; so auch das Mögliche ist als formelles An-sich-Sein nur Gesetztsein. Somit ist beides nicht an und für sich selbst, sondern hat seine wahrhafte Reflexion-in-sich in einem Anderen, oder es hat einen Grund.

Das Zufällige hat also darum keinen Grund, weil es zufällig ist; und ebensowohl hat es einen Grund, darum weil es zufällig ist.

Es ist das gesetzte, unvermittelte Umschlagen des Inneren und Äußeren oder des In-sich-Reflektiert-Seins und des Seins ineinander; gesetzt dadurch, daß Möglichkeit und Wirklichkeit jede an ihr selbst diese Bestimmung hat, dadurch daß sie Momente der absoluten Form sind. – So ist die Wirklichkeit in ihrer *unmittelbaren* Einheit mit der Möglichkeit nur die Existenz und bestimmt als Grundloses, das *nur ein Gesetztes* oder *nur* Mögliches ist; – oder als reflektiert und bestimmt *gegen* die Möglichkeit, so ist sie von der Möglichkeit, von dem In-sich-Reflektiert-Sein getrennt und somit ebenso unmittelbar auch *nur* ein Mögliches. – Ebenso die Möglichkeit, als *einfaches* Ansichsein, ist es ein Unmittelbares, *nur* ein Seiendes überhaupt, oder *entgegengesetzt* gegen die Wirklichkeit, ebenso ein wirklichkeits-loses Ansichsein, *nur* ein Mögliches, aber eben darum wieder nur eine nicht in sich reflektierte Existenz überhaupt.

Diese *absolute Unruhe* des *Werdens* dieser beiden Bestimmungen ist die *Zufälligkeit*. Aber darum, weil jede unmittelbar in die entgegengesetzte umschlägt, so *geht* sie in dieser ebenso schlechthin *mit sich* selbst *zusammen*, und diese *Identität* derselben einer in der anderen ist die *Notwendigkeit*.

Das Notwendige ist ein *Wirkliches*; so ist es als Unmittelbares, *Grundloses*; es hat aber ebensosehr seine Wirklichkeit *durch ein Anderes* oder in seinem Grunde, aber ist zugleich das Gesetztsein dieses Grundes und die Re|flexion desselben in sich; die Möglichkeit des Notwendigen ist eine aufgehobene. Das Zufällige ist also notwendig, darum weil das Wirkliche als Mögliches bestimmt, damit seine Unmittelbarkeit aufgehoben und in *Grund* oder *Ansichsein* und in *Begründetes* abgestoßen ist, als auch weil diese seine *Möglichkeit*, die *Grundbeziehung*, schlechthin aufgehoben und als Sein gesetzt ist. Das Notwendige *ist*, und dieses Seiende ist *selbst das Notwendige*. Zugleich es *an sich*; diese Reflexion-in-sich ist ein *Anderes* als jene Unmittelbarkeit des Seins; und die Notwendigkeit des Seienden ist *ein Anderes*. Das Seiende selbst ist so nicht das Notwendige; aber dieses Ansichsein ist selbst nur Gesetztsein, es ist aufgehoben und selbst unmittelbar. So ist die Wirklichkeit in ihrem Unterschiedenen, der Möglichkeit, identisch mit sich selbst. Als diese Identität ist sie Notwendigkeit.

B. Relative Notwendigkeit oder reale Wirklichkeit, Möglichkeit und Notwendigkeit

1. Die Notwendigkeit, die sich ergeben hat, ist *formell*, weil ihre Momente formell sind, nämlich einfache Bestimmungen, die nur als unmittelbare Einheit oder als unmittelbares Umschlagen des einen in das andere Totalität sind und somit nicht die Gestalt der Selbständigkeit haben. – In dieser formellen Notwendigkeit ist daher die Einheit zunächst einfach und gegen ihre Unterschiede gleichgültig. Als *unmittelbare* Einheit der Formbestimmungen ist diese Notwendigkeit *Wirklichkeit*; aber eine solche, die, weil ihre Einheit nunmehr *bestimmt ist als gleichgültig* gegen den *Unterschied* der Formbestimmungen, nämlich ihrer selbst und der Möglichkeit, einen *Inhalt* hat. Dieser als gleichgültige Identität enthält auch die Form als gleichgültige, d. h. als bloß *verschiedene* Bestimmungen, und ist *mannigfaltiger* Inhalt überhaupt. Diese Wirklichkeit ist *reale Wirklichkeit*.

Die reale Wirklichkeit als *solche* ist zunächst das Ding von vielen Eigenschaften, die existierende Welt; aber sie ist nicht die Existenz, welche sich in Erscheinung auflöst, sondern als Wirklichkeit ist sie zugleich Ansichsein und Reflexion-in-sich; sie erhält sich in der Mannigfaltigkeit der bloßen Existenz; ihre Äußerlichkeit ist innerliches Verhalten nur *zu sich* selbst. Was wirklich ist, *kann wirken*; seine Wirklichkeit gibt etwas kund *durch das, was es hervor|bringt*. Sein Verhalten zu anderem ist die Manifestation *seiner*, weder ein Übergehen, so bezieht das seiende Etwas sich auf anderes, – noch ein Erscheinen, so ist das Ding nur im Verhältnis zu anderen, ist ein Selbständiges, das aber seine Reflexion-in-sich, seine bestimmte Wesentlichkeit, in einem anderen Selbständigen hat.

Die reale Wirklichkeit hat nun gleichfalls die *Möglichkeit* unmittelbar *an ihr selbst*. Sie enthält das Moment des Ansichseins; aber als nur erst die *unmittelbare* Einheit ist sie in *einer* der Bestimmungen der Form, hiermit als das Seiende von dem Ansichsein oder der Möglichkeit unterschieden.

2. Diese Möglichkeit als das Ansichsein der *realen* Wirklichkeit ist selbst *reale Möglichkeit*, zunächst das *inhaltsvolle* Ansichsein. – Die formelle Möglichkeit ist die

Reflexion-in-sich nur als die abstrakte Identität, daß Etwas sich in sich nicht widerspreche. Insofern man sich aber auf die Bestimmungen, Umstände, Bedingungen einer Sache einläßt, um daraus ihre Möglichkeit zu erkennen, bleibt man nicht mehr bei der formellen stehen, sondern betrachtet ihre reale Möglichkeit.

Diese reale Möglichkeit ist selbst *unmittelbare Existenz*, nicht mehr aber darum, weil die Möglichkeit als solche, als formelles Moment, unmittelbar ihr Gegenteil, eine nicht reflektierte Wirklichkeit ist; sondern weil sie *reale* Möglichkeit ist, hat sie sogleich diese Bestimmung an ihr selbst. Die reale Möglichkeit einer Sache ist daher die daseiende Mannigfaltigkeit von Umständen, die sich auf sie beziehen.

Diese Mannigfaltigkeit des Daseins ist also zwar sowohl Möglichkeit als Wirklichkeit, aber ihre Identität ist nur erst der *Inhalt*, der gegen diese Formbestimmungen gleichgültig ist; sie machen daher die *Form* aus *bestimmt* gegen ihre Identität. – Oder die *unmittelbare* reale Wirklichkeit, darum weil sie unmittelbare ist, ist gegen ihre Möglichkeit bestimmt; als diese bestimmte, somit reflektierte ist sie die *reale Möglichkeit*. Diese ist nun zwar das gesetzte *Ganze* der Form, aber der Form in ihrer Bestimmtheit, nämlich der Wirklichkeit als formeller oder unmittelbarer und ebenso der Möglichkeit als des abstrakten Ansichseins. Diese Wirklichkeit, welche die Möglichkeit einer Sache ausmacht, ist daher nicht *ihre eigene Möglichkeit*, sondern das Ansichsein eines *anderen* Wirklichen; sie selbst ist die Wirklichkeit, die aufgehoben werden soll, die Möglichkeit als *nur* Möglichkeit. – So macht die reale Möglichkeit das *Ganze von Bedingungen* aus, eine nicht in sich reflektierte, zerstreute Wirklichkeit, welche aber bestimmt ist, das Ansichsein aber eines Anderen zu sein und in sich zurückgehen zu sollen. |

Was real möglich ist, ist also nach seinem *Ansichsein* ein formelles Identisches, das nach seiner *einfachen* Inhaltsbestimmung sich nicht widerspricht; aber auch nach seinen entwickelten und unterschiedenen Umständen und allem, womit es im Zusammenhang steht, muß es als das mit sich Identische sich nicht widersprechen. Aber *zweitens*, weil es in sich mannigfaltig und mit anderem in mannigfaltigem Zusammenhang ist, die Verschiedenheit aber an sich selbst in Entgegensetzung übergeht, ist es ein Widersprechendes. Wenn von einer Möglichkeit die Rede ist und deren Widerspruch aufgezeigt werden soll, so hat man sich nur an die Mannigfaltigkeit, die sie als Inhalt oder als ihre bedingende Existenz enthält, zu halten, woraus sich leicht ihr Widerspruch auffinden läßt. – Dies ist aber nicht ein Widerspruch der Vergleichung, sondern die mannigfaltige Existenz ist *an sich selbst* dies, sich aufzuheben und zugrunde zu gehen, und hat darin wesentlich die Bestimmung, *nur ein Mögliches* zu sein, an ihr selbst. – Wenn alle Bedingungen einer Sache vollständig vorhanden sind, so tritt sie in Wirklichkeit; – die Vollständigkeit der Bedingungen ist die Totalität als am Inhalt, und *die Sache selbst* ist dieser Inhalt, bestimmt, ebenso ein Wirkliches als Mögliches zu sein. In der Sphäre des bedingten Grundes haben die Bedingungen die Form, nämlich den Grund oder die für sich seiende Reflexion, *außer ihnen*, welche sie zu Momenten der Sache bezieht und die Existenz *an ihnen* hervorbringt. Hier hingegen ist die unmittelbare Wirklichkeit nicht durch eine voraussetzende Reflexion bestimmt, Bedingung zu sein, sondern es ist gesetzt, daß sie selbst die Möglichkeit ist.

In der sich aufhebenden realen Möglichkeit ist es nun ein Gedoppeltes, das aufgehoben wird; denn sie ist selbst das Gedoppelte, Wirklichkeit und Möglichkeit zu sein. 1) Die Wirklichkeit ist die formelle oder eine Existenz, die als selbständige unmittelbare erschien und durch ihr Aufheben zum reflektierten Sein, zum Moment eines Anderen wird und somit das *Ansichsein* an ihr erhält. 2) Jene Existenz war auch bestimmt als *Möglichkeit* oder als das *Ansichsein*, aber eines Anderen. Indem es sich also aufhebt, so wird auch dieses Ansichsein aufgehoben und geht in *Wirklichkeit* über. – Diese Bewegung der sich selbst aufhebenden realen Möglichkeit bringt also *dieselben schon vorhandenen Momente* hervor, nur jedes aus dem anderen werdend; sie ist daher in dieser Negation auch nicht ein *Übergehen*, sondern ein *Zusammengehen mit sich selbst*. – Nach der formellen Möglichkeit war darum, weil etwas möglich war, auch nicht *es selbst*, sondern sein *Anderes* möglich. Die reale Möglichkeit hat nicht mehr ein *solches Anderes* sich gegenüber, denn sie ist real, insofern sie selbst auch die Wirklichkeit ist. Indem sich also die *unmittelbare Existenz* derselben, der Kreis der Bedingungen, aufhebt, so macht sie sich zum *Ansichsein*, welches sie selbst schon ist, nämlich als das *Ansichsein* eines anderen. | Und indem umgekehrt dadurch zugleich ihr Moment des Ansichseins sich aufhebt, wird sie zur Wirklichkeit, also zu dem Moment, das sie gleichfalls selbst schon ist. – Was verschwindet, ist damit dies, daß die Wirklichkeit bestimmt war, als die Möglichkeit oder das Ansichsein eines *Anderen* und umgekehrt die Möglichkeit als eine Wirklichkeit, die *nicht diejenige* ist, deren Möglichkeit sie ist.

3. Die *Negation* der realen Möglichkeit ist somit *ihre Identität* mit sich; indem sie so in ihrem Aufheben der Gegenstoß dieses Aufhebens in sich selbst ist, ist sie die *reale Notwendigkeit*.

Was notwendig ist, kann *nicht anders* sein; aber wohl, was überhaupt *möglich* ist; denn die Möglichkeit ist das Ansichsein, das nur Gesetztsein und daher wesentlich Anderssein ist. Die formelle Möglichkeit ist diese Identität als Übergehen in schlechthin Anderes; die reale aber, weil sie das andere Moment, die Wirklichkeit, an ihr hat, ist schon selbst die Notwendigkeit. Was daher real möglich ist, das kann nicht mehr anders sein; unter diesen Bedingungen und Umständen kann nicht etwas anderes erfolgen. Reale Möglichkeit und die Notwendigkeit sind daher nur *scheinbar* unterschieden; diese ist eine *Identität*, die nicht erst *wird*, sondern schon *vorausgesetzt* ist und zugrunde liegt. Die reale Notwendigkeit ist daher *inhaltsvolle* Beziehung; denn der Inhalt ist jene ansichseiende Identität, die gegen die Formunterschiede gleichgültig ist.

Diese Notwendigkeit aber ist zugleich *relativ*. – Sie hat nämlich eine *Voraussetzung*, von der sie anfängt, sie hat an dem *Zufälligen* ihren *Ausgangspunkt*. Das reale Wirkliche als solches ist nämlich das *bestimmte* Wirkliche und hat zunächst seine *Bestimmtheit* als *unmittelbares Sein* darin, daß es eine Mannigfaltigkeit existierender Umstände ist; aber dieses unmittelbare Sein als Bestimmtheit ist es auch das *Negative* seiner, ist Ansichsein oder Möglichkeit; so ist es reale Möglichkeit. Als diese Einheit der beiden Momente ist sie die Totalität der Form, aber die *sich noch äußerliche* Totalität; sie ist so Einheit der Möglichkeit und Wirklichkeit, daß 1) die mannigfaltige Existenz *unmittelbar* oder *positiv* die Möglichkeit ist: – ein Mögliches, mit sich Identisches überhaupt, darum weil sie ein Wirkliches ist; 2) insofern diese Möglichkeit der Existenz gesetzt ist, ist sie bestimmt als *nur* Möglichkeit, als unmittelbares Umschlagen der Wirklichkeit in ihr Gegenteil – oder als *Zufälligkeit*. Daher ist diese Möglichkeit, welche die unmittelbare Wirklichkeit, indem sie Bedingung ist, an ihr hat, nur das Ansichsein als die Möglichkeit eines *Anderen*. Dadurch daß, wie gezeigt, dieses Anderssein sich aufhebt und dieses Gesetztsein selbst gesetzt wird, wird die reale Möglichkeit zwar Notwendigkeit, aber diese fängt somit von jener noch nicht in sich reflektierten Einheit des Möglichen und Wirklichen an; – dieses *Voraussetzen* und die in sich *zurückkehrende Bewegung* ist | noch getrennt; – oder *die Notwendigkeit hat sich* noch nicht *aus sich selbst zur Zufälligkeit bestimmt*.

Die Relativität der realen Notwendigkeit stellt sich an dem *Inhalt* so dar, daß er nur erst die gegen die Form gleichgültige Identität, daher von ihr unterschieden und ein *bestimmter Inhalt* überhaupt ist. Das reale Notwendige ist deswegen irgendeine beschränkte Wirklichkeit, die um dieser Beschränktheit willen in anderer Rücksicht auch nur ein *Zufälliges* ist.

In der Tat ist somit die *reale Notwendigkeit an sich* auch *Zufälligkeit*. – Dies erscheint zunächst so, daß das real Notwendige der *Form nach* zwar ein Notwendiges, aber dem Inhalt nach ein Beschränktes sei und durch ihn seine Zufälligkeit habe. Allein auch in der Form der realen Notwendigkeit ist die Zufälligkeit enthalten; denn wie sich gezeigt, ist die reale Möglichkeit nur *an sich* das Notwendige, gesetzt aber ist sie als das *Anderssein* der Wirklichkeit und Möglichkeit gegeneinander. Die reale Notwendigkeit enthält daher die Zufälligkeit; sie ist die Rückkehr in-sich aus jenem unruhigen *Anderssein* der Wirklichkeit und Möglichkeit gegeneinander, aber nicht aus sich selbst zu sich.

An sich ist also hier die Einheit der Notwendigkeit und

Zufälligkeit vorhanden; diese Einheit ist die *absolute Wirklichkeit* zu nennen.

C. Absolute Notwendigkeit

Die reale Notwendigkeit ist *bestimmte* Notwendigkeit; die formelle hat noch keinen Inhalt und Bestimmtheit an ihr. Die *Bestimmtheit* der Notwendigkeit besteht darin, daß sie ihre Negation, die Zufälligkeit, an ihr hat. So hat sie sich ergeben.

Diese Bestimmtheit aber in *ihrer ersten Einfachheit* ist Wirklichkeit; die *bestimmte* Notwendigkeit ist daher unmittelbar *wirkliche Notwendigkeit*. Diese Wirklichkeit, *die selbst als solche notwendig ist*, indem sie nämlich die Notwendigkeit als ihr *Ansichsein* enthält, ist *absolute Wirklichkeit*: – Wirklichkeit, die nicht mehr anders sein kann, denn ihr *Ansichsein* ist nicht die Möglichkeit, sondern die Notwendigkeit selbst.

Aber damit ist diese *Wirklichkeit*, weil sie gesetzt ist, *absolut*, das heißt, *selbst die Einheit ihrer und der Möglichkeit zu sein*, nur eine *leere* Bestimmung, oder sie ist *Zufälligkeit*. – Diese *Leere* ihrer Bestimmung macht sie zu einer *bloßen Möglichkeit*, zu einem, das ebensosehr auch *anders* sein und als Mögliches bestimmt werden kann. Diese Möglichkeit aber ist selbst die *absolute*; denn sie ist eben die Möglichkeit, ebensosehr als Möglichkeit | wie als Wirklichkeit bestimmt zu werden. Damit, daß sie diese Gleichgültigkeit gegen sich selbst ist, ist sie gesetzt als leere, *zufällige* Bestimmung.

So enthält die reale Notwendigkeit nicht nur *an sich* die Zufälligkeit, sondern diese *wird* auch an ihr; aber dieses *Werden* als die Äußerlichkeit ist selbst nur das *Ansichsein* derselben, weil es nur ein *unmittelbares Bestimmtsein* ist. Aber es ist nicht nur dies, sondern ihr *eigenes* Werden; – oder die *Voraussetzung*, welche sie hatte, ist ihr eigenes Setzen. Denn als reale Notwendigkeit ist sie das Aufgehobensein der Wirklichkeit in der Möglichkeit und umgekehrt; – indem sie dieses *einfache Umschlagen* des einen dieser

Momente in das andere ist, ist sie auch ihre einfache positive Einheit, indem jedes, wie sich zeigte, in dem anderen nur * mit sich selbst zusammengeht. So ist sie aber die Wirklichkeit, jedoch eine solche, die nur ist als dieses einfache Zusammengehen der Form mit sich selbst. Ihr negatives Setzen jener Momente ist dadurch selbst das Voraussetzen oder Setzen ihrer selbst als aufgehobener oder der Unmittelbarkeit.

Eben darin aber ist diese Wirklichkeit bestimmt als Negatives; sie ist ein Zusammengehen aus der Wirklichkeit, welche reale Möglichkeit war, mit sich; also wird diese neue Wirklichkeit nur aus ihrem Ansichsein, aus der Negation ihrer selbst. – Damit ist sie zugleich unmittelbar als Möglichkeit bestimmt, als Vermitteltes durch ihre Negation. Diese Möglichkeit aber ist somit unmittelbar nichts als dieses Vermitteln, in welchem das Ansichsein, nämlich sie selbst und die Unmittelbarkeit beide auf gleiche Weise Gesetztsein sind. – So ist es die Notwendigkeit, welche ebensosehr Aufheben dieses Gesetztseins oder Setzen der Unmittelbarkeit und des Ansichseins sowie eben darin Bestimmen dieses Aufhebens als Gesetztseins ist. Sie ist daher es selbst, welche sich als Zufälligkeit bestimmt, – in ihrem Sein sich von sich abstößt, in diesem Abstoßen selbst nur in sich zurückgekehrt ist und in dieser Rückkehr als ihrem Sein sich von sich selbst abgestoßen hat.

So hat die Form in ihrer Realisierung alle ihre Unterschiede durchdrungen und sich durchsichtig gemacht und ist als absolute Notwendigkeit nur diese einfache Identität des Seins in seiner Negation oder in dem Wesen mit sich selbst. – Der Unterschied von dem Inhalt und der Form selbst ist ebenso verschwunden; denn jene Einheit der Möglichkeit in der Wirklichkeit und umgekehrt ist die in ihrer Bestimmtheit oder im Gesetztsein gegen sich selbst gleichgültige Form, die inhaltsvolle Sache, an der sich die Form der Notwendigkeit äußerlich verlief. Aber so ist diese reflektierte Identität beider Bestimmungen als gegen sie gleichgültig, somit die Formbestimmung | des Ansichseins gegen das Gesetztsein, und diese Möglichkeit macht die Beschränktheit des Inhaltes aus, den die reale Notwendigkeit hatte. Die Auflösung dieses Unterschiedes aber ist die absolute Notwendigkeit, deren Inhalt dieser in ihr sich durchdringende Unterschied ist.

Die absolute Notwendigkeit ist also die Wahrheit, in welche Wirklichkeit und Möglichkeit überhaupt sowie die formelle und reale Notwendigkeit zurückgeht. – Sie ist, wie sich ergeben hat, das Sein, das in seiner Negation, im Wesen, sich auf sich bezieht und Sein ist. Sie ist ebensosehr einfache Unmittelbarkeit oder *reines Sein* als einfache Reflexion-in-sich oder *reines Wesen*; sie ist dies, daß dieses beides ein und dasselbe ist. – Das schlechthin Notwendige *ist* nur, weil es *ist*; es hat sonst keine Bedingung noch Grund. – Es ist aber ebenso reines *Wesen*, sein *Sein* ist die einfache Reflexion-in-sich; es ist, *weil* es ist. Als Reflexion hat es Grund und Bedingung, aber es hat nur *sich* zum Grunde und Bedingung. Es ist Ansichsein, aber sein Ansichsein ist seine Unmittelbarkeit, seine Möglichkeit ist seine Wirklichkeit. – *Es ist also, weil es ist*; als das *Zusammengehen* des Seins mit sich ist es Wesen; aber weil dieses Einfache ebenso die unmittelbare Einfachheit ist, ist es *Sein*.

Die absolute Notwendigkeit ist so die *Reflexion oder Form des Absoluten*, Einheit des Seins und Wesens, einfache Unmittelbarkeit, welche absolute Negativität ist. *Einerseits* sind ihre Unterschiede daher nicht als Reflexionsbestimmungen, sondern *als seiende Mannigfaltigkeit*, als unterschiedene Wirklichkeit, welche die Gestalt von selbständigen Anderen gegeneinander hat. *Andererseits*, da ihre Beziehung die absolute Identität ist, ist sie das *absolute Umkehren* ihrer Wirklichkeit in ihre Möglichkeit und ihrer Möglichkeit in Wirklichkeit. – Die absolute Notwendigkeit ist daher *blind*. Einerseits haben die Unterschiedenen, welche als Wirklichkeit und als die Möglichkeit bestimmt sind, die Gestalt der *Reflexion-in-sich* als des *Seins*; sie sind daher beide als *freie Wirklichkeiten*, deren *keins im anderen scheint*, keins eine Spur seiner Beziehung auf das andere an ihm zeigen will; in sich gegründet ist jedes das Notwendige an ihm selbst. Die Notwendigkeit als *Wesen* ist in diesem *Sein* verschlossen; die Berührung dieser Wirklichkeiten durch einander erscheint daher als eine leere Äußerlichkeit; die Wirklichkeit des einen in dem anderen ist die nur Möglichkeit, die Zufälligkeit. Denn das Sein ist gesetzt als absolut notwendig, als die Vermittlung-mit-sich, welche absolute Negation der Vermittlung-durch-Anderes ist, oder als Sein, das nur mit dem Sein identisch ist; ein Anderes, das im Sein Wirklichkeit hat, ist daher als schlechthin nur Mögliches, leeres Gesetztsein bestimmt.

Aber diese Zufälligkeit ist vielmehr die absolute Notwendigkeit; sie ist das Wesen jener freien, an sich notwendigen Wirklichkeiten. Dieses Wesen | ist das Lichtscheue, weil an diesen Wirklichkeiten kein Scheinen, kein Reflex ist, weil sie nur rein in sich gegründet, für sich gestaltet sind, sich nur sich selbst manifestieren, – weil sie nur Sein sind. – Aber ihr Wesen wird an ihnen hervorbrechen und offenbaren, was es ist und was sie sind. Die Einfachheit ihres Seins, ihres Beruhens auf sich, ist die absolute Negativität; sie ist die Freiheit ihrer scheinlosen Unmittelbarkeit. Dieses Negative bricht an ihnen hervor, weil das Sein durch dieses sein Wesen der Widerspruch mit sich selbst ist, – und zwar gegen dieses Sein in der Form des Seins, also als die Negation jener Wirklichkeiten, welche absolut verschieden ist von ihrem Sein, als ihr Nichts, als ein ebenso freies Anderssein gegen sie, als ihr Sein es ist. – Jedoch war es an ihnen nicht zu verkennen. Sie sind in ihrer auf sich beruhenden Gestaltung gleichgültig gegen die Form, ein Inhalt, damit unterschiedene Wirklichkeiten und ein bestimmter Inhalt; dieser ist das Mal, das die Notwendigkeit, indem sie, welche absolute Rückkehr in sich selbst in ihrer Bestimmung ist, dieselben frei als absolut wirkliche entließ, – ihnen aufdrückte, worauf sie als den Zeugen ihres Rechtes sich beruft und an dem sie ergriffen nun untergehen. Diese Manifestation dessen, was die Bestimmtheit in Wahrheit ist, negative Beziehung auf sich selbst, ist blinder Untergang im Anderssein; das hervorbrechende Scheinen oder die Reflexion ist an den Seienden als Werden oder Übergehen des Seins in Nichts. Aber das Sein ist umgekehrt ebensosehr Wesen, und das Werden ist Reflexion oder Scheinen. So ist die Äußerlichkeit ihre Innerlichkeit, ihre Beziehung ist absolute Identität, und das Übergehen des Wirklichen in Mögliches, des Seins in Nichts ein

Zusammengehen mit sich selbst; die Zufälligkeit ist absolute Notwendigkeit; sie selbst ist das Voraussetzen jener ersten absoluten Wirklichkeiten.

Diese Identität des Seins in seiner Negation mit sich selbst, [so] ist sie nun Substanz. Sie ist diese Einheit als in ihrer Negation oder als in der Zufälligkeit; so ist sie die Substanz als Verhältnis zu sich selbst. Das blinde Übergehen der Notwendigkeit ist vielmehr die eigene Auslegung des Absoluten, die Bewegung desselben in sich, welches in seiner Entäußerung vielmehr sich selbst zeigt. |

Drittes Kapitel
Das absolute Verhältnis

Die absolute Notwendigkeit ist nicht sowohl das Notwendige, noch weniger ein Notwendiges, sondern Notwendigkeit: – Sein schlechthin als Reflexion. Sie ist Verhältnis, weil sie Unterscheiden ist, dessen Momente selbst ihre ganze Totalität sind, die also absolut bestehen, so daß dies aber nur Ein Bestehen und der Unterschied nur der Schein des Auslegens und dieser das Absolute selbst ist. – Das Wesen als solches ist die Reflexion oder das Scheinen; das Wesen als absolutes Verhältnis aber ist der als Schein gesetzte Schein, der als dieses Beziehen auf sich die absolute Wirklichkeit ist. – Das Absolute, zuerst von der äußeren Reflexion ausgelegt, legt nun als absolute Form oder als Notwendigkeit sich selbst aus; dieses Auslegen seiner selbst ist sein Sich-selbst-Setzen, und es ist nur dieses Sich-Setzen. – Wie das Licht der Natur nicht Etwas, noch Ding, sondern sein Sein nur sein Scheinen ist, so ist die Manifestation die sich selbst gleiche absolute Wirklichkeit.

Die Seiten des absoluten Verhältnisses sind daher keine Attribute. Im Attribut scheint das Absolute nur in einem seiner Momente, als einem vorausgesetzten und von der äußeren Reflexion aufgenommen. Die Auslegerin des Absoluten aber ist die absolute Notwendigkeit, die identisch mit sich ist, als sich selbst bestimmend. Da sie das Scheinen ist, das als Schein gesetzt ist, so sind die Seiten dieses Verhältnisses *Totalitäten*, weil sie als Schein sind; denn als Schein sind die Unterschiede sie selbst und ihr Entgegengesetztes oder das Ganze; – umgekehrt sind sie so Schein, weil sie Totalitäten sind. Dieses Unterscheiden oder Scheinen des Absoluten ist so nur das identische Setzen seiner selbst.

Dieses Verhältnis in seinem unmittelbaren Begriff ist das Verhältnis der *Substanz* und der *Akzidenzen*, das unmittelbare Verschwinden und Werden des absoluten Scheines in sich selbst. Indem die Substanz sich zum *Fürsichsein* gegen ein *Anderes* bestimmt oder das absolute Verhältnis als reales, ist das *Verhältnis der Kausalität*. Endlich, indem dieses als sich auf sich Beziehendes in *Wechselwirkung* übergeht, so ist damit das absolute Verhältnis nach den Bestimmungen, welche es enthält, auch *gesetzt*; diese *gesetzte Einheit* seiner in seinen *Bestimmungen, die als das Ganze selbst* und damit ebensosehr als Bestimmungen *gesetzt sind*, ist alsdann der *Begriff*. |

A. Das Verhältnis der Substantialität

Die absolute Notwendigkeit ist absolutes Verhältnis, weil sie nicht das *Sein* als solches ist, sondern das *Sein*, das ist, *weil* es ist, das *Sein* als die absolute Vermittlung seiner mit sich selbst. Dieses Sein ist die *Substanz*; als die letzte Einheit des Wesens und Seins ist sie das Sein in *allem* Sein: weder das unreflektierte Unmittelbare noch auch ein abstraktes, hinter der Existenz und Erscheinung stehendes, sondern die unmittelbare Wirklichkeit selbst, und diese als absolutes Reflektiertsein in sich, als an und fürsichseiendes *Bestehen*. – Die Substanz als diese Einheit des Seins und der Reflexion ist wesentlich das *Scheinen* und *Gesetztsein* ihrer. Das Scheinen ist das sich *auf sich beziehende* Scheinen, so *ist es*; dieses Sein ist die Substanz als solche. Umgekehrt ist dieses Sein nur das mit sich identische *Gesetztsein*, so ist es *scheinende Totalität*, die *Akzidentalität*.

Dieses Scheinen ist die Identität als der Form – die Einheit der Möglichkeit und Wirklichkeit. Sie ist erstlich *Werden*, die

Zufälligkeit als die Sphäre des Entstehens und Vergehens; denn nach der Bestimmung der *Unmittelbarkeit* ist die Beziehung der Möglichkeit und Wirklichkeit *unmittelbares Umschlagen* derselben als *Seiender* ineinander, eines jeden als in sein ihm nur *Anderes*. – Aber weil das Sein Schein ist, so ist die Beziehung derselben auch als identischer oder scheinender aneinander Reflexion. Die Bewegung der Akzidentalität stellt daher an jedem ihrer Momente das Scheinen der *Kategorien* des Seins und der *Reflexionsbestimmungen* des Wesens ineinander dar. – Das unmittelbare *Etwas* hat einen *Inhalt*; seine Unmittelbarkeit ist zugleich reflektierte Gleichgültigkeit gegen die Form. Dieser Inhalt ist bestimmt, und indem dies Bestimmtheit des Seins ist, *geht* das Etwas *über* in ein Anderes. Aber die Qualität ist auch Bestimmtheit der Reflexion; so ist sie gleichgültige *Verschiedenheit*. Aber diese begeistet sich zur *Entgegensetzung* und geht in den Grund zurück, der das *Nichts*, aber auch *Reflexion-in-sich* ist. Diese hebt sich auf; aber sie ist selbst reflektiertes Ansichsein, so ist sie Möglichkeit, und dieses Ansichsein ist in seinem Übergehen, das ebensosehr Reflexion-in-sich ist, das *notwendige Wirkliche*.

Diese Bewegung der Akzidentalität ist die *Aktuosität* der Substanz *als ruhiges Hervorgehen ihrer selbst*. Sie ist nicht tätig *gegen* Etwas, sondern nur gegen sich als einfaches widerstandloses Element. Das Aufheben eines *Vorausgesetzten* ist der verschwindende Schein; erst in dem das Unmittelbare *aufhebenden* Tun wird dieses Unmittelbare selbst oder ist jenes Scheinen; das | Anfangen von sich selbst ist erst das Setzen dieses Selbsts, von dem das Anfangen ist.

Die Substanz als diese Identität des Scheinens ist die Totalität des Ganzen und begreift die Akzidentalität in sich, und die Akzidentalität ist die ganze Substanz selbst. Der Unterschied ihrer in die *einfache Identität des Seins* und in den *Wechsel der Akzidenzen* an derselben ist eine Form ihres Scheins. *Jenes* ist die formlose *Substanz des Vorstellens*, dem der Schein sich nicht als Schein bestimmt hat, sondern das als an einem Absoluten an solcher unbestimmten Identität festhält, die keine Wahrheit hat, nur die Bestimmtheit der *unmittelbaren* Wirklichkeit oder ebenso des *Ansich-*

seins oder der Möglichkeit ist, – Formbestimmungen, welche in die Akzidentalität fallen. –

Die andere Bestimmung, *der Wechsel der Akzidenzen*, ist die absolute *Formeinheit* der Akzidentalität, die Substanz als die *absolute Macht*. – Das Vergehen der Akzidenz ist Zurückgehen ihrer als Wirklichkeit in sich als in ihr Ansichsein oder in ihre Möglichkeit, aber dieses ihr Ansichsein ist selbst nur ein Gesetztsein; daher ist es auch Wirklichkeit, und weil diese Formbestimmungen ebensosehr Inhaltsbestimmungen sind, ist dieses Mögliche auch dem Inhalt nach ein anders bestimmtes Wirkliches. Die Substanz manifestiert sich durch die Wirklichkeit mit ihrem Inhalt, in die sie das Mögliche übersetzt, als *schaffende*, durch die Möglichkeit, in die sie das Wirkliche zurückführt, als *zerstörende* Macht. Aber beides ist identisch; das Schaffen zerstörend, die Zerstörung schaffend; denn das Negative und Positive, die Möglichkeit und Wirklichkeit sind in der substantiellen Notwendigkeit absolut vereint.

Die *Akzidenzen* als solche – und es sind *mehrere*, indem die Mehrheit eine der Bestimmungen des Seins ist – haben *keine Macht* übereinander. Sie sind das seiende oder für sich seiende Etwas, existierende Dinge von mannigfaltigen Eigenschaften oder Ganze, die aus Teilen bestehen, selbständige Teile, Kräfte, die der Sollizitation durch einander bedürfen und einander zur Bedingung haben. Insofern ein solches Akzidentelles über ein anderes eine Macht auszuüben scheint, ist es die Macht der Substanz, welche beide in sich begreift, als Negativität einen ungleichen Wert setzt, das eine als Vergehendes, das andere mit anderem Inhalt und als Entstehendes, oder jenes in seine Möglichkeit, dieses daran in Wirklichkeit übergehend bestimmt, – ewig sich in diese Unterschiede der Form und des Inhaltes entzweit und ewig sich von dieser Einseitigkeit reinigt, aber in dieser Reinigung selbst in die Bestimmung und Entzweiung zurückgefallen ist. – Eine Akzidenz vertreibt also eine andere nur darum, weil ihr eigenes *Subsistieren* diese Totalität der Form und des Inhaltes selbst ist, in der sie wie ihre andere ebensosehr untergeht.

Um dieser *unmittelbaren Identität* und Gegenwart der Substanz in den | Akzidenzen willen ist noch kein *realer*

Unterschied vorhanden. In dieser ersten Bestimmung ist die Substanz noch nicht nach ihrem ganzen Begriff manifestiert. Wenn die Substanz als das mit sich identische An- und Fürsichsein von ihr selbst als Totalität der Akzidenzen unterschieden wird, so ist sie als Macht das Vermittelnde. Diese ist die Notwendigkeit, das in der Negativität der Akzidenzen positive Beharren derselben und ihr bloßes Gesetztsein in ihrem Bestehen; diese Mitte ist somit Einheit der Substantialität und Akzidentalität selbst, und ihre Extreme haben kein eigentümliches Bestehen. Die Substantialität ist daher nur das Verhältnis als unmittelbar verschwindend, sie bezieht sich auf sich nicht als Negatives, ist als die unmittelbare Einheit der Macht mit sich selbst in der Form nur ihrer Identität, nicht ihres negativen Wesens; nur das eine Moment, nämlich das Negative oder der Unterschied, ist das schlechthin verschwindende, nicht aber das andere, das Identische. – Dies ist auch so zu betrachten. Der Schein oder die Akzidentalität ist an sich wohl Substanz durch die Macht, aber er ist nicht so gesetzt als dieser mit sich identische Schein; so hat die Substanz nur die Akzidentalität zu ihrer Gestalt oder [ihrem] Gesetztsein, nicht sich selbst, ist nicht Substanz als Substanz. Das Substantialitätsverhältnis ist also zunächst sie nur, daß sie sich als formelle Macht offenbart, deren Unterschiede nicht substantiell sind; sie ist in der Tat nur als Inneres der Akzidenzen, und diese sind nur an der Substanz. Oder dieses Verhältnis ist nur die scheinende Totalität als Werden; aber sie ist ebensosehr Reflexion; die Akzidentalität, die an sich Substanz ist, ist eben darum auch gesetzt als solche; so ist sie bestimmt als sich auf sich beziehende Negativität, gegen sich, bestimmt als sich auf sich beziehende einfache Identität mit sich, und ist fürsich-seiende, mächtige Substanz. So geht das Substantialitätsverhältnis in das Kausalitätsverhältnis über.

B. Das Kausalitätsverhältnis

Die Substanz ist Macht und in sich reflektierte, nicht bloß übergehende, sondern die Bestimmungen setzende und von sich unterscheidende Macht. Als in ihrem Bestimmen sich auf sich selbst beziehend ist sie selbst das, was sie als Negatives setzt oder zum Gesetztsein macht. Dieses ist somit überhaupt die aufgehobene Substantialität, das nur Gesetzte, die Wirkung; die für sich seiende Substanz aber ist die Ursache.

Dieses Kausalitätsverhältnis ist zunächst nur dieses Verhältnis von Ursache und Wirkung; so ist es das formelle Kausalitäts-Verhältnis. |

a. Die formelle Kausalität

1. Die Ursache ist das Ursprüngliche gegen die Wirkung. – Die Substanz ist als Macht das Scheinen oder hat Akzidentalität. Aber sie ist als Macht ebensosehr Reflexion-in-sich in ihrem Scheine; so legt sie ihr Übergehen aus, und dieses Scheinen ist bestimmt als Schein, oder die Akzidenz ist gesetzt als das, daß sie nur ein Gesetztes sei. – Die Substanz geht aber in ihrem Bestimmen nicht von der Akzidentalität aus, als ob diese voraus ein Anderes wäre und nun erst als Bestimmtheit gesetzt würde, sondern beides ist Eine Aktuosität. Die Substanz als Macht bestimmt sich; aber dieses Bestimmen ist unmittelbar selbst das Aufheben des Bestimmens und die Rückkehr. Sie bestimmt sich, – sie, das Bestimmende, ist so das Unmittelbare und das selbst schon Bestimmte; – indem sie sich bestimmt, setzt sie also dieses schon Bestimmte als bestimmt, hat so das Gesetztsein aufgehoben und ist in sich zurückgekehrt. – Umgekehrt ist diese Rückkehr, weil sie die negative Beziehung der Substanz auf sich ist, selbst ein Bestimmen oder Abstoßen ihrer von sich; durch diese Rückkehr wird das Bestimmte, von dem sie anzufangen und es als vorgefundenes Bestimmtes nun als solches zu setzen scheint. – So ist die absolute Aktuosität Ursache, – die Macht der Substanz in

ihrer Wahrheit als Manifestation, die das, was an sich ist, die Akzidenz, die das Gesetztsein ist, unmittelbar im Werden derselben auch auslegt, sie setzt als Gesetztsein: die Wirkung. – Diese ist also erstlich dasselbe, was die Akzidentalität des Substantialitätsverhältnisses ist, nämlich die Substanz als Gesetztsein; aber zweitens ist die Akzidenz als solche substantiell nur durch ihr Verschwinden, als Übergehendes; als Wirkung aber ist sie das Gesetztsein als mit sich identisch; die Ursache ist in der Wirkung als ganze Substanz manifestiert, nämlich als an dem Gesetztsein selbst als solchem in sich reflektiert.

2. Diesem in sich reflektierten Gesetztsein, dem Bestimmten als Bestimmten, steht die Substanz als nicht gesetztes Ursprüngliches gegenüber. Weil sie als absolute Macht Rückkehr in sich, aber diese Rückkehr selbst Bestimmen ist, so ist sie nicht mehr bloß das An-sich ihrer Akzidenz, sondern ist auch gesetzt als dieses Ansichsein. Die Substanz hat daher erst als Ursache Wirklichkeit. Aber diese Wirklichkeit, daß ihr Ansichsein, ihre Bestimmtheit im Substantialitätsverhältnis, nunmehr als Bestimmtheit gesetzt ist, ist die Wirkung; die Substanz hat daher die Wirklichkeit, die sie als Ursache hat, nur in ihrer Wirkung. – Dies ist die Notwendigkeit, welche die Ursache ist. – Sie ist die wirkliche Substanz, weil die Substanz als Macht sich selbst bestimmt; aber | ist zugleich Ursache, weil sie diese Bestimmtheit auslegt oder als Gesetztsein setzt; so setzt sie ihre Wirklichkeit als das Gesetztsein oder als die Wirkung. Diese ist das Andere der Ursache, das Gesetztsein gegen das Ursprüngliche und durch dieses vermittelt. Aber die Ursache hebt als Notwendigkeit ebenso dieses ihr Vermitteln auf und ist in dem Bestimmen ihrer selbst als das ursprünglich sich auf sich Beziehende gegen das Vermittelte die Rückkehr in sich; denn das Gesetztsein ist als Gesetztsein bestimmt, somit identisch mit sich; die Ursache ist daher erst in ihrer Wirkung das wahrhaft Wirkliche und mit sich Identische. – Die Wirkung ist daher notwendig, weil sie eben Manifestation der Ursache oder diese Notwendigkeit ist, welche die Ursache ist. – Nur als diese Notwendigkeit ist die Ursache selbst bewegend, aus sich anfangend, ohne von einem anderen sollizitiert zu werden, und selbstän-

dige Quelle des Hervorbringens aus sich; – sie muß wirken, ihre Ursprünglichkeit ist dies, daß ihre Reflexion-in-sich bestimmendes Setzen und umgekehrt beides eine Einheit ist.

Die Wirkung enthält daher überhaupt nichts, was nicht die Ursache enthält. Umgekehrt enthält die Ursache nichts, was nicht in ihrer Wirkung ist. Die Ursache ist nur Ursache, insofern sie eine Wirkung hervorbringt; und die Ursache ist nichts als diese Bestimmung, eine Wirkung zu haben, und die Wirkung nichts als dies, eine Ursache zu haben. In der Ursache als solcher selbst liegt ihre Wirkung, und in der Wirkung die Ursache; insofern die Ursache noch nicht wirkte oder insofern sie aufgehört hätte zu wirken, so wäre sie nicht Ursache, – und die Wirkung, insofern ihre Ursache verschwunden ist, ist nicht mehr Wirkung, sondern eine gleichgültige Wirklichkeit. –

3. In dieser Identität der Ursache und Wirkung ist nun die Form, wodurch sie als das an sich Seiende und als das Gesetztsein sich unterscheiden, aufgehoben. Die Ursache erlischt in ihrer Wirkung; damit ist ebenso die Wirkung erloschen, denn sie ist nur die Bestimmtheit der Ursache. Diese in der Wirkung erloschene Kausalität ist somit eine Unmittelbarkeit, welche gegen das Verhältnis von Ursache und Wirkung gleichgültig ist und es äußerlich an ihr hat.

b. Das bestimmte Kausalitätsverhältnis

1. Die Identität der Ursache in ihrer Wirkung mit sich ist das Aufheben ihrer Macht und Negativität, daher die gegen die Formunterschiede gleichgültige Einheit, der Inhalt. – Er ist daher nur an sich auf die Form, hier die Kausalität, bezogen. Sie sind somit als verschieden gesetzt, und die Form gegen den Inhalt eine selbst nur unmittelbar wirkliche, eine zufällige Kausalität. |

Ferner der Inhalt so als Bestimmtes ist ein verschiedener Inhalt an ihm selbst; und die Ursache ist ihrem Inhalt nach bestimmt, damit ebenso die Wirkung. – Der Inhalt, da das

Reflektiertsein hier auch unmittelbare Wirklichkeit ist, ist insofern *wirkliche*, aber die *endliche Substanz*.

Dies ist nunmehr das *Kausalitätsverhältnis in seiner Realität und Endlichkeit*. Als formell ist es das unendliche Verhältnis der absoluten Macht, deren Inhalt die reine Manifestation oder Notwendigkeit ist. Als endlich Kausalität hingegen hat es einen *gegebenen* Inhalt und verläuft sich als ein äußerlicher Unterschied an diesem Identischen, das in seinen Bestimmungen eine und dieselbe Substanz ist.

Durch diese *Identität des Inhaltes* ist die Kausalität ein *analytischer* Satz. Es ist *dieselbe Sache*, welche sich das eine Mal als Ursache, das andere Mal als Wirkung darstellt, dort als eigentümliches Bestehen, hier als Gesetztsein oder Bestimmung an einem Anderen. Da diese Bestimmungen der Form *äußerliche* Reflexion sind, so ist es die *der Sache nach* tautologische Betrachtung eines *subjektiven* Verstandes, eine Erscheinung als Wirkung zu bestimmen und davon zu ihrer Ursache aufzusteigen, um sie zu begreifen und zu erklären; es wird nur ein und derselbe Inhalt wiederholt; man hat in der Ursache nichts anderes als in der Wirkung. – Der Regen z. B. ist Ursache der Feuchtigkeit, welche seine Wirkung ist; – *der Regen macht naß*, dies ist ein analytischer Satz; dasselbe Wasser, was der Regen ist, ist die Feuchtigkeit; als Regen ist dieses Wasser nur in der Form einer Sache für sich, als Wässerigkeit oder Feuchtigkeit dagegen ist es ein Adjektives, ein Gesetztes, das nicht mehr sein Bestehen an ihm selbst haben soll; und die eine Bestimmung wie die andere ist ihm äußerlich. – So ist die Ursache *dieser Farbe* ein Färbendes, ein *Pigment*, welches eine und dieselbe Wirklichkeit ist, das eine Mal in der ihm äußeren Form eines Tätigen, das heißt, mit einem von ihm verschiedenen Tätigen äußerlich verbunden, das andere Mal aber in der ihm ebenso äußerlichen Bestimmung einer Wirkung. – Die Ursache einer *Tat* ist die innere Gesinnung in einem tätigen Subjekt, die als äußeres Dasein, das sie durch die Handlung erhält, derselbe Inhalt und Wert ist. Wenn die *Bewegung* eines Körpers als Wirkung betrachtet wird, so ist die Ursache derselben eine *stoßende* Kraft; aber es ist dasselbe Quantum der Bewegung, das vor und nach dem Stoß vorhanden ist, dieselbe Existenz, welche der stoßende Körper enthielt und dem gestoßenen mitteilte; und soviel er mitteilt, soviel verliert er selbst.

Die Ursache, z. B. der Maler, oder der stoßende Körper hat wohl noch einen anderen Inhalt, jener als die Farben und deren sie zum Gemälde ver|bindende Form, dieser als eine Bewegung von bestimmter Stärke und Richtung. Allein dieser weitere Inhalt ist ein zufälliges Beiwesen, das die Ursache nichts angeht; was der Maler sonst für Qualitäten enthält, abstrahiert davon, daß er Maler dieses Gemäldes ist, dies tritt nicht in dieses Gemälde ein; nur was von seinen Eigenschaften sich in der Wirkung darstellt, ist in ihm als Ursache vorhanden, nach seinen übrigen Eigenschaften ist er nicht Ursache. So, ob der stoßende Körper Stein oder Holz, grün, gelb ist usf., dies tritt nicht in einen Stoß ein; insofern ist er nicht Ursache.

Es ist in Rücksicht dieser Tautologie des Kausalitätsverhältnisses zu bemerken, daß es dieselbe dann nicht zu enthalten scheint, wenn nicht die nächste, sondern die entfernte Ursache einer Wirkung angegeben wird. Die Formveränderung, welche die zugrunde liegende Sache in diesem Durchgang durch mehrere Mittelglieder erleidet, versteckt die Identität, die sie darin behält. Sie verknüpft sich zugleich in dieser Vervielfältigung der Ursachen, welche zwischen sie und die letzte Wirkung eingetreten sind, mit anderen Dingen und Umständen, so daß nicht jenes Erste, was als Ursache ausgesprochen wird, sondern nur diese mehreren Ursachen zusammen die vollständige Wirkung enthalten. – So wenn z. B. ein Mensch dadurch unter Umstände kam, in denen sich sein Talent entwickelte, daß er seinen Vater verlor, den in einer Schlacht eine Kugel traf, so könnte dieser Schuß (oder noch weiter zurück der Krieg oder eine Ursache des Kriegs und so fort ins Unendliche) als Ursache der Geschicklichkeit jenes Menschen angegeben werden. Allein es erhellt, daß z. B. jener Schuß nicht für sich diese Ursache ist, sondern nur die Verknüpfung desselben mit anderen wirkenden Bestimmungen. Oder vielmehr ist er überhaupt nicht Ursache, sondern nur ein einzelnes Moment, das zu den Umständen der Möglichkeit gehörte.

Denn hauptsächlich ist noch die unstatthafte Anwendung des Kausalitätsverhältnisses auf Verhältnisse des physisch-organischen und des geistigen Lebens zu bemerken. Hier zeigt sich das, was als Ursache genannt wird, freilich von anderem Inhalt als die Wirkung, darum aber, weil das, was auf das Lebendige wirkt, von diesem selbständig bestimmt, verändert und verwandelt wird, weil das Lebendige die Ursache nicht zu ihrer Wirkung kommen läßt, das heißt, sie als Ursache aufhebt. So ist es unstatthaft gesprochen, daß die Nahrung die Ursache des Blutes oder diese Speisen oder Kälte, Nässe Ursachen des Fiebers usf. seien; so unstatthaft es ist, das jonische Klima als die Ursache der Homerischen Werke oder Cäsars Ehrgeiz als die Ursache des Untergangs der republikanischen Verfassung Roms anzugeben. In der Geschichte überhaupt sind geistige Massen und Individuen im Spiele und in der Wechselbestimmung miteinander; die Natur des Geistes ist es aber noch in viel höherem Sinne als der Charakter des Lebendigen überhaupt, vielmehr | nicht ein anderes Ursprüngliches in sich aufzunehmen oder nicht eine Ursache sich in ihn kontinuieren zu lassen, sondern sie abzubrechen und zu verwandeln. – Welche Verhältnisse aber der Idee angehören und bei ihr erst zu betrachten sind. – Dies kann hier noch bemerkt werden, daß insofern das Verhältnis von Ursache und Wirkung, obwohl in uneigentlichem Sinne, zugelassen wird, die Wirkung nicht größer sein könne als die Ursache; denn die Wirkung ist nichts weiter als die Manifestation der Ursache. Es ist ein gewöhnlich gewordener Witz in der Geschichte, aus kleinen Ursachen große Wirkungen entstehen zu lassen und für die umfassende und tiefe Begebenheit eine Anekdote als erste Ursache aufzuführen. Eine solche sogenannte Ursache ist für nichts weiteres als eine Veranlassung, als äußere Erregung anzusehen, deren der innere Geist der Begebenheit nicht bedurft hätte oder deren er eine unzählige Menge anderer hätte gebrauchen können, um von ihnen in der Erscheinung anzufangen, sich Luft zu machen und seine Manifestation zu geben. Vielmehr ist umgekehrt so etwas für sich Kleinliches und Zufälliges erst von ihm zu seiner Veranlassung bestimmt worden. Jene Arabesken-Malerei der Geschichte, die aus einem schwanken Stengel eine große Gestalt hervorgehen läßt, ist daher wohl eine geistreiche, aber höchst oberflächliche Behandlung. Es ist in diesem Entspringen des Großen aus dem Kleinen zwar überhaupt die Umkehrung vorhanden, die der Geist mit dem Äußerlichen vornimmt; aber eben darum ist dieses nicht *Ursache in ihm*, oder diese Umkehrung hebt selbst das Verhältnis der Kausalität auf.

2. Diese *Bestimmtheit* des Kausalitätsverhältnisses aber, daß Inhalt und Form verschieden und gleichgültig sind, erstreckt sich weiter. Die *Formbestimmung* ist auch *Inhaltsbestimmung*; Ursache und Wirkung, die beiden Seiten des Verhältnisses, sind daher auch ein *anderer Inhalt*. Oder der Inhalt, weil er nur als Inhalt einer Form ist, hat ihren Unterschied an ihm selbst und ist wesentlich verschieden. Aber indem diese seine Form das Kausalitätsverhältnis ist, das ein in Ursache und Wirkung identischer Inhalt ist, so ist der verschiedene *Inhalt äußerlich mit der Ursache* einerseits und andererseits *mit der Wirkung* verbunden; er *tritt* somit *nicht* selbst *in das Wirken* und in das *Verhältnis ein*.

Dieser äußerliche Inhalt ist also verhältnislos, – *eine unmittelbare Existenz*; – oder weil er als Inhalt die *ansichseiende* Identität der Ursache und Wirkung ist, ist auch er *unmittelbare, seiende* Identität. Dies ist daher irgend*ein Ding*, das mannigfaltige Bestimmungen seines Daseins hat, *unter anderem* auch diese, daß es in *irgendeiner Rücksicht* Ursache oder auch Wirkung ist. Die Formbestimmungen, Ursache und Wirkung, haben an ihm ihr *Substrat*, das heißt, ihr wesentliches Bestehen, und jede ein besonderes, – denn ihre Identität ist ihr Bestehen; – zugleich aber ist es ihr unmittelbares Bestehen nicht ihr Bestehen als Formeinheit oder als Verhältnis. |

Aber dieses Ding ist nicht nur Substrat, sondern auch Substanz, denn es ist das identische Bestehen nur *als des Verhältnisses*. Ferner ist sie *endliche* Substanz, denn sie ist bestimmt als unmittelbare *gegen* ihre Ursächlichkeit. Aber sie hat zugleich Kausalität, weil sie ebensosehr nur das Identische als dieses Verhältnisses ist. – Als Ursache nun ist dieses Substrat die negative Beziehung auf *sich*. Aber es selbst, worauf es sich bezieht, ist *erstens* ein Gesetztsein, weil es als *unmittelbar* Wirkliches bestimmt ist; dieses Gesetztsein als Inhalt ist irgendeine Bestimmung überhaupt. – *Zweitens* ist ihm die Kausalität äußerlich; diese macht somit selbst sein Gesetztsein aus. Indem es nun ursächliche Substanz ist, besteht seine Kausalität darin, sich negativ auf sich, also auf sein Gesetztsein und äußere Kausalität, zu beziehen. Das Wirken dieser Substanz fängt daher von einem Äußeren an, befreit sich von dieser äußeren Bestimmung, und seine Rückkehr in sich ist die Erhaltung seiner unmittelbaren Existenz und das Aufheben seiner gesetzten und damit seiner Kausalität überhaupt.

So ist ein Stein, der sich bewegt, Ursache; seine Bewegung ist eine Bestimmung, die er hat, außer welcher er aber noch viele andere Bestimmungen der Farbe, Gestalt usf. enthält, welche nicht in seine Ursächlichkeit eingehen. Weil seine unmittelbare Existenz getrennt ist von seiner Formbeziehung, nämlich der Kausalität, so ist diese ein Äußerliches; seine Bewegung und die Kausalität, die ihm in ihr zukommt, ist an ihm nur Gesetztsein. – Aber die Kausalität ist auch seine eigene; dies ist darin vorhanden, daß sein substantielles Bestehen seine identische Beziehung auf sich ist; diese aber ist nunmehr als Gesetztsein bestimmt, sie ist also zugleich negative Beziehung auf sich. – Seine Kausalität, welche sich auf sich als auf das Gesetztsein oder als ein Äußeres richtet, besteht daher darin, es aufzuheben und durch die Entfernung desselben in sich zurückzukehren, – somit insofern nicht in seinem Gesetztsein identisch mit sich zu sein, sondern nur seine abstrakte Ursprünglichkeit wiederherzustellen. – Oder der Regen ist Ursache der Nässe, welche dasselbe Wasser ist als jener. Dieses Wasser hat die Bestimmung, Regen und Ursache zu sein, dadurch daß sie von einem Anderen in ihm gesetzt ist; – eine andere Kraft oder was es sei, hat es in die Luft erhoben und in eine Masse zusammengebracht, deren Schwere es fallen macht. Seine Entfernung von der Erde ist eine seiner ursprünglichen Identität mit sich, der Schwere, fremde Bestimmung; seine Ursächlichkeit besteht darin, dieselbe zu entfernen und jene Identität wiederherzustellen, damit aber auch seine Kausalität aufzuheben.

Die itzt betrachtete zweite Bestimmtheit der Kausalität geht die Form an; dieses Verhältnis ist die Kausalität als sich selbst äußerlich, als die Ursprünglichkeit, welche ebensosehr an ihr selbst *Gesetztsein* oder *Wirkung* ist. Diese Vereinigung der entgegengesetzten Bestimmungen als *im seienden* Substrat macht den *unendlichen Regreß* von Ursachen zu Ur|sachen aus. – Es wird von der Wirkung angefangen; sie hat als solche eine Ursache, diese hat wieder eine Ursache und so fort. Warum hat die Ursache wieder eine Ursache? Das heißt, warum wird *dieselbe Seite*, die vorher *als Ursache* bestimmt war, nunmehr als *Wirkung* bestimmt und damit nach einer neuen Ursache gefragt. – Aus diesem Grunde, weil die Ursache ein *Endliches*, *Bestimmtes* überhaupt ist: bestimmt als *ein* Moment der Form gegen die Wirkung; so hat sie ihre Bestimmtheit oder Negation außer ihr; eben damit aber ist sie selbst *endlich*, hat *ihre Bestimmtheit an ihr* und ist somit *Gesetztsein* oder *Wirkung*. Diese ihre Identität ist auch gesetzt, aber sie ist ein *Drittes*, das unmittelbare Substrat; die Kausalität ist darum sich selbst äußerlich, weil hier ihre *Ursprünglichkeit* eine *Unmittelbarkeit* ist. Der Formunterschied ist daher *erste Bestimmtheit*, noch nicht die Bestimmtheit *als* Bestimmtheit *gesetzt*, er ist *seiendes Anderssein*. Die endliche Reflexion bleibt einerseits bei diesem Unmittelbaren stehen, entfernt die Formeinheit davon und läßt es in *anderer Rücksicht* Ursache und *in anderer* Wirkung sein; andererseits verlegt sie die Formeinheit in das *Unendliche* und drückt durch das perennierende Fortgehen ihre Ohnmacht aus, sie erreichen und festhalten zu können.

Mit der *Wirkung* ist es unmittelbar der nämliche Fall, oder vielmehr der *unendliche Progreß* von *Wirkung* zu *Wirkung* ist ganz und [gar] dasselbe, was der *Regreß* von *Ursache* zu *Ursache* ist. In diesem wurde die *Ursache* zur *Wirkung*, welche wieder eine *andere* Ursache *hat*; ebenso wird umgekehrt die *Wirkung zur Ursache*, die wieder eine *andere* Wirkung hat. – Die betrachtete bestimmte Ursache fängt von einer Äußerlichkeit an und kehrt in ihrer Wirkung nicht *als Ursache* in sich zurück, sondern verliert vielmehr die Kausalität darin. Aber umgekehrt kommt die Wirkung an ein Substrat, welches Substanz, ursprünglich sich auf sich beziehendes Bestehen ist; an ihm wird daher dieses Gesetztsein *zum Gesetztsein*; das heißt, diese Substanz, indem eine Wirkung in ihr gesetzt wird, *verhält sich als Ursache*. Aber jene erste Wirkung, das Gesetztsein, das an sie *äußerlich* kommt, ist ein *Anderes* als die zweite, die *von ihr hervorgebracht* wird; denn diese zweite ist bestimmt als *ihre Reflexion-in-sich*, jene aber als eine *Äußerlichkeit* an ihr. – Aber weil die Kausalität hier die sich selbst äußerliche Ursächlichkeit ist, so kehrt sie auch ebensosehr in ihrer Wirkung *nicht in sich zurück*, wird sich darin *äußerlich*, *ihre* Wirkung wird wieder Gesetztsein an einem Substrat, – als einer *anderen Substanz*, die aber ebenso es zum Gesetztsein macht oder sich als Ursache manifestiert, ihre Wirkung wieder von sich abstößt und so fort in das Schlecht-Unendliche. |

3. Es ist nun zu sehen, was durch die Bewegung des bestimmten Kausalitätsverhältnisses geworden ist. – Die formelle Kausalität erlischt in der Wirkung; dadurch ist das *Identische* dieser beiden Momente *geworden*; aber damit nur *als an sich* die Einheit von Ursache und Wirkung, woran die Formbeziehung äußerlich ist. – Dieses Identische ist dadurch auch *unmittelbar* nach den beiden Bestimmungen der Unmittelbarkeit, erstens als *Ansichsein*, ein *Inhalt*, an dem die Kausalität sich äußerlich verläuft, *zweitens* als ein *existierendes* Substrat, dem die Ursache und die Wirkung *inhärieren* als unterschiedene Formbestimmungen. Diese sind darin *an sich* eins, aber jede ist um dieses *Ansichseins* oder der Äußerlichkeit der Form willen sich selbst äußerlich, somit in ihrer *Einheit* mit der anderen auch als *andere* gegen sie bestimmt. Daher hat zwar die Ursache eine Wirkung *und ist zugleich selbst Wirkung*, und die Wirkung hat nicht nur eine Ursache, sondern *ist auch selbst Ursache*. Aber die Wirkung, welche die Ursache *hat*, und die Ursache, *die sie ist* –, ebenso die Ursache, welche die Wirkung *hat*, und die Ursache, *die sie ist* –, sind verschieden.

Durch die Bewegung des bestimmten Kausalitätsverhältnisses ist aber nun dies geworden, daß die Ursache *nicht nur* in der Wirkung *erlischt* und damit auch die Wirkung wie in der formellen Kausalität, sondern daß die Ursache in *ihrem Erlöschen*, in der Wirkung wieder *wird*, daß die *Wirkung* in Ursache *verschwindet*, aber in ihr ebenso wieder *wird*.

Jede dieser Bestimmungen hebt sich in ihrem Setzen auf und setzt sich in ihrem Aufheben; es ist nicht ein äußerliches Übergehen der Kausalität von einem Substrat an ein anderes vorhanden, sondern dieses Anderswerden derselben ist zugleich ihr eigenes Setzen. Die Kausalität setzt also sich selbst voraus oder bedingt sich. Die vorher nur an sich seiende Identität, das Substrat, ist daher nunmehr bestimmt als Voraussetzung oder gesetzt gegen die wirkende Kausalität, und die vorhin dem Identischen nur äußerliche Reflexion steht nun im Verhältnis zu demselben.

c. *Wirkung und Gegenwirkung*

Die Kausalität ist voraussetzendes Tun. Die Ursache ist bedingt; sie ist die negative Beziehung auf sich als vorausgesetztes, als äußerliches Anderes, welches an sich, aber nur an sich die Kausalität selbst ist. Es ist, wie sich ergeben hat, die substantielle Identität, in welche die formelle Kausalität übergeht, die sich nunmehr gegen dieselbe als ihr Negatives bestimmt hat. Oder es ist dasselbe, was die Substanz des Kausalitätsverhältnisses, aber welcher die Macht der Akzidentalität als selbst substantielle Tätigkeit gegenüber|steht. – Es ist die passive Substanz. – Passiv ist das Unmittelbare oder Ansichseiende, das nicht auch für sich ist, – das reine Sein oder das Wesen, das nur in dieser Bestimmtheit der abstrakten Identität mit sich ist. – Der passiven steht die als negativ sich auf sich beziehende, die wirkende Substanz gegenüber. Sie ist die Ursache, insofern sie sich in der bestimmten Kausalität durch die Negation ihrer selbst aus der Wirkung wiederhergestellt hat, [ein Anderes,] das in seinem Anderssein oder als Unmittelbares sich wesentlich als setzend verhält und durch seine Negation sich mit sich vermittelt. Die Kausalität hat deswegen hier kein Substrat mehr, dem sie inhärierte und ist nicht Formbestimmung gegen diese Identität, sondern selbst die Substanz oder das Ursprüngliche ist nur die Kausalität. – Das Substrat ist die passive Substanz, die sie sich vorausgesetzt hat.

Diese Ursache wirkt nun; denn sie ist die negative Macht auf sich selbst; zugleich ist sie ihr Vorausgesetztes; so wirkt sie auf sich als auf ein Anderes, auf die passive Substanz. – Somit hebt sie erstlich das Anderssein derselben auf und kehrt in ihr in sich zurück; zweitens bestimmt sie dieselbe, sie setzt dieses Aufheben ihres Andersseins oder die Rückkehr in sich als eine Bestimmtheit. Dieses Gesetztsein, weil es zugleich ihre Rückkehr in sich ist, ist zunächst ihre Wirkung. Aber umgekehrt, weil sie als voraussetzend sich selbst als ihr Anderes bestimmt, so setzt sie die Wirkung in der anderen, der passiven Substanz. – Oder weil die passive Substanz selbst das Gedoppelte ist, nämlich ein selbständiges Anderes und zugleich ein Vorausgesetztes und an sich schon mit der wirkenden Ursache Identisches, so ist das Wirken von dieser selbst ein Gedoppeltes; es ist beides in einem, das Aufheben ihres Bestimmtseins, nämlich ihrer Bedingung, oder das Aufheben der Selbständigkeit der passiven Substanz, – und daß sie ihre Identität mit derselben aufhebt, somit sich voraus oder als Anderes setzt. – Durch das letztere Moment wird die passive Substanz erhalten; jenes erste Aufheben derselben erscheint in Beziehung hierauf zugleich auch so, daß nur einige Bestimmungen an ihr aufgehoben werden und die Identität ihrer mit der ersten in der Wirkung äußerlich an ihr geschieht.

Insofern leidet sie Gewalt. – Die Gewalt ist die Erscheinung der Macht oder die Macht als Äußerliches. Äußerliches ist aber die Macht nur, insofern die ursächliche Substanz in ihrem Wirken, d.h. im Setzen ihrer selbst zugleich voraussetzend ist, d.h. sich selbst als Aufgehobenes setzt. Umgekehrt ist daher ebensosehr das Tun der Gewalt ein Tun der Macht. Es ist nur ein von ihr selbst vorausgesetztes Anderes, auf welches die gewaltige Ursache wirkt; ihre Wirkung auf dasselbe ist negative Beziehung auf sich oder die Manifestation ihrer selbst. Das Passive ist das Selbständige, das nur ein Gesetztes ist, ein in sich selbst Gebrochenes, – eine Wirklichkeit, welche Bedingung ist, und zwar die Bedingung nunmehr in ihrer Wahrheit, nämlich eine Wirklichkeit, welche | nur eine Möglichkeit ist, oder umgekehrt ein Ansichsein, das nur die Bestimmtheit des Ansichseins, nur passiv ist. Demjenigen daher, dem Gewalt geschieht, ist es nicht nur möglich, Gewalt anzutun, sondern sie muß ihm auch angetan werden; was Gewalt über das Andere hat, hat sie nur, weil es die Macht desselben ist, die sich darin und das Andere manifestiert. Die passive Substanz wird durch die Gewalt nur gesetzt als das, was sie in Wahrheit ist, nämlich weil sie das einfache Positive oder unmittelbare Substanz ist, eben darum nur ein Gesetztes zu sein; das Voraus, das sie als Bedingung ist, ist der Schein der Unmittelbarkeit, den die wirkende Kausalität ihr abstreift.

Der passiven Substanz wird daher durch die Einwirkung einer anderen Gewalt nur ihr Recht angetan. Was sie verliert, ist jene Unmittelbarkeit, die ihr fremde Substantialität. Was sie als ein Fremdes erhält, nämlich als ein Gesetztsein bestimmt zu werden, ist ihre eigene Bestimmung. – Indem sie nun aber in ihrem Gesetztsein oder in ihrer eigenen Bestimmung gesetzt wird, wird sie dadurch vielmehr nicht aufgehoben, sondern geht so nur mit sich selbst zusammen und ist also in ihrem Bestimmtwerden Ursprünglichkeit. – Die passive Substanz wird also einerseits durch die aktive erhalten oder gesetzt, nämlich insofern diese sich selbst zur aufgehobenen macht; – andererseits aber ist es das Tun des Passiven selbst, mit sich zusammenzugehen und somit sich zum Ursprünglichen und zur Ursache zu machen. Das Gesetztwerden durch ein Anderes und das eigene Werden ist ein und dasselbe.

Hierdurch, daß die passive Substanz nun selbst in Ursache verkehrt ist, wird erstlich die Wirkung in ihr aufgehoben; darin besteht ihre Gegenwirkung überhaupt. Sie ist an sich das Gesetztsein, als passive Substanz; auch ist das Gesetztsein durch die andere Substanz in ihr gesetzt worden, insofern sie nämlich die Wirkung derselben an ihr bekam. Ihre Gegenwirkung enthält daher ebenso das Gedoppelte, daß nämlich erstlich, was sie an sich ist, gesetzt wird, zweitens als was sie gesetzt wird, sich als ihr Ansichsein darstellt; sie ist an sich Gesetztsein, daher erhält sie eine Wirkung an ihr durch die andere; aber dieses Gesetztsein ist umgekehrt ihr eigenes Ansichsein; so ist dies ihre Wirkung, sie selbst stellt sich als Ursache dar.

Zweitens geht die Gegenwirkung *gegen die erste wirkende Ursache*. Die Wirkung, welche die vorher passive Substanz in sich aufhebt, ist nämlich eben jene Wirkung der ersten. Die Ursache hat aber ihre substantielle Wirklichkeit nur in ihrer Wirkung; indem diese aufgehoben wird, so wird ihre ursächliche Substantialität aufgehoben. Dies geschieht erstlich *an sich durch sich selbst*, indem sie sich zur Wirkung macht; in dieser Identität verschwindet ihre negative Bestimmung, und sie wird Passives; zweitens geschieht es *durch die vorhin passive*, nun rückwirkende Substanz, welche deren Wirkung aufhebt. – | In der *bestimmten Kausalität* wird die Substanz, auf welche gewirkt wird, zwar auch wieder Ursache – sie wirkt hiermit *dagegen*, daß eine *Wirkung* in ihr gesetzt wurde. Aber sie wirkte nicht zurück *gegen jene Ursache*, sondern setzt ihre Wirkung wieder in *eine andere* Substanz, wodurch der Progreß von Wirkungen ins Unendliche zum Vorschein kam; weil hier die Ursache in ihrer Wirkung nur erst *an sich* mit sich identisch ist, daher einerseits in einer *unmittelbaren* Identität in ihrer *Ruhe* verschwindet, andererseits in einer *anderen* Substanz sich wieder erweckt. – In der bedingten Kausalität hingegen *bezieht* die Ursache in der Wirkung sich *auf sich selbst*, weil sie ihr Anderes als Bedingung als *Vorausgesetztes* ist und ihr Wirken dadurch ebensosehr *Werden* als Setzen und *Aufheben des Anderen* ist.

Ferner verhält sie sich hiermit als passive Substanz; aber, wie sich ergab, *entsteht* diese durch die auf sie geschehene Wirkung als ursächliche Substanz. Jene erste Ursache, welche zuerst wirkt und ihre Wirkung als Gegenwirkung in sich zurück erhält, tritt damit wieder als Ursache auf, wodurch das in der endlichen Kausalität in den schlecht-unendlichen Progreß auslaufende Wirken *umgebogen* und zu einem in sich zurückkehrenden, einem unendlichen *Wechselwirken* wird.

C. Die Wechselwirkung

In der endlichen Kausalität sind es Substanzen, die sich wirkend zueinander verhalten. Der Mechanismus besteht in dieser Äußerlichkeit der Kausalität, daß die Reflexion der Ursache in ihrer Wirkung in sich zugleich ein abstoßendes Sein ist oder daß in der Identität, welche die ursächliche Substanz in ihrer Wirkung mit sich hat, sie sich ebenso unmittelbar Äußerliches bleibt und die Wirkung in eine andere Substanz übergegangen ist. In der Wechselwirkung ist nun dieser Mechanismus aufgehoben; denn sie enthält erstens das Verschwinden jenes ursprünglichen Beharrens der unmittelbaren Substantialität, zweitens das Entstehen der Ursache und damit die Ursprünglichkeit als durch ihre Negation sich mit sich vermittelnd.

Zunächst stellt die Wechselwirkung sich dar als eine gegenseitige Kausalität von vorausgesetzten, sich bedingenden Substanzen; jede ist gegen die andere zugleich aktive und zugleich passive Substanz. Indem beide hiermit sowohl passiv als aktiv sind, so hat sich bereits jeder Unterschied derselben aufgehoben: er ist ein völlig durchsichtiger Schein; sie sind Substanzen nur darin, daß sie die Identität des Aktiven und Passiven sind. Die Wechselwirkung selbst ist daher nur noch leere Art und Weise, und es bedarf bloß noch eines äußeren | Zusammenfassens dessen, was bereits sowohl an sich als gesetzt ist. Fürs erste sind es keine Substrate mehr, welche miteinander in Beziehung stehen, sondern Substanzen; in der Bewegung der bedingten Kausalität hat sich die noch übrige vorausgesetzte Unmittelbarkeit aufgehoben, und das Bedingende der ursächlichen Aktivität ist nur noch die Einwirkung oder die eigene Passivität. Diese Einwirkung kommt aber ferner nicht von einer anderen ursprünglichen Substanz her, sondern eben von einer Ursächlichkeit, welche durch Einwirkung bedingt oder ein Vermitteltes ist. Dies zunächst Äußerliche, das an die Ursache kommt und die Seite ihrer Passivität ausmacht, ist daher durch sie selbst vermittelt, es ist durch ihre eigene Aktivität hervorgebracht, somit die durch ihre Aktivität selbst gesetzte Passivität. – Die Kausalität ist bedingt und bedingend; das Bedingende ist das Passive, aber ebensosehr ist das Bedingte passiv. Dieses Bedingen oder die Passivität ist die Negation der Ursache durch sich selbst, indem sie sich wesentlich zur Wirkung macht und eben dadurch Ursache ist. Die Wechselwirkung ist daher nur die Kausalität selbst; die Ursache hat nicht nur eine Wirkung, sondern in der Wirkung steht sie als Ursache mit sich selbst in Beziehung.

Hierdurch ist die Kausalität zu ihrem absoluten Begriff zurückgekehrt und zugleich zum Begriff selbst gekommen. Sie ist zunächst die reale Notwendigkeit, absolute Identität mit sich, so daß der Unterschied der Notwendigkeit und die in ihr sich aufeinander beziehenden Bestimmungen, Substanzen, freie Wirklichkeiten gegeneinander sind. Die Notwendigkeit ist auf diese Weise die innere Identität; die Kausalität ist die Manifestation derselben, worin ihr Schein des substantiellen Anderssein sich aufgehoben hat und die Notwendigkeit zur Freiheit erhoben ist. – In der Wechselwirkung stellt die ursprüngliche Kausalität sich als ein Entstehen aus ihrer Negation, der Passivität, und als Vergehen in dieselbe, als ein Werden dar, aber so, daß dieses Werden zugleich ebensosehr nur Scheinen ist; das Übergehen in Anderes ist Reflexion-in-sich selbst; die Negation, welche Grund der Ursache ist, ist ihr positives Zusammengehen mit sich selbst.

Notwendigkeit und Kausalität sind also darin verschwunden; sie enthalten beides, die unmittelbare Identität als Zusammenhang und Beziehung und die absolute Substantialität der Unterschiedenen, somit die absolute Zufälligkeit derselben: die ursprüngliche Einheit substantieller Verschiedenheit, also den absoluten Widerspruch. Die Notwendigkeit ist das Sein, weil es ist: die Einheit des Seins mit sich selbst, das sich zum Grunde hat; aber umgekehrt, weil es einen Grund hat, ist es nicht Sein, ist es schlechthin nur Schein, Beziehung oder Vermittlung. Die Kausalität ist dieses gesetzte Übergehen des ursprünglichen Seins, der Ursache, in Schein oder bloßes Gesetztsein, | umgekehrt des Gesetztseins in Ursprünglichkeit; aber die Identität selbst des Seins und Scheins ist noch die innere Notwendigkeit. Diese Innerlichkeit oder dieses Ansichsein hebt die Bewegung der Kausalität auf; damit verliert sich die Substantialität der im Verhältnis stehenden Seiten, und die Notwendigkeit enthüllt sich. Die Notwendigkeit wird nicht dadurch zur Freiheit, daß sie verschwindet, sondern daß nur ihre noch innere Identität manifestiert wird, eine Manifestation, welche die identische Bewegung des Unterschiedenen in sich selbst, die Reflexion des Scheins als Scheins in sich ist. – Umgekehrt wird zugleich dadurch die Zufälligkeit zur Freiheit, indem die Seiten der Notwendigkeit, welche die Gestalt für sich freier, nicht ineinander scheinender Wirklichkeiten haben, nunmehr gesetzt sind als Identität, so daß diese Totalitäten der Reflexion-in-sich in ihrem Unterschied nun auch als identische scheinen oder gesetzt sind nur als eine und dieselbe Reflexion.

Die absolute Substanz, als absolute Form sich von sich unterscheidend, stößt sich daher nicht mehr als Notwendigkeit von sich ab, noch fällt sie als Zufälligkeit in gleichgültige, sich äußerliche Substanzen auseinander, sondern unterscheidet sich einerseits in die Totalität, welche – die vorhin passive Substanz – Ursprüngliches ist als die Reflexion aus der Bestimmtheit in sich, als einfaches Ganzes, das sein Gesetztsein in sich selbst enthält und als identisch darin mit sich gesetzt ist, das Allgemeine, – andererseits in die Totalität – die vorhin ursächliche Substanz – als in die Reflexion ebenso aus der Bestimmtheit in sich zur negativen Bestimmtheit, welche so als die mit sich identische Bestimmtheit ebenfalls das Ganze, aber als die mit sich identische Negativität gesetzt ist: – das Einzelne. Unmittelbar aber, weil das Allgemeine nur identisch mit sich ist, indem es die Bestimmtheit als aufgehoben in sich enthält, also das Negative als Negatives ist, – ist es dieselbe Negativität, welche die Einzelnheit ist; – und die Einzelnheit, weil sie ebenso das bestimmte Bestimmte, das Negative als Negatives ist, ist sie unmittelbar dieselbe Identität, welche die Allgemeinheit ist. Diese ihre einfache Identität ist die Besonderheit, welche vom Einzelnen das Moment der Bestimmtheit, vom Allgemeinen das Moment der Reflexion-in-sich in unmittelbarer Einheit enthält. Diese drei Totalitäten sind daher Eine und dieselbe Reflexion, welche als *negative Beziehung auf sich* in jene beiden sich unterscheidet, aber als in einen *vollkommen durchsichtigen Unterschied*, nämlich in die *bestimmte Einfachheit* oder in die *einfache Bestimmtheit*, welche ihre Eine und dieselbe Identität ist. – Dies ist der *Begriff*, das Reich der *Subjektivität* oder der *Freiheit*. |

ANMERKUNGEN

Die Anmerkungen beschränken sich in der Regel auf den Nachweis der im Text vorkommenden Zitate, Bezugnahmen auf andere Schriften sowie auf Verweise innerhalb des Textes. Sie sind kein Kommentar. Angeführt werden diejenigen Ausgaben, von denen wir mit Sicherheit wissen oder mit einiger Wahrscheinlichkeit vermuten können, daß Hegel sie benutzt habe: sonst werden nach Möglichkeit die jeweiligen Erstausgaben herangezogen. Dabei wird stets die Rechtschreibung und Zeichensetzung der zugrunde gelegten Ausgaben beibehalten. Soweit möglich, sind die betreffenden Stellen zusätzlich nach Band und Seite heute gebräuchlicher Gesamtausgaben nachgewiesen. Bei Aristoteles wird die heute gebräuchliche Zählung nach Bekker zusätzlich in Klammern angegeben. Öfter herangezogene Schriften werden wie folgt zitiert:

Archimedes: Zwei Bücher über Kugel und Zylinder.	Archimedes zwey Bücher über Kugel und Cylinder. Ebendesselben Kreismessung. Übersetzt, mit Anmerkungen... begleitet von Karl Friderich Hauber. Tübingen 1798.
Aristoteles.	Αριστοτέλους ἅπαντα. Aristotelis summi semper philosophi, et in quem unum vim suam universam contulisse natura rerum videtu, opera quaecunque hactenus extiterunt omnia; quae quidem ut antea integris aliquot libris supra priores aeditiones omnes à nobis aucta prodierunt, ita nunc quoque, lucis & memoriae causa, in capita diligenter distincta in lucem emittimus. Praeterea quam diligentiam, ut omnibus aeditionibus reliquis, omnia haec exirent à nostra officina emendatiora, adhibuerimus, quoniam uno verbo dici non potest, ex sequenti pagina plenius cognoscere licebit. Per Des. Eras. Roterodamum. 2 Bde. Basileae 1550.
Hegel: Das Sein (1812).	Georg Wilhelm Friedrich Hegel: Wissenschaft der Logik. Erster Band. Die objektive Logik. Erstes Buch. Das Sein (1812). Neu

herausgegeben von Hans-Jürgen Gawoll. Mit einer Einleitung von Friedrich Hogemann und Walter Jaeschke. Hamburg 1986.

Hegel: Gesammelte Werke. — Georg Wilhelm Friedrich Hegel: Gesammelte Werke. In Verbindung mit der Deutschen Forschungsgemeinschaft herausgegeben von der Rheinisch-Westfälischen Akademie der Wissenschaften. Hamburg 1968ff.

Hegel: Werke. — Georg Wilhelm Friedrich Hegel's Werke. Vollständige Ausgabe durch einen Verein von Freunden des Verewigten. Berlin 1832ff. – Bde 13–15: Vorlesungen über die Geschichte der Philosophie. Herausgegeben von Karl Ludwig Michelet. Berlin 1833–1836.

Jacobi: Briefe. — [Friedrich Heinrich Jacobi:] Über die Lehre des Spinoza in Briefen an den Herrn Moses Mendelssohn. Neue vermehrte Ausgabe. Breslau 1789.

Jacobi: Werke. — Friedrich Heinrich Jacobi's Werke. 6 Bde. Leipzig 1812–1825.

Leibniz: Monadologie. — Leibniz: Opera (ed. Dutens). Tomus II, Pars I. Darin: Principia philosophiae, seu theses in gratiam princips Eugenii & c. 20–31. – Leibniz: Philosophische Schriften (ed. Gerhardt). Bd 6. 607–623.

Leibniz: Opera (ed. Dutens). — Gothofredi Guillelmi Leibnitii Opera Omnia, Nunc primum collecta, in Classes distributa, praefationibus & indicibus exornata, studio Ludovici Dutens. Genevae 1768.

Leibniz: Philosophische Schriften (ed. Gerhardt). — Die philosophischen Schriften von Gottfried Wilhelm Leibniz. Hrsg. von C.J. Gerhardt. 7 Bde. Berlin 1875 bis 1890.

Leibniz: Vernunftprinzipien der Natur und der Gnade. — Leibniz: Opera (ed. Dutens). Tomus II, Pars I. Darin: Principes de la nature & de la grace, fondés en raison. 32–39. – Leibniz: Philosophische Schriften (ed. Gerhardt). Bd 6. 598–606.

Leibniz: Vernunftprinzipien. Monadologie (ed. Herring). — Gottfried Wilhelm Leibniz: Vernunftprinzipien der Natur und Gnade. Monadologie. Auf Grund der kritischen Ausgabe von André Robinet (1954) und der Übersetzung von Artur Buchenau mit Einführung und Anmerkungen herausgegeben von Herbert Herring. Hamburg 1956.

Newton: Principia mathematica. — Philosophia naturalis principia mathematica. Auctore Isaaco Newtono. Editio ultima auctior et emendatior. Amstaelodami 1714.

Spinoza: Epistolae. — Spinoza: Opera (ed. Gebhardt). Bd 4. – Spinoza: Opera (ed. Paulus). Volumen prius. Darin: Epistolae. 447–700. (Spinoza: Briefwechsel. Übersetzung und Anmerkungen von C. Gebhardt. Zweite, durch weitere Briefe ergänzte Auflage mit Einleitung und Bibliographie von M. Walther. Hamburg 1977.)

Spinoza: Ethica. — Spinoza: Opera (ed. Gebhardt). Bd 2. Darin: Ethica ordine geometrico demonstrata. – Spinoza: Opera (ed. Paulus). Volumen posterius. Darin: Ethica ordine geometrico demonstrata. (Spinoza: Die Ethik nach geometrischer Methode dargestellt. Hrsg. von Otto Baensch. Hamburg 1967.)

Spinoza: Opera (ed. Gebhardt). — Spinoza: Opera. Im Auftrag der Heidelberger Akademie der Wissenschaften herausgegeben von Carl Gebhardt. 4 Bde. Heidelberg o.J.

Spinoza: Opera (ed. Paulus). — Benedicti de Spinoza opera quae supersunt omnia. Iterum edenda curavit, praefationes, vitam auctoris, nec non notitias, quae ad historiam scriptorum pertinent addidit Henr. Eberh. Gottlob Paulus. Volumen prius. Ienae 1802. Volumen posterius. Ienae 1803.

3,25–28 Siehe *Hegel: Gesammelte Werke.* Bd 11. 232, 1; *Hegel: Das Sein (1812).* 274, 30.

4,7 oben] Siehe *Hegel: Gesammelte Werke.* Bd 11. 65, 6f. 20–22 und 76, 18–26; *Hegel: Das Sein (1812).* 73, 15f. 33–36 und 87, 20–31.

10,31–36 Siehe *Hegel: Gesammelte Werke.* Bd 11. 95, 27–36; *Hegel: Das Sein (1812).* 110, 6–17.

15,35 vorhin] Siehe 11,30–32.

19,19–21 Siehe *Kant: Critik der Urtheilskraft.* Berlin und Libau 1790.

19,22–29 Siehe ebenda.

20,16–20 Hegel kritisiert hier Schelling, ebenso wie an mehreren anderen Stellen, an denen er sich auf die neuere Philosophie oder die Philosophie der neueren Zeit bezieht. Zu Schellings Kritik an der Reflexion vgl. insbesondere dessen *Ideen zu einer Philosophie der Natur.* Als Einleitung in das Studium dieser Wissenschaft. Erster Theil. Zweite durchaus verbesserte und mit berichtigenden Zusätzen vermehrte Auflage. Landshut 1803. 6: Die bloße Reflexion also ist eine Geisteskrankheit des Menschen, ...

25,14–16 Vgl. *Aristoteles: Metaphysik.* Δ 7. Bd 2. 357 E (1017a 22ff.): καθ' αὑτὸ δὲ εἶναι λέγεται, ὅσαπερ σημαίνει τὰ σχήματα τῆς κατηγορίας. ὁσαχῶς γὰρ λέγεται, τοσαυταχῶς τὸ εἶναι σημαίνει. (An sich zu sein aber wird von all dem gesagt, was die Formen der Kategorien bezeichnen; denn so vielfach diese ausgesagt werden, so viele Bedeutung des Seins bezeichnen sie. (*Aristoteles: Metaphysik.* In der Übersetzung von H. Bonitz neu bearbeitet, mit Einleitung und Kommentar herausgegeben von H. Seidl. Hamburg 1978. 203.))

34,5 Im Original befindet sich an dieser Stelle statt »u.s.f.« das in der Frakturschrift übliche Zeichen ɩc. Dieses Zeichen konnte nicht in die Antiquaschrift übernommen werden.

40,14–18 Quatrieme ecrit de Mr. Leibniz, Ou Réponse à la troisième Replique de Mr. Clarke: 4. Il n'y a point deux Individus indiscernables. Un Gentilhomme d'esprit de mes amis, en parlant avec moi en présence de Madame l' Electrice dans le jardin de Herrenhausen, crut qu'il trouveroit bien deux feuilles entiérement semblables. Madame l' Electrice l'en défia, & il courut | long-tems en vain pour en chercher. Deux goutes d'eau, ou de lait, regardées par le Microscope, se trouveront discernables. C'est un argument contre les atomes, qui ne sont pas moins combatus que le vuide, par les principes de la véritable Métaphysique. In: *Leibniz: Opera* (ed. Dutens). Tomus II, Pars I. 128f.; *Leibniz: Philosophische Schriften* (ed. Gerhardt). Bd 7. 372. Vgl. auch *Leibniz: Nouveaux essais sur l'entendement humain*, in: *Œuvres philosophiques latines & françoises de feu M^r. de Leibnitz.*

Tirées de ses manuscrits qui se conservent dans la bibliotheque royale à Hanovre, et publiées par Mr. Rud. Eric Raspe. Amsterdam und Leipzig 1765. 190; *Leibniz: Philosophische Schriften* (ed. Gerhardt). Bd 5. 214; *Leibniz: Neue Abhandlungen über den menschlichen Verstand.* Übersetzt, eingeleitet und erläutert von Ernst Cassirer. Hamburg 1971. 241.

59,9 oben] Siehe 25,4–6.

59,28–30 Siehe vorliegenden Band 25,4–6, 29,28–30 und 58,23f.

60,14–15; 60,17–21 Vgl. *Hegel: Gesammelte Werke.* Bd 11. Anmerkung zu 120, 13–14; *Hegel: Das Sein (1812).* Anmerkung zu 140, 36–37. Hegel bezieht sich hier auf die Paradoxien Zenons. Siehe ferner auch *Hegel: Gesammelte Werke.* Bd 12. 242, 39–243, 1, 243, 8–12.

60,29 Oben] Hegel scheint sich hier auf die Erwähnung des Widerspruchs bei der Behandlung des qualitativ Unendlichen und des quantitativ Unendlichen zu beziehen; vgl. *Hegel: Gesammelte Werke.* Bd 11. 83, 9–11 und 140, 27–30; *Hegel: Das Sein (1812).* 95, 22–26 und 165, 20–23.

61,11–12 Hegel führt zur Erläuterung von »Trieb« Begriffe von Leibniz ein. Zu »Appetit« vgl. *Leibniz: Monadologie.* §§ 15, 19, in: *Leibniz: Opera* (ed. Dutens). Tomus II, Pars I. 22; *Leibniz: Philosophische Schriften* (ed. Gerhardt). Bd 6., 609f.; *Leibniz: Vernunftprinzipien. Monadologie* (ed. Herring). 33 und 35. Zu »Nisus« vgl. Hypothesis physica nova. Theoria motus concreti, seu hypothesis de rationibus phaenomenorum nostri orbis, in: *Leibniz Opera* (ed. Dutens). Tomus II, Pars II. 8; *Leibniz: Philosophische Schriften* (ed. Gerhardt). Bd 4. 186. Zu »Entelechie« vgl. *Leibniz: Monadologie.* §§ 18, 19, 50, in: *Leibniz: Opera* (ed. Dutens). Tomus II, Pars I. 22, 26 bzw. §§ 18, 19, 48, in *Leibniz: Philosophische Schriften* (ed. Gerhardt). Bd 6., 609f., 615; *Leibniz: Vernunftprinzipien. Monadologie* (ed. Herring). 33ff., 49. Siehe auch vorliegenden Band 172f.

63,3–5 Siehe *Hegel: Gesammelte Werke.* Bd 11. 64, 33–39; *Hegel: Das Sein (1812).* 72, 37–73, 7.

63,9–13 Siehe *Hegel: Gesammelte Werke.* Bd 11. 65, 18–22 und 76, 18–21; *Hegel: Das Sein (1812).* 73, 30–36 und 87, 20–24.

64,5 weiterhin] Hegel bezieht sich auf seine Darstellung der Modalkategorien. Vgl. vorliegenden Band 174ff., insbesondere 179f.

67,15–17 *Leibniz: Vernunftprinzipien der Natur und Gnade.* §§ 7f., in: *Leibniz: Opera* (ed. Dutens). Tomus II, Pars I. 35; *Leibniz: Philosophische Schriften* (ed. Gerhardt). Bd 6. 602; *Leibniz: Vernunftprinzipien. Monadologie* (ed. Herring). 13ff. – *Leibniz: Monadologie* § 32, in: *Leibniz: Opera* (ed. Dutens). Tomus II, Pars I. 24; *Leibniz: Philosophische Schriften* (ed. Gerhardt). Bd 6. 612; *Leibniz: Vernunftprinzipien. Monadologie* (ed. Herring). 41.

68,14–15 Siehe vorliegenden Band 17,5–16.

70,13 oben] Siehe 24–27.

74,9–14 Siehe vorliegenden Band 72,25–73,2 und 70,36–71,2.

79,3–5 Siehe vorliegenden Band 301,25f.

82,1–3 Leibniz: Epistolae ad Jo. Georgium Liebknechtum. Epistola III: Ego, etsi concedam cum Robervallii Aristarcho, magna mundi corpora nostri systematis gravitare in se invicem, tamen corpora omnia gravitare in se invicem esse corporibus essentialem minimè admitto, & talem attractionem vel in miraculum vel in qualitatem occultam scholasticam recidere judico. In: *Leibniz: Opera* (ed. Dutens). Tomus II, Pars II. 95. Vgl. auch Réponse de Mr. Leibniz aux Objections que l'Auteur du Livre de la Connoissance de soi-même, a faites contre le Systême de l'Harmonie préétablie. In: *Leibniz: Opera* (ed. Dutens). Tomus II, Pars I. 101; *Leibniz: Philosophische Schriften* (ed. Gerhardt). Bd 4. 595. Vgl. ferner Lettre de Mr. de Leibniz à Mr. Hartsoeker, in: *Leibniz Opera* (ed. Dutens). Tomus II, Pars II. 62; *Leibniz: Philosophische Schriften* (ed. Gerhardt). Bd 3. 519.

89,1 vorhin] Siehe 77,28ff.

90,24–27 Vgl. *Hegel: Vorlesungen über die Geschichte der Philosophie*, in: *Hegel: Werke.* Bd 14. 232f., 220f. Hegel bezieht sich dort auf *Plato: Sophistes.* 259c–e. *Politeia.* 511c–e.

94,17 Siehe vorliegenden Band 93,15–35.

98,38 oben] Siehe 96,8–10. 30–32.

106,3 I. T. I. Abt.] Mit I. T. meint Hegel den ersten Band (die objektive Logik), mit I. Abt. dessen ersten Buch (Das Sein). – Die Seitenangabe im Text bezieht sich auf *Hegel: Das Sein (1812).*

107,32 oben] Siehe 54,10ff., insbesondere 55,22–26.

113,28 Siehe vorliegenden Band 113,11–22.

114,21 I. Abt.] Gemeint ist das erste Buch (Das Sein).

115,9 Anderwärts] Hegel bezieht sich auf seine Schrift *Glauben und Wissen*, in: *Hegel: Gesammelte Werke.* Bd 4. 313–414.

115,23 Siehe vorliegenden Band 110,18–36.

117,20 vorhin] Siehe 116,33–35.

118,2–10 Hegel bezieht sich auf Themen, die zum Problembestand der damaligen Chemie gehörten und in den zeitgenössischen Standardwerken ausführlich, wenn auch nicht immer zustimmend behandelt wurden. Vgl. z.B. *Friedrich Albrecht Carl Gren: Systematisches Handbuch der gesammelten Chemie.* Zum Gebrauche seiner Vorlesungen entworfen. Erster Theil. Halle 1787. Wärmematerie: §§ 278–296. Lichtmaterie. Feuer: §§ 297–309. Färbende Materie. Pigmente: §§ 413–422; ders.: *Grundriß der Chemie.* Nach den neuesten Entdeckungen entworfen und zum Gebrauch akademischer Vorlesungen eingerichtet. Erster Theil. Halle 1796. Wärmestoff: §§ 146–181. Licht: §§ 182–194.

Färbestoff: § 823; *Georg Friedrich Hildebrandt: Anfangsgründe der Chemie.* Zum Grundrisse akademischer Vorlesugnen nach dem neuen Systeme. Erster Band. Erlangen 1794. Wärmestoff: §§ 132–187. Lichtstoff: §§ 188–197; *Alexander Nicolaus Scherer: Grundzüge der neuern chemischen Theorie.* Jena 1795. Wärmestoff: 12f. 60. Lichtstoff: 13ff. 60–71; ders.: *Nachträge zu den Grundzügen der neuern chemischen Theorie.* Jena 1796. Wärmestoff: 18–185; *Karl Gottfried Hagen: Grundsätze der Chemie, durch Versuche erläutert.* Königsberg 1796. Wärmestoff und Lichtstoff: §§ 13–28. Riechstoff: § 52, Bemerkung 4. Färbestoff oder Pigment: § 85, Bemerkung 1; *Johann Bartholomä Trommsdorff: Systematisches Handbuch der gesammten Chemie zur Erleichterung des Selbststudiums dieser Wissenschaft.* Erster Band. Reine Chemie. Erfurt 1800. Wärmestoff: §§ 97–133. Licht: §§ 134–149. Färbestoff, Pigment: § 380; *Claude Louis Berthollet: Essai de statique chimique.* Première Partie. Paris 1803. Section III. Du calorique. 139–264. – Ausführlich diskutiert wurde auch über sauren und bitteren Stoff sowie über elektrische und magnetische Materie.

124,28–39 Hegel bezieht sich hier – wie bereits in *Gesammelte Werke.* Bd 8. 65,17–25 – auf eine Hypothese, die John Dalton in mehreren Abhandlungen vertreten hat. Vgl. insbesondere dessen *Weitere Erörterung einer neuen Theorie über die Beschaffung gemischter Gasarten,* in: *Annalen der Physik.* Hrsg. von Ludwig Wilhelm Gilbert. Bd 13. Halle 1803. 438–445. – Hegel berücksichtigt hier nicht die ausführliche Kritik, die Ernst Gottfried Fischer an dieser Hypothese geübt hat; vgl. *Claude Louis Berthollet's Versuch einer chemischen Statik das ist einer Theorie der chemischen Naturkräfte.* Aus dem Französischen übersetzt von George Wilhelm Bartholdy und mit Erläuterungen begleitet von Ernst Gottfried Fischer. Berlin 1811. 506ff., insbesondere 525. und *Darstellung und Kritik der Verdunstungslehre nach den neuesten besonders den Daltonschen Versuchen von Ernst Gottfried Fischer.* Berlin 1810. Insbesondere 59.

126,22–24 Siehe vorliegenden Band 122,16–23.

127,5–7 Siehe vorliegenden Band 122,12–14.

137,22–24 Siehe vorliegenden Band 134,34–37.

144,26 oben] Siehe 94,8–103,31.

147,7 I. Abt.] Gemeint ist das erste Buch (Das Sein). – Die Seitenangabe im Text bezieht sich auf *Hegel: Das Sein (1812).*

150,3–7 Wie bei der Kritik der Annahme eines Wärmestoffs und Lichtstoffs bezieht Hegels Kritik an der Annahme einer magnetischen oder elektrischen Materie sich auf Theorien, die in der Physik und der Naturphilosophie seiner Zeit lebhaft erörtert wurden. – Die Erklärung der »berühmten anziehenden Kraft« durch einen feinen Äther geht auf einige Erwägungen Newtons zurück; vgl. dessen *Optice: sive de reflexionibus, refractionibus, inflexionibus & coloribus lucis, libri tres.* Latine reddidit Samuel Clarke. Editio secunda, auctior. Londini 1719. Insbesondere Optices liber tertius. Pars I. Quaestiones 20f., 351f. sowie ders.: *Principia mathematica.* 483f.: Hactenus Phaenomena coelorum & maris nostri per Vim gravitatis exposui, sed causam Gravitatis nondum assignavi... | ... Adjicere jam liceret nonnulla de Spiritu quodam subtilissimo corpora crassa pervadente, & in iisdem latente, cujus vi & actionibus particulae corporum ad minimas distantias se mutuo attrahunt, & contiguae factae cohaerent... (Ich habe bisher die Erscheinungen der Himmelskörper und die Bewegungen des Meeres durch die Kraft der Schwere erklärt, aber ich habe nirgends die Ursache der letzteren angegeben... Es würde hier der Ort sein, etwas über die geistige Substanz hinzuzufügen, welche alle festen Körper durchdringt und in ihnen enthalten ist. Durch die Kraft und Thätigkeit dieser geistigen Substanz ziehen sich die Theilchen der Körper wechselseitig in den kleinsten Entfernungen an und haften aneinander, wenn sie sich berühren. (*Isaac Newton: Mathematische Prinzipien der Naturlehre.* Mit Bemerkungen und Erläuterungen herausgegeben von J.Ph. Wolfers. Darmstadt 1963. 511.)) Die gleichen Überlegungen finden sich u.a. bei *Leonhard Euler: Nova theoria lucis et colorum*, in: *Leonhardi Euleri Opera omnia.* Series tertia. Volumen quintum. Commentationes opticae. Volumen primum. Edidit David Speiser. Turici 1962. § 23. 8. Vgl. auch Schellings Kritik an Newton in seinen *Ideen zu einer Philosophie der Natur.* Als Einleitung in das Studium dieser Wissenschaft. Erster Theil. Zweite durchaus verbesserte und mit berichtigenden Zusätzen vermehrte Auflage. Landshut 1803. 264.

150,9 oben] Siehe 117,30–33.

164,14 vorhin] Siehe 162,9–12.

169,28–31 Vgl. *Spinoza: Ethica.* Pars I, Propositio XII: Nullum substantiae attributum potest vere concipi, ex quo sequatur, substantiam posse dividi. (14: Kein Attribut einer Substanz kann wahrheitsgemäß gedacht sein, aus dem sich folgern ließe, daß die Substanz teilbar sei.) Propositio XII: Substantia absolute infinita est indivisibilis. (15: Die unbedingt unendliche Substanz ist unteilbar.) Propositio XV, Demonstratio: Modi autem (...) sine substantia nec esse, nec concipi possunt; quare hi in sola divina natura est et per ipsam solam concipi possunt. (16: Modi aber können (...) ohne eine Substanz weder sein noch begriffen werden; sie können mithin nur in der göttlichen Natur sein und nur durch sie begriffen werden.) In: *Spinoza: Opera* (ed. Paulus). Bd 2. 45–47; *Spinoza: Opera* (ed. Gebhardt). Bd 2. 55f.

169,35 *Spinoza: Epistolae.* Nr L: Quia ergo figura non aliud, quam determinatio et determinatio negatio est; non poterit, ut dictum, aliud quid, quam negatio, esse. In: *Spinoza: Opera* (ed. Paulus). Bd 1. 634;

Spinoza: Opera (ed. Gebhardt). Bd 4. 240. – (210: Da also Gestalt nichts anderes ist als Bestimmung und Bestimmung Verneinung, so wird sie wie gesagt nichts anderes sein können als eine Verneinung.) Die Formulierung »Determinatio est negatio« findet sich bei *Jacobi: Über die Lehre des Spinoza in Briefen an den Herrn Moses Mendelssohn.* Neue vermehrte Ausgabe. Breslau 1789. 31 Anm. und 182; vgl. *Friedrich Heinrich Jacob's Werke*. Bd 4. Abt. 1. Leipzig 1819. 62. Anm., 182. Diese Wendung gebraucht Hegel in der ersten Auflage der *Wissenschaft der Logik*; die Formulierung »Omnis determinatio est negatio« findet sich zum ersten Mal in seiner Jacobi-Rezension in: *Heidelbergische Jahrbücher der Litteratur*. 1817. Nr 1. Heidelberg 1817. 6. Vgl. *Hegel: Gesammelte Werke*. Bd 15. 10, 37.

170,5–6 Vgl. *Spinoza: Ethica*. Pars II. Propositio I: Cogitatio attributum Dei est, sive Deus est res cogitans. (51: Das Denken ist ein Attribut Gottes, oder Gott ist ein denkendes Ding.); *Propositio* II: Extensio attributum Dei, sive Deus est rest extensa. (52: Die Ausdehnung ist ein Attribut Gottes, oder Gott ist ein ausgedehntes Ding.); in: *Spinoza: Opera* (ed. Paulus). Bd 2. 78f.; *Spinoza: Opera* (ed. Gebhardt). Bd 2. 86. Vgl. auch *Spinoza: Ethica*. Pars I, Propositio X, Scholium; in: *Spinoza: Opera* (ed. Paulus). Bd 2. 41f.; *Spinoza: Opera* (ed. Gebhardt). Bd 2. 52; *Spinoza: Die Ethik nach geometrischer Methode dargestellt*. Hrsg. von Otto Baensch. Hamburg 1967. 10f.

170,12–13 Hegel denkt wahrscheinlich vor allem an Jacobi; vgl. *Jacobi: Über die Lehre des Spinoza in Briefen an den Herrn Moses Mendelssohn*. Neue vermehrte Ausgabe. Breslau 1789. 27, 31f. Beylage IV: 335–341. Vgl. *Friedrich Heinrich Jacobi's Werke*. Bd 4, Abt. 1. Leipzig 1819. 59, 62f. Beylage IV: 74–80.

170,21–27 *Spinoza: Ethica*. Pars I, Definitio I: Per causam sui intelligo id, cujus essentia involvit existentiam. (3: Unter Ursache seiner selbst verstehe ich das, dessen Wesenheit die Existenz in sich schließt, ...); Definitio III: Per substantiam intelligo id, quod in se et per se concipitur: hoc est id, cujus conceptus non indiget conceptu alterius rei, a quo formari debeat. (3: Unter Substanz verstehe ich das, was in sich ist, und durch sich begriffen wird, das heißt, dessen Begriff, um gebildet werden zu können, den Begriff eines anderen Dinges nicht bedarf.); in: *Spinoza: Opera* (ed. Paulus). Bd 2. 35; *Spinoza: Opera* (ed. Gebhardt). Bd 2. 45.

170,33–36 *Spinoza: Ethica*. Pars I, Definitio IV: Per attributum intelligo id, quod intellectus de substantia percipit, tanquam ejusdem essentiam constituens. (3: Unter Attribut verstehe ich das, was der Verstand an der Substanz als deren Wesenheit ausmachend wahrnimmt.); in: ebd.

170,37–38 *Spinoza: Ethica*. Pars I, Propositio XXXI, Demonstratio: Per Intellectum enim non intelligimus absolutam cogitationem, sed certum tantum modum cogitandi... (33: Unter Verstand verstehen wir nämlich (...) nicht das unbedingte Denken, sondern nur einen gewissen Modus des Denkens, ...); in: *Spinoza: Opera* (ed. Paulus). Bd 2. 62; *Spinoza: Opera* (ed. Gebhardt). Bd 2. 72.

171,3–6 *Spinoza: Ethica.* Pars II, Propositio I und II; insbesondere Propositio I, Demonstratio: Est igitur Cogitatio unum ex infinitis Dei attributis, quod Dei aeternam et infinitam essentiam exprimit... (51: Folglich ist das Denken eins von den unendlichen vielen Attributen Gottes, das Gottes ewige und unendliche Wesenheit ausdrückt...); in: *Spinoza: Opera* (ed. Paulus). Bd 2. 79; *Spinoza: Opera* (ed. Gebhardt). Bd 2. 86.

171,12–13 *Spinoza: Ethica.* Pars II, Propositio VII: Ordo et connexio idearum idem est, ac ordo et connexio rerum. (54: Die Ordnung und Verknüpfung der Ideen ist die selbe wie die Ordnung und Verknüpfung der Dinge.); in: *Spinoza: Opera* (ed. Paulus). Bd 2. 82; *Spinoza: Opera* (ed. Gebhardt). Bd 2. 86.

171,15–17 Ebenda. Scholium: nempe, quod quicquid ab infinito intellectu percipi potest, tanquam substantiae essentiam constituens, id omne ad unicam tantum substantiam pertinet; et consequenter quod substantia cogitans et substantia extensa una eademque est substantia, quae jam sub hoc, jam sub illo attributo comprehenditur. (55: ..., nämlich, daß alles, was von dem unendlichen Verstand als die Wesenheit einer Substanz ausmachend wahrgenommen werden kann, nur zu einer einzigen Substanz gehört, und folglich, daß die denkende Substanz und die ausgedehnte Substanz eine und die selbe Substanz sind, die bald unter diesem, bald unter jenem Attribut gefaßt wird.); in: *Spinoza: Opera* (ed. Paulus). Bd 2. 82; *Spinoza: Opera* (ed. Gebhardt). Bd 2. 90.

171,19–20 Vgl. *Spinoza: Ethica.* Pars II, Propositio VIII, Corrolarium, in: *Spinoza: Opera* (ed. Paulus). Bd 2. 83; *Spinoza: Opera* (ed. Gebhardt). Bd 2. 91; *Spinoza: Die Ethik nach geometrischer Methode dargestellt.* Hrsg. von Otto Baensch. Hamburg 1967. 56f.

171,23 Siehe vorliegenden Band 170,5f.

171,27 Vgl. *Spinoza: Ethica.* Pars II, Propositio XLIV, Corrolarium II: De natura Rationis est, res sub quandam aeternitatis specie percipere. (94: Es liegt in der Natur der Vernunft, die Dinge unter einer gewissen Art der Ewigkeit wahrzunehmen.); vgl. ferner Pars IV, Propositio LXII und Pars V, Propositio XXIX. In: *Spinoza: Opera* (ed. Paulus). Bd 2. 118, 250, 288f.; *Spinoza: Opera* (ed. Gebhardt). Bd 2. 126, 257, 298 sowie schließlich außer dem bereits nachgewiesenen Zitat *Spinoza: Die Ethik nach geometrischer Methode dargestellt.* Hrsg. von Otto Baensch. Hamburg 1967. 243, 285.

171,33–34 Siehe *Hegel: Gesammelte Werke*. Bd 11. 189, 24–27; *Hegel: Das Sein (1812)*. 224, 24–30.

172,5–13 Siehe *Hegel: Gesammelte Werke*. Bd 11. 189, 24–27 und 189, 27–29; *Hegel: Das Sein (1812)*. 224, 24–30 und 224, 30–34.

172,33,34 *Leibniz: Vernunftprinzipien der Natur und Gnade*. § 1, in: *Leibniz Opera* (ed. Dutens). Tomus II, Pars I. 32; *Leibniz: Philosophische Schriften* (ed. Gerhardt). Bd 6. 598; *Leibniz: Vernunftprinzipien. Monadologie* (ed. Herring). 3.

172,39–173,3 *Leibniz: Monadologie*. §§ 7, 11, 14, 17, in: *Leibniz: Opera* (ed. Dutens). Tomus II, Pars I. 21 f.; *Leibniz: Philosophische Schriften* (ed. Gerhardt). Bd 6. 607 ff.; *Leibniz: Vernunftprinzipien. Monadologie* (ed. Herring). 29 ff.

173,4 *Leibniz: Monadologie*. §§ 18 f., 50, in: *Leibniz: Opera* (ed. Dutens). Tomus II, Pars I. 22, 26; bzw. 18 f., 48, in: *Leibniz: Philosophische Schriften* (ed. Gerhardt). Bd 6. 609 f., 615; *Leibniz: Vernunftprinzipien. Monadologie* (ed. Herring). 33 ff., 47 ff.

173,15–18 *Leibniz: Vernunftprinzipien der Natur und Gnade*. §§ 3, 15, in: *Leibniz: Opera* (ed. Dutens). Tomus II, Pars I. 32, 37 f.; *Leibniz: Philosophische Schriften* (ed. Gerhardt). Bd 6. 598, 605; *Leibniz: Vernunftprinzipien. Monadologie* (ed. Herring). 4, 32. *Leibniz: Monadologie*. §§ 53, 81–83, in: *Leibniz: Opera* (ed. Dutens). Tomus II, Pars I. 26, 30; bzw. §§ 51, 78–80, in: *Leibniz: Philosophische Schriften* (ed. Gerhardt). Bd 6. 615, 620 f.; *Leibniz: Vernunftprinzipien. Monadologie* (ed. Herring). 49, 63 ff.

173,27 *Leibniz: Monadologie*. §§ 6, 19, in: *Leibniz: Opera* (ed. Dutens). Tomus II, Pars I. 20 f., 22; *Leibniz: Philosophische Schriften* (ed. Gerhardt). Bd 6. 607, 610; *Leibniz: Vernunftprinzipien. Monadologie* (ed. Herring). 27, 35.

174,4–5 *Leibniz: Monadologie*. § 43, vgl. § 38 f., in: *Leibniz: Opera* (ed. Dutens). Tomus II, Pars I. 25; *Leibniz: Philosophische Schriften* (ed. Gerhardt). Bd 6. 614, 613; *Leibniz: Vernunftprinzipien. Monadologie* (ed. Herring). 45, 43.

178,23 Siehe vorliegenden Band 178,4–6.

185,12–13 Siehe vorliegenden Band 183,28–31.

185,33–34 Siehe vorliegenden Band 185,14–16.

187,2–3 Siehe vorliegenden Band 185,1–16.

188,6–7 Siehe vorliegenden Band 187,27–30.

205,16–17 Siehe vorliegenden Band 197,18–25.

208,26–27 Siehe vorliegenden Band 207,22–25.

PERSONENVERZEICHNIS

Das Register gilt nur für den Textteil und nur für historische Personen. Stellen, die auf eine bestimmte Person anspielen, ohne sie namentlich zu nennen, sowie Hinweise auf Werke, deren Autor Hegel nicht nennt, sind unter dem Namen der entsprechenden Person in ( ) aufgeführt. Formen wie z. B. Kantisch, Spinozismus usw. sind bei den betreffenden Namen (Kant, Spinoza usw.) mit vermerkt.

PHILOSOPHISCHE BIBLIOTHEK

PIRMIN STEKELER

Hegels Wissenschaft der Logik

Ein dialogischer Kommentar
Band 2: Die objektive Logik
Die Lehre vom Wesen

- PhB 691
- 2020
- 1.008 Seiten
- ISBN 978-3-7873-2976-2
- Leinen

Hegels *Wissenschaft der Logik* (1812/1816) zählt zu den einflussreichsten philosophischen Schriften der Neuzeit, aber auch zweihundert Jahre nach seinem Erscheinen liegen bloß partielle Interpretationsansätze vor, die sich obendrein in wesentlichen Punkten notorisch widersprechen.

Die Ausgabe enthält neben dem vollständigen Text der Hegel'schen Wesenslogik nach Band 11 der Gesammelten Werke einen umfassenden dialogischen Gesamtkommentar, in dem Pirmin Stekeler dieser Lage abzuhelfen versucht.

Seine Verfolgung von Hegels Denkweg, welche diesen textnah rekonstruiert und radikal als Gegenwartsdiskurs erscheinen lässt, macht deutlich, dass es die Unklarheiten im vor- und nachkantischen Empirismus selbst sind, die zu den Widersprüchen der Interpretation und dann auch in den szientistischen Weltanschauungen der Moderne geführt haben.

MEINER.DE